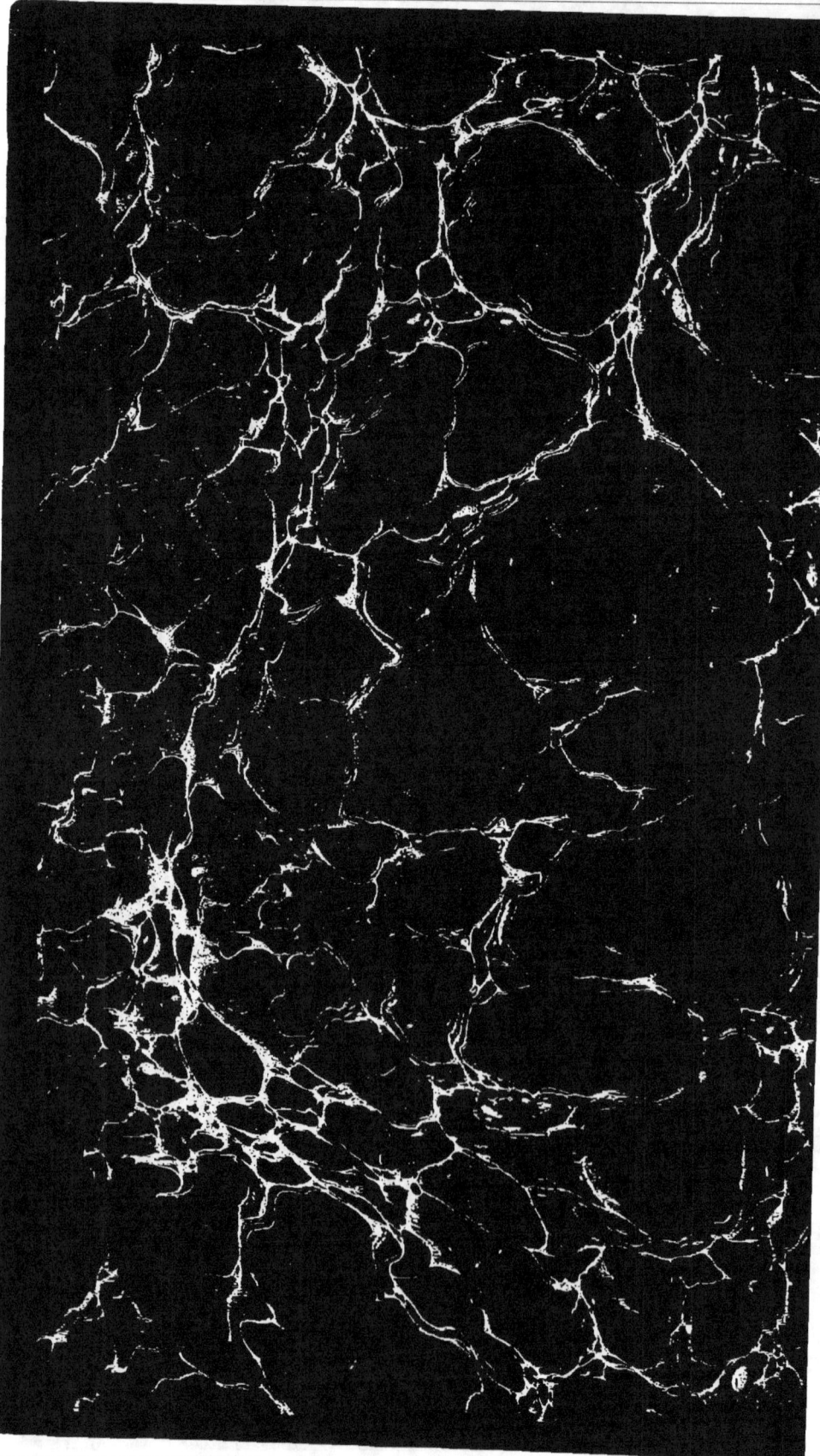

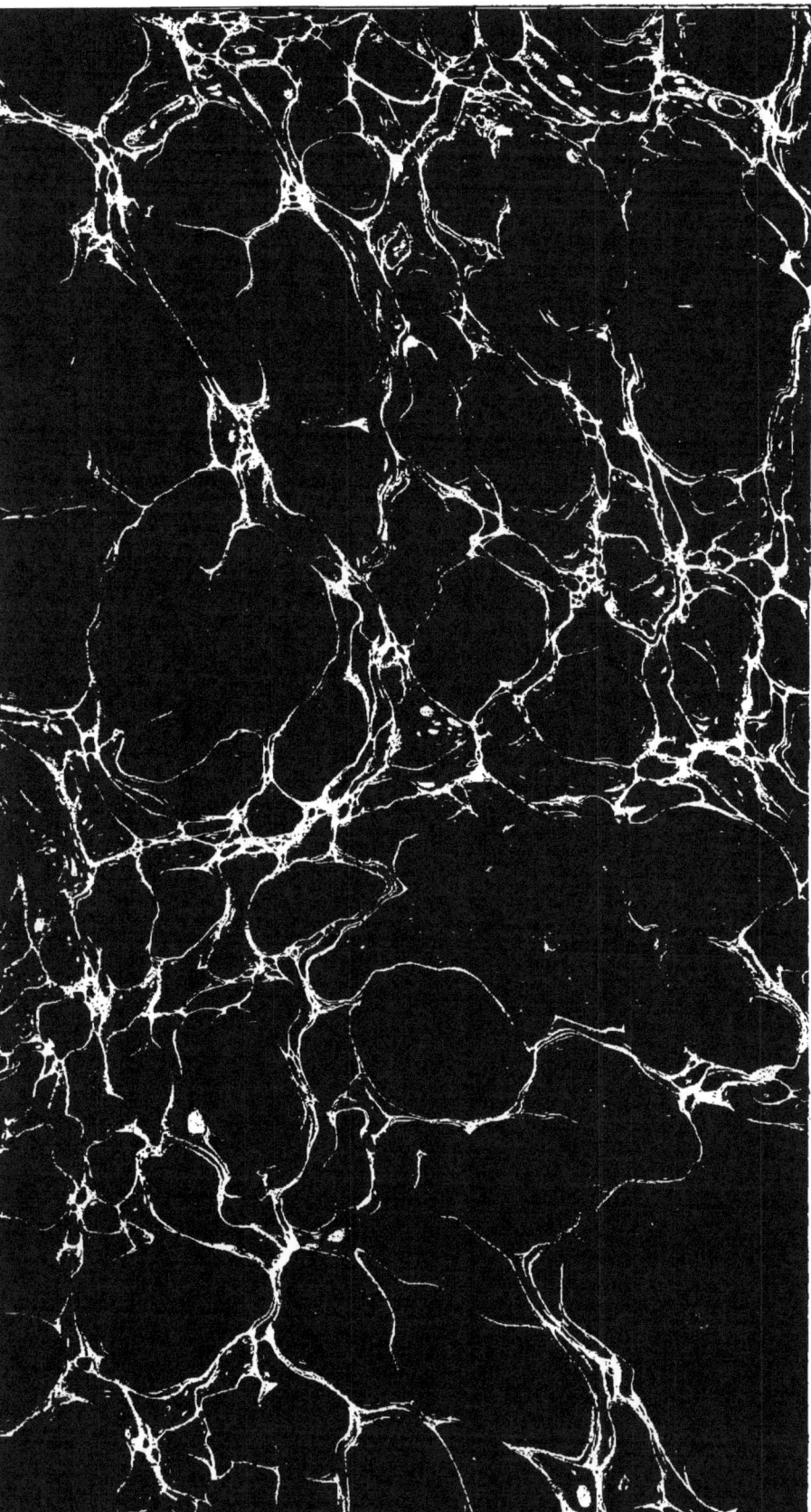

Impr. de E. Dépée, à Sceaux.

MÉMOIRES
sur la
REINE HORTENSE
ET LA FAMILLE IMPÉRIALE
PAR
MADEMOISELLE COCHELET,
Lectrice de la Reine.

(Madame Parquin.)

TOME PREMIER.

Deuxième Édition.

PARIS,
LADVOCAT, LIBRAIRE-ÉDITEUR.
1841

AU PUBLIC

LE LIBRAIRE-ÉDITEUR.

Il y a douze jours, un facteur des grandes messageries de la rue Notre-Dame-des-Victoires se présenta à notre magasin ; il était porteur d'un paquet à notre adresse, avec cette seule indication : *Papiers d'affaires.* Aucune lettre d'avis n'avait précédé ni n'accompagnait cet envoi.

Le lendemain, un ami vint nous voir et nous dit : « Vous avez dû recevoir un paquet; il renferme les Mémoires de mademoiselle Cochelet (MADAME PARQUIN). Il faut qu'ils soient imprimés pour le 25 de ce mois; c'est la seule condition que l'on mette à cette publication. »

Après avoir lu ce manuscrit, nous avons vu qu'il avait pour but de faire connaître la vie d'une personne auguste, dont les malheurs sont devenus plus grands que ne l'avait jamais été sa fortune; qui, après plus de vingt ans d'exil loin de sa patrie, est éloignée encore pour vingt ans, non-seulement de la France, mais de l'Europe, pour rejoindre et sauver un fils, le seul qui lui reste de trois fils nés au sein des grandeurs. Nous avons été heureux et fiers d'être choisis pour contribuer à la publicité de faits authentiques, accompagnés de preuves irréfragables, et qui substituent enfin la vérité à une longue série de préventions et d'erreurs trop longtemps accréditées.

Enfin nous avons vu dans le manuscrit, qu'à

force de soins nous sommes parvenus à livrer au public dans le temps donné, qu'il était de nature à attirer l'intérêt du public sur une jeune fille qui a depuis peu perdu sa mère, et dont le père est retenu sous le coup d'une grave accusation. Ces divers motifs étaient plus que suffisants pour nous ôter tous les scrupules que des tracasseries prévues auraient pu nous inspirer.

C. LADVOCAT.

Paris, ce 25 novembre 1836.

NOTE DE L'ÉDITEUR.

Mademoiselle Louise Cochelet était fille d'un des habitants les plus considérés de Charleville. Son père avait acheté la charge d'avocat-général au bailliage de Charleville, qui appartenait au prince de Condé. Nommé député du tiers-état à l'assemblée constituante, il y conserva un noble caractère au milieu de la tourmente révolutionnaire. Lié d'amitié et d'opinion avec les Lameth, les Lafayette, il resta ferme et constant dans ses principes. Un de ses beaux-frères paya de sa tête le dévouement qu'il portait à M. de

Lafayette. Ce fut de chez lui et par ses soins que cet illustre citoyen s'échappa de Sedan pour se soustraire à l'échafaud. Pris par les Autrichiens, M. de Lafayette ne put éviter aussi heureusement les prisons d'Olmutz.

M. Cochelet avait épousé mademoiselle Matis, dont il eut trois enfants, une fille et deux garçons : mademoiselle Louise était l'aînée, et devint par sa position la protectrice de toute sa famille.

Placée à Saint-Germain, son éducation fut confiée aux soins de madame Campan. Là elle connut mademoiselle Hortense de Beauharnais, qui eut pour elle une grande prédilection, et plus tard, quand la fortune éleva l'une au faîte de la grandeur, l'autre vint occuper près de son ancienne compagne la place de lectrice. Toujours près d'elle dans la prospérité, elle ne l'a pas abandonnée dans ses malheurs; son dévouement fut exemplaire.

Douée d'un esprit vif et enjoué, sa conversation était piquante. Sa prodigieuse mémoire ne lui laissait oublier aucun des minutieux détails qui donnent du prix et de la vérité aux récits des événements dont on a été le témoin. La tournure originale de son esprit lui faisait raconter avec un rare bonheur.

Les gens du monde la trouvaient aimable, piquante; il n'y avait que ses amis, lorsqu'ils avaient besoin d'elle, qui savaient juger de la bonté de son cœur et de tout ce que son dévouement la rendait capable de faire. M. de Bouflers, qui la vit en 1809 à Plombières, où elle accompagnait la reine Hortense, fit son portrait et les vers que nous transcrivons ici.

PORTRAIT DE MADEMOISELLE COCHELET.

En traçant ici votre image,
Je sais trop bien que je m'engage
A présenter l'assortiment
De tout ce qui plaît davantage
Du premier au dernier moment.
Mais rien qu'à la première esquisse,
Dans les traits qu'il faut que j'unisse,
Que de contrastes j'aperçois!
Sage gaieté, bonne malice,
Naturel plus fin qu'artifice,
Franchise et prudence à la fois;
Esprit léger bien que solide,
Sentiment que la raison guide,
C'est tout cela, mieux que cela,
Qu'on doit voir dans ce portrait-là
Et que mes crayons doivent rendre.
N'importe je veux l'entreprendre :
Pour peu qu'il ressemble il plaira ;
S'il est parlant il charmera.

DE BOUFLERS.

22 septembre 1809.

Habituée à vivre dans la plus haute société,

mademoiselle Cochelet avait dans ses manières toute l'aisance et la distinction que donne le grand monde. Comme dame de la reine Hortense, elle partagea volontairement son exil, et se fixa en Suisse près de la retraite qu'avait choisie celle à qui elle avait consacré sa vie. Elle vient de mourir dans son château, en Thurgovie : elle laisse des papiers intéressants, et une correspondance étendue avec les personnages les plus célèbres de notre époque. Ses mémoires sont écrits avec naturel et vérité. Elle n'avait destiné à la publication que les années 1813, 1814 et 1815. C'est cette période, la plus importante pour l'histoire, que nous mettons sous les yeux du public.

AVANT-PROPOS DE L'AUTEUR.

Il ne me serait jamais venu à l'esprit d'écrire des mémoires, si ma destinée n'eût été liée à celle d'un personnage devenu historique, et que j'ai trop bien connu, pour ne pas désirer le faire connaître aux autres. Je le laisserai juger sur les faits. Je ne dirai que ce que j'ai vu, que ce que j'ai entendu.

Je puis parler de toutes les personnes distinguées de notre temps, puisque je les ai approchées; je puis raconter les grands événements de notre illustre époque, puisque, placée près de la reine Hortense, sa vie, sa fortune, ses grandeurs et ses malheurs ont fait partie de tous ces grands événements, qui, en s'éloignant de nous, entrent dans le domaine de l'histoire. Les fables inventées ont été lues avec trop d'avidité, pour que je n'aie pas regardé comme un devoir envers l'avenir, de lui porter mon contingent de faits arrivés à ma connaissance. Plus cette époque a été fertile en catastrophes, plus elle a prêté au mensonge, et plus il importe que la vérité se présente à son tour, afin que les contemporains et l'avenir puissent juger avec impartialité.

1813.

MÉMOIRES
SUR LA
REINE HORTENSE
ET LA
FAMILLE IMPÉRIALE.

I.

Le premier de l'an 1813.—Sinistres présages.—La reine Hortense aux Tuileries et à la Malmaison. — Le Berceau de cheveux. Désespoir d'un coiffeur. — Madame Fanny Beauharnais. — La céleste filleule. Madame de Boucheporne. — Madame Mollien et la devise touchante. — Deux lieutenants de l'empereur. — Une chasse à Grosbois. — L'empereur et le pape Pie VII à Fontainebleau.

Cette année 1813 commençait plus tristement que les autres. Le premier jour de l'an se trouva être un vendredi ; quel sinistre présage ! Après tous les désastres éprouvés par nos armées, nous ne pouvions penser que de pareils malheurs nous fussent encore réservés, et chacun disait : « Que sera-t-elle donc cette

» année qui porte le numéro 13 et commence
» un vendredi? A quel malheur la France, l'Eu-
» rope sont-elles de nouveau réservées? » La
superstition, parmi le grand nombre, n'est
qu'une plaisanterie, aussi souriait-on à l'idée
qu'il fût possible de supposer que le nombre
treize, et le vendredi, pussent influer sur nos
destins; d'autres personnes, moins esprits-forts,
ont pu y attacher plus d'importance. Quant à
moi, je disais : « Rien ne saurait être plus af-
» freux que ce que nous venons d'éprouver :
» notre armée dispersée, toutes nos craintes
» si cruellement justifiées......, cette persua-
» sion que vaincre toujours n'était plus notre
» partage! voilà assez de calamités qui doivent
» nous rassurer, car l'excès du mal fait sou-
» vent espérer qu'il est arrivé à son terme. »

Tous les jours des maréchaux, des généraux, des officiers revenaient de l'armée,
chacun comptait les pertes affreuses qu'il
avait faites; les femmes qui pleuraient ne se
montraient pas, celles au contraire dont le
mari ou le frère avait échappé à un si grand
malheur jouissaient davantage de les revoir.
Le prompt retour de l'empereur avait fini
par rassurer tout le monde; l'espoir était aussi
rentré dans tous les cœurs, et la gaieté repa-

raissait; on ne formait plus de vœux que pour la paix et le retour complet de l'armée.

La reine n'était pas la moins intéressée à cette bienheureuse paix; le vice-roi était resté seul des lieutenants de l'empereur pour rallier l'armée, tandis que tout le monde était venu se retremper à Paris; l'inquiétude de la reine était extrême pour ce frère qu'elle chérissait si tendrement.

Il avait déployé dans cette malheureuse campagne toute la fermeté et le désintéressement de son caractère. Sans perdre la tête un instant, et avec son activité habituelle, il avait su réorganiser l'armée pour effectuer cette pénible retraite. Sa sœur, qui connaissait le peu de moyens qui restaient à sa disposition, assaillie de tant de craintes pour lui, ne pouvait jouir d'un moment de repos. Elle allait souvent à la Malmaison pour essayer de rassurer l'impératrice Joséphine, et toutes les deux réciproquement cherchaient à se donner du courage.

Le jour de l'an, comme à l'ordinaire, la reine alla de bonne heure, avec ses enfants et sa maison d'honneur, souhaiter la bonne année à l'empereur et à l'impératrice Marie-Louise. A neuf heures du matin elle devait être rendue aux Tuileries en grand habit de cour pour voir l'impératrice, puis l'empereur, avant qu'ils reçussent tout le monde; telle était l'étiquette. Elle assistait ensuite à la messe qu'on disait à midi, puis elle revenait chez elle recevoir toute sa maison, changer de costume, quitter ses diamants, sa robe de cour, pour aller avec ses enfants souhaiter aussi la bonne année à sa mère à la Malmaison. Ces six lieues qu'il fallait faire vite, pour aller et revenir, lui laissaient peu le temps de respirer. Au retour, la reine se faisait recoiffer pour aller au dîner de famille qui avait lieu à six heures chez l'empereur; aussi s'habillait-elle en cinq minutes. Son valet de chambre coiffeur se désolait toujours de n'avoir pas suffisamment de temps pour déployer ses talents. Pendant le peu d'instants qu'elle donnait à sa coiffure, la reine ne disait que ces mots : « C'est bien comme cela; vite, vite, » dépêchez-vous. » Et comme ses cheveux, d'un beau blond cendré, étaient d'une longueur extraordinaire, puisque lorsqu'elle était debout ils arrivaient presque jusqu'à terre, le temps de les peigner, de les natter, en prenait déjà un assez long, surtout quand ses enfants venaient assister à sa toilette, et qu'au moment de la coiffure ils s'amusaient à passer sous les cheveux de leur mère, entre la chaise sur laquelle elle était assise et le coiffeur, qui, à cause de la longueur des cheveux, se tenait de loin à les démêler, formant ainsi un berceau sous lequel les enfants passaient et repassaient en courant l'un après l'autre. Le pauvre coiffeur, désolé, suait à grosses gouttes et n'osait se plaindre; mais lorsque la reine, avec une guirlande posée tant bien que mal, était partie, il laissait éclater tout son désespoir. « Je perds ma réputation, disait-il; il » est impossible de faire quelque chose de » bien sur la tête de la reine, elle n'en donne » pas le temps »; et puis, du plus grand sérieux du monde il ajoutait : « Qu'est-ce que » l'empereur va penser, va dire de moi?...... » que je suis un malotru, que je ne sais » pas coiffer!........» Dans toutes les classes, alors, les regards étaient tournés vers l'empereur comme vers l'astre dont les destinées de chacun dépendaient; même dans les plus petites choses, c'était l'opinion de l'empereur qu'on ambitionnait et qu'on redoutait : Charbonier était donc excusable. Instruite du chagrin de son valet de chambre, la reine riait et lui disait quelquefois : « Charbonier,

» puisque vous coiffez toutes les jolies dames
» de Paris, vous pouvez conserver votre répu-
» tation en faisant sur leurs têtes tous les
» charmants essais que vous voudrez. Moi je
» ne tiens qu'à la promptitude, je ne veux pas
» arriver plus tard que l'heure indiquée, et
» être grondée par l'empereur. » Elle partait
donc pour aller dîner à six heures précises,
après avoir embrassé ses enfants, qui la recon-
duisaient toujours jusqu'à sa voiture, en portant ses gants, son châle, ou même la queue
de son manteau quand elle était en habit de
cour; et, à neuf heures, elle revenait se coucher, exténuée de cette journée si fatigante
pour sa faible santé.

Les premiers jours de l'an n'étaient pas non
plus sans fatigues pour moi. Comme la reine me
chargeait de faire tous ses petits cadeaux, je
devais y penser d'avance : c'était une étude
pour envoyer à madame Campan et à une foule
d'autres personnes quelque chose qui pût leur
plaire. Je devais aussi aller chez madame
Fanny de Beauharnais, lui porter de la part
de la reine un joli souvenir. Quand j'arrivais
chez elle, je réveillais toujours toute la maison,
quoique je réservasse cette visite pour la dernière. Mais madame Fanny de Beauharnais

gardait, des habitudes du temps de Louis XV, celle de se coucher au jour et de se lever aux lumières. «C'est de la part de ma *céleste filleule,*» disait-elle : c'est ainsi que, dans son langage poétique, madame Stéphanie de Beauharnais appelait toujours la reine, qu'elle avait tenue sur les fonts baptismaux; et j'étais choyée, embrassée, questionnée; je ne pouvais plus m'échapper. Ensuite j'allais prendre ma mère et dîner avec elle chez une de ses vieilles amies.

Pour les premiers jours de l'an 1813, j'avais travaillé sans relâche à un petit dessin que je destinais à la reine; je l'avais placé sur un joli pupitre de bois gris : c'était une vue de sa galerie de Saint-Leu. La reine elle-même y était représentée occupée à regarder ses fleurs. Au moment où je donnais mon dessin à S. M. madame de Boucheporne, qui lui devait la place de son mari, lui donnait aussi un petit livre sur lequel était rappelé l'instant où la reine lui avait remis le brevet de cette place. S. M. est dans son lit, son fils cadet joue près d'elle, l'aîné est debout près de son frère, la reine donne le papier à madame de Boucheporne, qui s'incline pour le prendre : le tout était fort ressemblant.

Un instant après, madame Mollien, qui de

dame du palais de la reine était passée dame du palais de l'impératrice Marie-Louise, entra avec un petit portefeuille rouge qu'elle offrit à la reine; dedans se trouvait un dessin qui représentait la chambre de madame Mollien; elle y était placée couchée dans son petit lit de fer (après sa chute on crut qu'elle allait mourir). La reine alla la voir malgré les médecins qui craignaient une trop forte émotion; de ce moment la malade fut déclarée hors de danger: c'est cette scène que madame Mollien a fait représenter: son mari est près de son lit; le lit est placé au bas du portrait de la reine, fait par Gérard; la reine elle-même est près du lit, vêtue d'une robe de percale blanche faite en cosaque, entourée d'une broderie d'or; son chapeau est en paille d'Italie avec des plumes blanches. Rien n'est oublié. La malade, je le répète, a tout fait représenter comme les choses ont eu lieu, et, comme elle attribuait sa convalescence à cette bienheureuse visite, elle a fait écrire au bas du dessin cette devise d'une romance.

« Ma dame approche de mon lit,
» Et loin de moi la mort s'enfuit. »

La reine, en lisant cette devise touchante, dit avec émotion à madame Mollien et en l'em-

brassant : « Vous me rendez bien heureuse de
» me faire croire que j'ai pu vous porter bon-
» heur. »

Il était curieux que, sans nous être donné
le mot, nous eussions toutes fait des dessins pareils pour la reine : c'était par des soins semblables que nous cherchions à lui montrer nos
sentiments et notre reconnaissance : elle était
toujours si souffrante et si triste, que nous étions
trop contentes quand nous pouvions la distraire un moment.

Le 1er janvier, la reine, en revenant de la
Malmaison, m'avait rapporté, de la part de
cette excellente impératrice, une chaîne délicieuse en perles avec un médaillon, émeraudes et diamants. L'impératrice n'oubliait
personne ; elle était la marraine des enfants
de presque tous les hauts fonctionnaires de
l'état, et, pour tous ceux qui arrivaient de
Paris, il y avait un cadeau prêt, et toujours
des choses les plus jolies et souvent de grand
prix. Elle donna cette année à sa fille une parure en or et pierres de couleur qui était
charmante et qui lui avait coûté 50,000 fr.
J'étais si touchée qu'elle eût pensé à moi !
J'eus encore une autre jouissance : j'appris, ce
même jour, par le duc de Bassano qui arriva

à six heures, que mon frère, qui me donnait tant d'inquiétudes, se portait bien, et l'excellente duchesse me mandait qu'il était, au départ du duc, dans la même ville que le prince de Schwartzenberg, et hors de tout danger : j'étais donc bien disposée à voir tout en beau pour 1813.

Journellement on voyait arriver de l'armée des jeunes gens avec des pieds, des mains gelés, des bras ou des jambes emportés : tous ces maux attestaient nos désastres; c'était affreux; tous les cœurs étaient navrés, et celui de la reine restait encore dans de bien grandes inquiétudes pour son frère. L'empereur, à son départ de l'armée, en avait laissé le commandement à Murat: en sa qualité de roi il y avait droit; mais le prince Eugène et lui avaient le même grade militaire, ils étaient l'un et l'autre lieutenants de l'empereur; ils étaient rivaux de gloire, de courage, de fortune, et le manque de bienveillance de l'un envers l'autre devenait à craindre. Pourquoi n'eurent-ils pas tous les deux la même conduite?

Un jour la reine reçut une nouvelle qui la désola. Le roi Murat, contrarié d'être resté au milieu de la bagarre de cette retraite, au lieu de la commander, pour la diriger, ne donnait aucun ordre, et tout allait au hasard. A Marienwerder, le prince Eugène, un matin, est réveillé par des cris qu'il entend sous ses fenêtres : il est bien vite sur pied; il regarde, et voit des cosaques dans sa cour, et à peine s'il a une garde suffisante pour se défendre. Il ne perd pas la tête, fait armer tout son monde, appelle ses aides-de-camp Tascher, Labédoyère, Triaire, Mejean et Giflingue, et tous se rangent en corps de bataille; il commande, et l'on se bat dans l'escalier, dans la cour, dans la rue; les cosaques sont vaincus, ils fuient, et le prince fait tranquillement sa retraite. Arrivé, je crois, à Posen, il rejoint Murat; mais celui-ci se ressouvient qu'il est roi de Naples, et, sans plus de façons, il quitte l'armée et part pour ses états, laissant au prince Eugène tout le soin du commandement et tous les embarras de la retraite.

Le prince, en écrivant à sa sœur, lui disait qu'il se sacrifiait pour le bien de l'armée, pour celui de la France, mais que jamais besogne n'avait été plus difficile que celle qu'il avait sur les bras, et n'avait été moins faite pour rapporter quelque gloire. Il remit l'ordre partout; mais il s'exposait journellement, et sa sœur, en apprenant tous ces petits détails, qui la touchaient si vivement, me dit un jour: « Comment recommander à mon frère la pru- » dence? J'ai beau lui écrire, il ne m'écoute » guère; j'ai envie de mettre mes recomman- » dations en chansons. Composer la musique » m'est facile, mais je ne sais pas bien faire » les vers. Mon frère, de Moskou même, m'é- » crivait de lui envoyer des romances. J'en ai » composé une alors à ma table ronde, en » priant chacun de m'aider. Je trouve trop » difficile, quand il me vient une idée, d'y cher- » cher une rime : j'essaierai pourtant encore. » Connais-tu (1) des poëtes qui puissent me » faire une romance sur un refrain que je don- » nerais ? »

Chacun chercha, se mit l'esprit en campagne pour faire ce que la reine désirait. Quant à moi, je mis M. Ribouté à l'œuvre. Il arriva tant de romances que la reine eut du choix ; elle en mit deux en musique, qu'elle envoya tout de suite à son frère : l'une était d'elle, finissant par ce vers :

» Es trop aimé pour t'exposer toujours.

(1) La Reine tutoyait toutes ses compagnes de St-Germain, et malgré tous les changements survenus dans sa position, elle avait conservé cette habitude.

L'autre, qui était d'une dame dont je ne me rappelle plus le nom, finissait par ce refrain :

« Sois vaillant, mais que la prudence
» Me garantisse ton retour. »

Je ne crois pas que les conseils de la reine, en prose, ou en vers, fussent d'un grand poids sur son frère, car il était forcé de s'exposer: c'était tous les jours de petits combats, et même le vice-roi, quand il fut arrivé à Magdebourg, pour faire croire qu'il avait encore de la cavalerie, faisait souvent des sorties avec son état-major : il repoussait les cosaques, puis retournait s'enfermer dans la place, où il parvint à rallier et à réorganiser l'armée. Pendant ce temps, tous les états-majors de la grande armée étaient revenus à Paris, et les fêtes recommencèrent comme moyen de s'étourdir et de faire oublier nos revers.

La reine n'avait pas besoin de moi le soir; elle avait ses dames. J'allais passer presque toutes mes soirées chez la duchesse de Bassano, qui me montrait la tendresse d'une sœur, d'une amie. Mon frère Adrien, comme auditeur, dépendait du duc. Avec quelle grâce, lorsque j'arrivais, le duc me donnait des nouvelles de mon frère, qui était réuni à l'ambassade de Schwartzenberg! comme il touchait mon cœur en me disant du bien de lui, en m'assurant qu'il méritait une préfecture par la manière remarquable dont il s'était conduit dans les diverses administrations dont il avait été chargé! et il ajoutait qu'il ferait tout pour son avancement. Je n'ai jamais trouvé que chez le duc de Bassano une grâce si parfaite avec une dignité si noble. Sa femme était si belle, si excellente! c'était un beau couple à montrer aux étrangers. Naturellement sérieuse, la duchesse aimait à me voir arriver chez elle; j'égayais son salon, disait-elle. Le matin elle venait me chercher, et nous allions nous promener ensemble. Ses charmants enfants nous accompagnaient souvent, et moi, qui aime tant les enfants, j'allais quelquefois les prendre pour me promener seule avec eux, et je restais aussi à dîner avec toute la famille.

M. de Grandcourt, qui continuait toujours d'ajouter à sa signature *conseiller intime* (par malice on disait *actuel*) *du feu Roi de Pologne*, manquait rarement de venir le soir chez la duchesse qui était d'une bonté parfaite pour lui, malgré ses inconvénients et sa bouffonnerie si déplacée dans un vieillard ; mais il faisait rire, et on l'accueillait. Madame Emstatt et moi le prenions souvent pour notre bouffon, et il ne nous en aimait que mieux. Au milieu de cette vie douce et agréable j'eus une grande frayeur.

Une nuit on vint m'éveiller : la reine avait des douleurs de tête épouvantables, elle était froide, et, malgré le bain le plus chaud, on ne pouvait parvenir à la réchauffer. Cette maladie lui était venue d'une manière extraordinaire. Un jour elle avait senti tout à coup une douleur vive au sourcil, puis cela avait passé; la douleur revint le lendemain à la même heure, et comme cela ne durait qu'un quart d'heure, aussitôt l'accès passé, la reine n'y pensait plus et ne faisait aucun remède; d'ailleurs qu'aurait-on fait? on n'y comprenait rien. Elle allait au bois de Boulogne se promener, elle allait voir sa mère à la Malmaison, le soir elle recevait quelques personnes d'esprit, on causait, on faisait de la musique, on jouait au billard; puis vers onze heures elle regardait à sa pendule et congédiait tout le monde en disant : « Je vais attendre ma douleur. » En effet, cette douleur, qui avait quelquefois changé d'heure et qui se prolongeait beaucoup, la reprenait maintenant périodiquement à minuit et devenait par degrés de plus en plus vive, tant qu'enfin une nuit la reine s'écria qu'on allât me chercher. Ses dents claquaient l'une contre l'autre ; je crus qu'elle allait mourir.

« Je veux me faire arracher une dent, me » dit-elle ; cela me donnera une secousse qui » fera peut-être diversion à ma souffrance, car » toute la tête, toutes les dents me causent » des douleurs insupportables. » A cinq heures du matin, le dentiste Bousquet arriva : « Pre- » nez la dent que vous voudrez, disait la reine, » et ne craignez pas, j'ai du courage. » En effet, une grosse dent à peine malade fut arrachée sans qu'une goutte de sang sortît. La reine eut une attaque de nerfs très-forte ; on la porta dans son lit, on lui donna mille choses pour les nerfs, et elle se calma. Je fis vite appeler tous les médecins. Corvisart ordonna le quinquina, ce fut ce qui réussit le mieux ; et le médecin des jeunes princes, M. Latour, alla assister à l'ouverture du corps d'une jeune femme de dix-neuf ans, fraîche comme une rose, n'ayant jamais été malade, et qui venait de mourir de cette même maladie.

M. Latour vint dire à la reine devant moi : « Rappelez-vous, madame, que cette maladie est

» toute nerveuse : si on la traite autrement, on
» cause un épanchement au cerveau. »

Effectivement la reine a eu souvent depuis, au milieu de ses grands malheurs, de semblables crises, et les antispasmodiques et le quinquina l'ont toujours guérie.

Pendant qu'elle était si malade, le 19 janvier, elle avait reçu une invitation pour aller à la chasse à Grosbois; l'empereur et l'impératrice s'y rendaient. La reine ne put y aller, et apprit bientôt que de Grosbois on s'était rendu à Fontainebleau, où l'empereur et le pape s'étaient vus très-souvent et fort amicalement, quoi qu'en ait dit toute la malveillance du temps. Un des évêques qui assistaient à ces conférences raconta depuis à la reine que l'empereur, avec le charme et le talent de persuasion qu'il savait déployer quand il le voulait, s'était tout à fait raccommodé avec le pape; que la meilleure harmonie était rétablie entre eux, et que, d'un commun accord, le nouveau concordat avait été signé. Le pape redemanda, comme gage de la réconciliation, le retour près de sa personne des cardinaux qui en avaient été éloignés. A peine furent-ils près de lui qu'un d'eux dit au pape : « Comment!
» votre sainteté a signé ce que l'empereur a

» voulu ! Mais elle ne voit donc pas que l'em-
» pereur est perdu, que sa cause est déses-
» pérée ? il ne fallait plus qu'un peu de pa-
» tience. » Ce conseil prévalut, et j'ai entendu dire souvent que, malgré ce traité bien signé volontairement, le pape, suivant les conseils des cardinaux qu'on venait de lui rendre, ne voulut plus consentir à son exécution.

C'est sans doute à cause de cela qu'on fit alors tant répandre le bruit que le pape avait été maltraité, et que son adhésion au concordat avait été forcée.

II.

M. et madame Philippe de Ségur. — L'empereur ordonne que les bals recommencent. — Les danseurs à jambes de bois.— Le talisman.— Mesdames Corbineau et de Lascours. — Anatole Lawoestine, la comtesse Gérard et la comtesse de Celles. — Mesdames Duroure, Gazani, de Valence, d'Emstatt.— M. de Narbonne, chevalier d'honneur, M. de Maussion, Isabey et le comte de Forbin. — La duchesse de Montébello et l'impératrice Marie-Louise. — Garneray et Garat. — Une romance d'Alexandre Delaborde. — M. le comte de Ségur. — Le comte Molé grand-juge.

Un matin je trouvai la reine bien triste; elle avait appris, la veille au soir, la mort de madame Philippe de Ségur. Cette femme si jeune, si heureuse, venait d'être emportée par une imprudence. Elle avait la rougeole qui sortait très-bien. Sa mère venait de se retirer, elle voulut se lever pour prendre un livre et lire, puisqu'elle ne dormait pas. L'éruption rentra, et en peu d'heures elle n'existait plus. Madame de Luçay ayant été, sous le consulat dame du palais, sa fille, en quelque sorte, s'était trouvée élevée dans la maison du consul. La reine l'aimait beaucoup; son mariage s'était fait par les soins de l'impératrice. Cette jeune femme adorait son mari; elle se tourmentait outre mesure quand il était à l'armée. Je me rappelle l'avoir vue accourir chez la reine lui demander un petit cachet qui pût servir de talisman à son mari et lui porter bonheur; la reine la consolait, et donnait le cachet en souriant. Cette confiance en elle lui faisait plaisir; aussi s'était-elle attachée à ce jeune et charmant ménage, et je la voyais bien affligée d'un malheur aussi prompt qu'inattendu.

J'ai toujours vu la reine prendre un intérêt réel aux malheurs des autres; il semblait que les siens, au lieu de la rendre insensible, la rendaient au contraire plus accessible aux souffrances de tout ce qui l'entourait; elle s'en affligeait vivement; mais, selon son habitude, elle ne savait pas le montrer à ceux qui auraient été si reconnaissants s'ils avaient su à quel point elle s'occupait d'eux; c'était un défaut en elle. Elle éprouvait une sorte d'embarras à manifester ses sentiments, et pourtant ils étaient toujours bons. C'était lorsqu'on avait réellement besoin d'elle qu'on la retrouvait, et lorsqu'on était malheureux qu'elle se montrait. Dans l'habitude de la vie, elle était toujours douce, accueillante, indulgente au dernier point; mais on la jugeait indifférente, parce qu'elle ne montrait rien de plus.

L'empereur ordonna que les cercles et les bals recommençassent comme les autres années. La reine, qui avait le cœur si gros et qui ne pouvait pas cacher ses inquiétudes pour son frère, fut aussi obligée de reprendre ses jours de cercle et de bal. Sa santé ne s'en trouvait pas mieux, car elle dépérissait à vue d'œil; mais à cette époque on n'avait jamais le temps de penser à soi : on en avait tellement pris l'habitude qu'un simple désir de l'empereur était tout, et, en bonne ou mauvaise santé, il fallait remplir les devoirs de sa place ; la reine devait faire les honneurs de Paris. Elle n'aurait pas eu l'idée de se plaindre et de trouver l'excuse bien naturelle de sa santé, pour se soustraire à ce devoir.

L'empereur le veut, l'empereur l'a dit, cela suffisait pour tout ce qui l'entourait.

La reine, en voyant l'ancienne liste des personnes qu'elle faisait habituellement inviter à ses bals, remarqua avec tristesse le nom de plusieurs jeunes gens qui venaient de perdre la vie sur cette terre glacée de la Russie, si fatale à nos armes. Les larmes lui vinrent aux yeux, surtout en pensant à cet excellent Auguste de Caulaincourt, fils cadet de sa dame d'honneur, que la pauvre mère pleurait encore, et dont la reine avait si vivement déploré la perte : il fallait effacer son nom de cette liste de bal !...

Le chambellan qui proposait les invitations fit remarquer à la reine que, sur sa liste des personnes invitées, il s'en trouvait trois ou quatre à jambe de bois, à bras de moins, ou encore en écharpe. « Le bal de votre majesté,
» dit le chambellan, aura l'air d'un hôpital, du
» moins l'empereur en fera peut-être la re-
» marque ; et comme il veut faire danser à
» Paris pour distraire la capitale de tant de
» tristes pensées, ce sera le moyen, au con-
» traire, de rappeler de si pénibles souvenirs
» que de montrer avec leurs infirmités les mal-
» heureux débris de nos désastres.

— » Vous pouvez avoir raison, dit la reine ; je
» n'irai certainement pas chercher parmi les
» blessés ceux qui ne sont jamais venus chez
» moi pour les inviter maintenant au bal, mais

» je trouve que ce serait une indignité de
» mettre de côté, d'exclure ceux qui y étaient
» reçus avant leurs blessures... Et pourquoi?
» parce qu'ils auraient été les plus malheu-
» reux? Non, je ne ferai pas cette injure à no-
» tre armée, à tous ces braves. Eh bien! ceux
» qui ne pourront plus jouir du plaisir de la
» danse, causeront et jouiront du plaisir des
» autres, et il ne sera pas dit que je les re-
» pousse de chez moi parce qu'ils ne peuvent
» plus danser, tandis qu'au contraire ils me
» sont devenus plus chers encore par leurs mal-
» heurs, et que je me sens trop heureuse de pou-
» voir leur procurer quelques distractions. »

En effet, sur la liste des invitations furent compris tous ceux qui étaient admis précédemment chez la reine; mais le bal fut triste, et, il faut le dire, le chambellan avait raison. La présence de toute cette jeunesse ainsi mutilée rappela à chacun les souffrances, les pertes sans nombre que nous venions d'éprouver; et quand je dis le lendemain à la reine : « Ma-
» dame, votre majesté a dû remarquer com-
» bien son bal était triste hier. — Qu'im-
» porte? dit-elle, ne voilà-t-il pas un grand
» malheur! Eh bien! les autres seront encore
» aussi tristes, j'en prends très-bien mon par-

» ti; mais, au moins, je n'aurai pas commis une
» injustice et une ingratitude, car je suis prin-
» cesse française, et je dois manifester mon in-
» térêt pour ceux qui se battent et qui sont
» blessés pour la France. »

J'étais depuis longtemps fort liée avec madame Corbineau, nous nous voyions tous les jours; c'était la personne la plus gracieuse et la plus vertueuse qu'on pût voir. Ses craintes pour son mari, pendant cette campagne de Russie, l'avaient tellement changée qu'elle était devenue presque méconnaissable; enfin son mari était de retour, et de plus il venait d'être nommé aide-de-camp de l'empereur. C'était pour elle trop de bonheur à la fois, la pauvre femme semblait y succomber, la vie était près de lui échapper, et pourtant le bonheur arrivait!.....

Madame de Lascour, que j'aimais aussi beaucoup, et qui était une femme si admirable, venait de revoir avec joie son fils qui avait heureusement échappé aux désastres de Russie, ainsi que son ami Anatole de Lawoestine. Ce dernier, toujours fou, léger, spirituel, bon, brave, beau, représentait à cette époque le type du caractère français. On ne pouvait se laisser aller auprès de lui à la mélancolie. Chez

la duchesse de Bassano nous lui devions de passer des soirées très-agréables et très-gaies ; le duc lui-même perdait de son ton grave en riant de ses folies. Ses cousines, qui étaient toutes les deux charmantes et qui avaient été élevées chez madame Campan, venaient aussi chez la duchesse avec leur mère ; la reine, qui les aimait beaucoup, et qui avait été en même temps qu'elles à Saint-Germain, rencontra un jour, au Jardin-des-Plantes, l'aînée, qui était mariée au comte de Celles; elle en eut une grande joie, et, au lieu de regarder l'éléphant que ces deux dames étaient venues voir chacune de leur côté, elles ne firent que parler de leur jeune temps. La reine questionnait son ancienne compagne et apprenait avec plaisir qu'elle était heureuse ; les emplois du comte de Celles le tenaient toujours éloigné de Paris. La seconde fille de madame de Valence, Rosamonde, devenue madame la maréchale comtesse Gérard, n'était pas encore mariée, et la reine disait souvent : « Je voudrais qu'elle épousât
» quelqu'un qui fût placé près de moi, pour
» que je pusse jouir de son charmant carac-
» tère et de ses talents. » Elle peignait à merveille ; madame de Valence, leur mère, était fille de madame de Genlis, et c'était une per-

sonne bien digne d'avoir des amis. Elle venait souvent chez la duchesse de Bassano, ainsi que son mari; mais les plus assidues étaient madame Duroure, madame Gazani, madame Ducret, madame d'Emstatt et moi. J'y voyais souvent aussi M. de Maussion, auditeur; le général Krusmark, ambassadeur de Prusse; M. Floret, de la légation d'Autriche, bon et excellent homme, et M. le comte de Narbonne, si vanté par son esprit et la grâce de ses manières. Ce dernier était un admirateur de notre belle duchesse : ses soixante ans ne lui avaient fait rien perdre de son amabilité; mais, habituées que nous étions au ton de notre époque, avec sa franchise sans compliment, un peu brusque même, quoique toujours polie et respectueuse, le comte de Narbonne nous paraissait un peu trop aimable, trop galant, trop complimenteur; nous n'y étions pas faites, et cela nous semblait fade; mais M. de Narbonne était complimenteur avec tant de grâce que la reine disait que si la mode de se montrer trop aimable n'était pas passée et pouvait revenir, ce serait lui seul qu'il faudrait prendre pour modèle. L'empereur l'avait nommé son aide-de-camp, ce qui avait fait un peu rire, parce qu'on n'était pas habitué à voir parmi ses aides-de-

camp un homme âgé et portant de la poudre.
On racontait alors dans les salons de Paris que
M. de Talleyrand, piqué de ce que M. de Narbonne, son protégé, avait obtenu une faveur
aussi marquée sans qu'il y eût participé, aurait
dit à ce dernier, lorsqu'il vint lui faire part de sa
nomination : « Vraiment! vous êtes nommé
» aide-de-camp de l'empereur? Je croyais que
» c'était *page*... » Il avait soutenu cependant
cette campagne de Russie avec tout le courage
d'un soldat éprouvé et avec une gaieté constante;
chacun revenait enchanté de lui, on faisait son
éloge hautement. J'ignore si ce fut en raison de
son âge que l'empereur craignit de l'exposer de
nouveau aux fatigues de la guerre, ou si ce
fut cette distinction personnelle et ce ton parfait qui firent trouver à l'empereur qu'il convenait mieux que tout autre à la place de chevalier d'honneur de l'impératrice; mais j'ai
appris qu'il lui destinait cette place qu'avait
alors le comte de Beauharnais, homme sans
doute très-excellent, mais auquel je n'ai jamais
vu ouvrir la bouche. On assure que la duchesse de Montebello représenta à l'impératrice que c'était une injustice que de déplacer M. de Beauharnais, auquel on n'avait
rien à reprocher; que cela lui ferait du tort

à elle impératrice, qu'on croirait qu'elle l'éloignait d'elle parce qu'il était le parent de l'impératrice Joséphine : enfin Marie-Louise se gendarma contre ce changement, et versa même quelques larmes en disant à l'empereur qu'elle ne voulait pas de M. de Narbonne près d'elle. L'empereur lui dit : « Allons, al-
» lons, console-toi : je ne vois pas trop à quoi
» t'est bon M. de Beauharnais, mais puisque
» tu l'aimes tant, garde-le. »

Le 9 février fut un jour de joie pour moi : mon frère Adrien arriva enfin, et j'eus le bonheur de le serrer dans mes bras après une si longue et si pénible absence; mais il était si changé qu'un long repos lui devenait nécessaire : encore un sujet d'inquiétudes !

Je passais une partie de mes matinées à dessiner, je copiais à l'aquarelle tous les petits tableaux du temps. La Valentine, le Charles VII, de Richard. Isabey ainsi que M. le comte de Forbin venaient quelquefois me voir et me donner des conseils; mais celui dont les leçons me profitaient le plus c'était M. Garneray, qu'Isabey m'avait priée de recommander à la reine, comme étant son élève, et auquel j'avais fait obtenir la place d'ordonnateur des arts dans la maison de sa majesté; comme M. Carbonel l'était pour la musique, Garneray l'était pour la peinture. Ces messieurs avaient cent louis d'appointement, et n'avaient pas grand'-chose à faire. L'un devait se charger d'arranger les concerts, mais il n'y en eut presque jamais. La reine préférait faire tous les soirs de la musique, entendre un talent pour en jouir sans cérémonie et le faire venir seul; cela remplissait agréablement la soirée. Garat était appelé plus souvent que tout autre, et alors Carbonel venait l'accompagner. Pour Garneray, il allait au salon voir les tableaux qui avaient plu à la reine, qui le chargeait de les acheter. A l'exposition de cette année 1813, elle avait bien envie d'avoir un joli petit tableau du jeune Horace Vernet, qui débutait au Salon; il était déjà acheté. L'impératrice Joséphine, les princesses se disputaient à qui aurait.les plus jolis tableaux: la reine se contenta de ceux de Ducis qui avait peint deux épisodes de la vie du Tasse, et, je crois, du Chien du mont Saint-Bernard, qui porte un enfant sur son dos, par Vaffart. Elle ne put en avoir d'autres. Si elle faisait un plan, et, Dieu merci! elle en faisait sans cesse, Garneray était appelé pour le mettre au net; ou bien il dessinait, sous la direction de la reine, le costume d'un quadrille qui devait se danser à la cour; mais moi je prenais de ses leçons presque tous les jours.

Quoique toussant un peu et malgré la défense des médecins, la reine continuait à trop chanter. Le matin elle composait seule ses romances, puis elle les faisait entendre le soir dans son salon, avec permission de les critiquer. M. Alexandre de Laborde était l'auteur des paroles auxquelles elle donnait le plus souvent la préférence pour les mettre en musique. C'est de lui qu'est la romance

« Partant pour la Syrie, »

qui fut tant chantée que les orgues de Barbarie la répétaient sans cesse dans les rues, dans les promenades, en tous lieux. Enfin on en était poursuivi à tel point que, quoique l'air de cette romance soit charmant, on finissait par en être fatigué. M. de Laborde a composé les paroles d'une infinité d'autres.

La grande facilité que la reine trouvait à composer la musique de ses romances faisait qu'elle n'y mettait aucune prétention. Elle fut sur le point de déchirer sa romance « *Reposez-vous, bon chevalier,* » parce que, le soir où elle la fit entendre, plusieurs personnes lui dirent que, puisqu'elle le permettait, elles lui avouaient qu'elles la trouvaient mauvaise. « C'est extraordinaire, dit la reine, je la croyais » une des plus originales que j'eusse faites; » mais je n'y tiens pas. » Carbonel, heureusement, fut consulté; il déclara que la musique de cette romance était la meilleure de toutes celles que la reine avait jusque-là composées: par là elle fut sauvée. La reine fit réunir en un livre le recueil de ses œuvres ; elle le distribua au jour de l'an à toutes ses connaissances; c'est elle qui la première a eu l'idée de faire mettre un dessin en regard de chaque romance; cela devint, dès lors, à la mode, et depuis c'est devenu un usage généralement adopté.

La reine ne dessinait plus. La maladie de consomption dont elle était atteinte semblait faire de grands progrès ; elle était d'une maigreur effrayante. Habituellement seule le matin avec madame de Broc ou moi, elle restait à demi couchée sur sa chaise longue. Nous lui faisions une lecture, ou bien, pour chercher à la distraire d'une tristesse habituelle, je lui racontais la soirée que j'avais passée la veille chez la duchesse de Bassano, mes folies avec M. de Grandcourt, le costume dont j'avais affublé cette vieille tête, le conte que je m'amusais à lui faire quelquefois, qu'une princesse chinoise venait d'arriver à Paris, qu'elle y apportait, à vendre, des langues de perroquets; ou bien, d'un nid de colibri qu'on venait de découvrir au Jardin-des-Plantes. La reine souriait à mes récits, et j'étais contente. Elle semblait ainsi chercher, dans le repos de la matinée, des forces pour la soirée. Alors, comme une machine qui se monte, elle causait, elle discutait, même avec assez de vivacité, tantôt avec l'un, tantôt avec l'autre. Ses interlocuteurs les plus habituels étaient M. le comte de Ségur (1), M. Molé, dont le genre d'esprit plaisait beaucoup à la reine. Quand il fut nommé grand-juge et qu'il venait avec sa simarre rouge, il remplissait à lui seul le petit salon où l'on se tenait tous les soirs. Je n'ai jamais pu m'habituer à le voir ainsi affublé.

(1) Alors grand-maître des cérémonies.

III.

Les plans de la Reine. — Une chambre à coucher au nord. — Le palais du grand-duc de Berg. Le quadrille allégorique. — Le double baptême des duchesses de Bassano et de Frioul. — Mesdames Ducrest et de Villeneuve. — Une partie de marques chez madame de Genlis.

Une chose qui désolait la reine, c'était de ne pas avoir sa chambre à coucher exposée au midi : elle était si souvent forcée de garder son lit! « Je verrais au moins le soleil, me disait-
» elle, et cela me récréerait, me ferait du bien;
» vous autres, quand vous souffrez, quand
» vous vous sentez tristes, vous sortez, vous
» pouvez aller faire une promenade sur le bou-

» levard; moi, je ne puis pas ainsi courir seule,
» il me faut attendre des voitures, des écuyers,
» des piqueurs, puis me fatiguer à rouler sur
» le pavé pour aller chercher le bois de Bou-
» logne avant de pouvoir marcher et respirer
» un instant. Aussi je préfère souvent rester
» chez moi. Il me faut donc y trouver du so-
» leil et avoir un appartement exposé au
» midi. » Lorsque nous examinions ses plans
en riant, elle nous répondait : « C'est la seule
» occupation qui ne me fatigue pas et qui dis-
» traie ma pensée sans la troubler, c'est pour-
» quoi je m'y livre si volontiers. » Et en effet,
quand je montais chez elle, je la voyais constamment, un crayon et un petit papier à la
main, traçant des carrés, des lignes; on retrouvait partout, sur les meubles, de ces feuilles
volantes que ses enfants eux-mêmes respec-
taient et remettaient en place en disant:
« C'est le plan de maman. » Tantôt elle en
faisait un sur les Champs-Élysées, en achetant
les maisons qui sont de l'autre côté de l'allée
de Marigny, en face de l'Élysée Napoléon; elle
en formait un palais magnifique, exposé au
midi en plein soleil. Une autre fois, c'étaient
tous les chantiers de la Madeleine sur l'emplace-
ment desquels elle faisait bâtir un beau palais,

toujours sur le boulevard au midi. Le temple de la Gloire (aujourd'hui l'église de la Madeleine), se trouvait faire une fabrique presque dans son jardin et lui servir de point de vue. Des serres entouraient ses salons; elle jouissait de tout cela en imagination; car, pour arriver à réaliser ce plan magnifique, il fallait que l'empereur donnât quelques-uns des millions qu'il touchait pour le jeune prince Napoléon, alors grand-duc de Berg.

La reine, qui ne demandait jamais pour elle, avait pourtant dit un jour à l'empereur: « Sire, je suis bien mal logée; est-ce que le » grand-duc de Berg ne devrait pas avoir un » beau palais à Paris? cela ferait aussi travail- » ler vos ouvriers. »

L'empereur avait souri, avait tiré l'oreille de sa fille et lui avait dit : « A la paix, nous » ferons tout ce que vous voudrez. » Mais, pendant cette attente, le bienheureux soleil, si désiré par l'intéressante malade, n'arrivait pas dans sa chambre. Elle se résignait à rester dans cet hôtel, qu'elle n'aimait pas, et à bouleverser son appartement pour y avoir une chambre à coucher au midi.

Que sont devenus tous ces projets d'avenir? Au faîte de la grandeur, entourée de gloire, et pourtant faible et malade, c'était la vue du soleil que semblaient appeler tous ses vœux. Elle en jouit maintenant, de ce soleil tant désiré; mais, hélas! ce n'est pas celui de la patrie!

Un matin, le 14 février 1813, il faisait assez froid; la reine s'était fait coiffer, comme à l'ordinaire, à la hâte; on lui avait posé sur la tête une guirlande de fleurs d'hortensia toute en diamants. Cette parure lui avait été donnée par sa mère, ainsi que l'habit de cour qu'elle mit ce jour-là; il était de crêpe rose, tout brodé en plein de grosses fleurs d'hortensia en argent, et toute la robe et la queue étaient garnies d'une guirlande de fleurs artificielles composée de roses et de pensées. Malgré la maigreur, la pâleur de la reine, elle était si blanche, elle avait un teint si beau, si pur, que tout ce rose lui allait à merveille. Pourquoi, dira-t-on, cette grande toilette de si bonne heure? c'était pour aller avec l'impératrice au corps législatif dans une voiture à huit glaces, qu'on ne fermait pas d'un côté, et, ensuite, pour rester sans châle dans une tribune en face du trône de l'empereur. Il n'y avait rien là dont pût s'accommoder une santé comme celle de la reine; aussi revint-elle gelée, et avec une petite toux sèche qui

nous effrayait; et pourtant elle n'était pas à la fin de ses peines. Au moment où le carnaval commençait, l'empereur lui envoya dire de faire danser au grand bal des Tuileries (qui devait avoir lieu le mardi gras) le même quadrille qui avait déjà été exécuté l'année précédente. La voilà donc obligée de faire venir Gardel, de réunir chez elle, le matin, toutes les personnes qui composaient ce quadrille, et de le faire répéter devant elle; mais, heureusement pour sa faible santé, tout se passa avec plus de calme qu'au dernier carnaval, lorsqu'on l'avait dansé pour la première fois. On ne vint plus lui dire : « Ma-
» dame, que votre majesté y réfléchisse, si
» nous n'avons pas des plumes d'autruche qui
» se balancent en dansant sur notre tête, notre
» costume sera ridicule! Il nous faut des
» *solos*, sans cela, nous serons écrasés par l'au-
» tre quadrille qui en a, et qui les exécute à
» ravir (1); et puisqu'une heureuse allégorie
» à la louange de l'empereur lui assure un suc-

---

(1) En 1812 il y eut deux quadrilles dansés à la cour : celui de la reine de Naples représentait la ville de Rome avec ses Naïades, sa nymphe Égérie, puis Apollon, les Heures, les Étoiles, Iris, etc., et force compliments à l'empereur. Des dames dansaient seules comme à l'Opéra; elles étaient charmantes ; mais le quadrille fut trouvé de mauvais goût.

» cès incontestable, pourquoi n'introduisez-
» vous pas dans votre quadrille un petit com-
» pliment pour le vainqueur du monde?

La reine avait résisté à toutes ces réclamations, elle s'était tuée à répéter à chacun, pendant les répétitions de ce carnaval de 1812 :
« Non, messieurs, non, mesdames, je ne ferai
» rien de tout cela : j'ai choisi un costume
» magnifique, dessiné par les meilleurs ar-
» tistes, je n'y puis rien changer. Les solos
» sont bons à être dansés par des acteurs de
» l'Opéra, mais jamais par des personnes de
» la société : une femme ne doit pas se mettre
» seule en évidence, ce n'est pas son rôle. Un
» quadrille de bonne compagnie, exécuté dans
» un salon, ne doit être qu'une espèce de con-
» tredanse qu'il est permis d'arranger d'a-
» vance, puisque les danseurs et les danseuses
» sont en plus grand nombre. Des costumes
» brillants et uniformes doivent former la seule
» différence entre un quadrille et une contre-
» danse dans un bal ordinaire. Quant au com-
» pliment pour l'empereur, cette idée est de
» trop mauvais goût pour que je consente à
» l'admettre. Je vous préviens que je ne veux
» pas être ridicule; du reste je ne force per-
» sonne à danser avec moi. »

C'est avec cette fermeté, et, il faut le dire, en tenant ainsi tête à tout le monde, que la reine coupait court à toute réplique ; mais il fallait voir la mine boudeuse des jolies dames, l'air agité et brusque de beaucoup de messieurs qui traitaient cette question très-gravement, et c'étaient des hommes distingués pourtant, remplis d'esprit, de mérite ; et une jeune femme leur faisait la loi. Mais lorsque le succès couronna l'œuvre, quel triomphe le lendemain ! Je me rappelais tout cela en 1813, et je me souviens qu'à cette époque personne ne demandait plus de changements, ni de compliment pour le vainqueur du monde : aussi la reine fut-elle moins fatiguée qu'elle ne l'avait été l'année précédente.

Un matin, eut lieu dans sa chapelle une cérémonie de baptême. La reine fut marraine de plusieurs enfants, entre autres, d'une fille de la duchesse de Bassano, et d'une fille de la duchesse de Frioul. La première fut nommée Claire, et la seconde Hortense. Pour cette circonstance, elle fit de délicieux présents aux mères de ses deux filleules. La duchesse de Bassano reçut une ceinture ciselée en or massif, d'un très-beau travail ; le tour de la taille en était large, retenu par une agrafe en pierres de couleur; les bouts tombaient jusqu'aux pieds. La reine en avait donné le dessin : c'était une innovation à la mode, car on portait alors des ceintures petites et étroites, parce que les tailles étaient courtes; ceci devenait un moyen de les allonger beaucoup. La duchesse de Frioul eut un bracelet très-large, tout en diamants, au milieu duquel était un tout petit portrait de la reine, admirable ouvrage fait à la loupe par Jacques, élève d'Isabey. Le soir, la duchesse de Bassano donna à la reine un bal superbe. Je ne pus pas y aller, parce que j'étais malade; mais j'assistai à la toilette de la reine, et j'aime à me la rappeler comme une des plus jolies qu'elle ait portées.

Elle était coiffée avec un rang de chatons sur le front, et une couronne toute en diamans qui enveloppait ses longs cheveux derrière sa tête. Sa robe était toute simple, en tulle blanc sur du satin blanc; mais, de distance en distance, des agrafes de diamants en retenaient le corsage. Puis, une ceinture en diamants et un gros bouquet en diamants, duquel sortaient deux rangs de chatons qui allaient, jusqu'au bas de la robe, soutenir, au-dessus du pied, une fleur également en diamants, pareille au bouquet, sans parler du collier et des boucles d'oreilles. Tout cet ensemble, à la fois et si simple et si riche, faisait un effet charmant, surtout dans ce moment où l'on avait les yeux fatigués de ne voir partout que des robes couvertes de broderies d'or et d'argent.

Le dimanche gras, moins souffrante que la veille, j'allai dîner chez la duchesse de Bassano et y passer la soirée. Tout à coup la fantaisie nous prend de nous masquer toutes. Moi, je revêts un costume napolitain, madame Ducrest et madame de Villeneuve se mettent en vieilles, Anatole de Lawoestine en Arménien, et toutes les autres personnes s'ajustent en différents costumes avec tout ce qu'on put trouver, lorsqu'à dix heures arrive M. de Grandcourt, revêtu du costume de Brunet dans les *Deux Magots*; il était amené par madame d'Emstatt, et Dieu sait quelle joie il excita parmi nous. Au milieu des éclats de nos rires, une idée folle me passe par la tête; je la fais adopter à toute la société. On envoie chercher trois fiacres, et nous voici douze personnes masquées, partant de la rue du Bac pour aller faire une visite à l'arsenal. Chez qui? On ne le devinerait jamais : chez madame de Genlis, dont le petit-fils, Anatole de Lawoestine, m'avait raconté assez de choses pour ne pas me trouver une étrangère auprès d'elle.

Nous arrivons; les portes nous sont ouvertes; Anatole connaît les êtres, et nous voilà tous introduits sans obstacle dans une petite cellule de carmélite : c'est ainsi qu'on peut appeler l'endroit où nous trouvâmes madame de Genlis. Un grand christ, un prie-dieu, ornaient seuls cette chambre; je crois même que jusqu'au cilice y était. D'abord l'effroi de madame de Genlis, ainsi surprise, est au comble; mais bientôt elle reconnaît qu'elle n'a pas affaire à des coureurs habituels de mascarades. Je gagne vite sa bienveillance par les compliments que le masque me permet de lui offrir sans embarras ni fadeur. Elle devient aimable, et nous reçoit avec tout l'esprit et la grâce dont elle est susceptible. J'entre fort en coquetterie avec elle, et je lui offre une bague que je la prie de garder en mémoire de moi. Elle nous conjure de nous démasquer; je résiste longtemps, mais enfin elle a reconnu son petit-fils, et je trouve curieux de lui procurer la surprise de voir les figures, remarquables par leur beauté, que je conduis avec moi; elle ne les connaît pas, et jamais étonnement ne fut égal au sien, lorsque je commence à ôter le masque de madame d'Emstatt, et qu'elle voit un visage enjoué, spirituel, frais comme une rose, avec des yeux charmants. Elle pense qu'elle ne peut rien voir de plus gracieux, et vite je m'empresse d'ôter le masque de madame Desbassins, qui a été une des plus charmantes jeunes personnes de Paris : ses beaux cheveux blonds, ses beaux yeux bleus, son petit nez fin, lui donnaient l'apparence d'une jolie Anglaise. Madame de Genlis s'écrie qu'elle croit aux merveilles à la vue de si délicieux visages. Je ménage toutes ses surprises, et je jouis de ses exclamations, qui vont *crescendo* quand j'enlève le masque de madame Gazani. C'était le type de la beauté italienne : ses grands yeux noirs sont de velours; son nez, sa bouche, son front, tout cela est l'image d'une perfection dont les peintures du Titien peuvent seules donner l'idée ; et je garde pour la fin le masque de la duchesse de Bassano, qui en tombant laisse voir la beauté parfaite d'une vierge de Raphaël. Madame de Genlis croyait rêver. « Suis-je donc au ciel, disait-elle, pour » voir tous les anges réunis? » On pense bien qu'après avoir ôté les masques de ces quatre dames, j'évitai de lever le mien et celui des autres. Madame de Genlis sentit bien qu'il ne fallait pas insister pour voir les visages de celles qui ne voulaient pas se montrer. Elle parut flattée de notre visite, et nous pria d'accepter une soirée chez elle. Lorsque nous racontâmes tous ces détails au duc de Bassano, qui travaillait constamment et n'avait pas à lui un seul moment de relâche, il en rit beaucoup.

Le mardi gras, 9 mars, le beau quadrille de la reine, dansé dans la grande salle de bal des Tuileries, fut encore trouvé magnifique. A une heure du matin tout était fini à la cour de l'empereur. Les plaisirs étaient toujours d'un sérieux de glace et mêlés d'étiquette, ce qui en bannissait la franche gaieté; et pourtant c'était l'ambition de chacun d'y être admis.

Quelques jours après eut lieu notre soirée à l'arsenal (1). Les mêmes personnages furent tous invités et n'eurent garde d'y manquer. Madame de Genlis nous reçut dans un petit salon, au milieu d'une société choisie de ses amis. Nous fûmes accueillis avec une grâce inimaginable. Près de la cheminée, assise au milieu de nous, sans avoir l'air d'avoir fait

---

(1) Logement que l'empereur donnait à madame de Genlis avec six mille francs de pension.

aucuns préparatifs, quelques instants après notre arrivée, madame de Genlis se mit à jouer deux proverbes de sa composition qui étaient délicieux, et qui nous amusèrent beaucoup. Son talent était si remarquable, et elle mettait tant de naturel dans son jeu, qu'on se figurait être soi-même en scène et faire partie de l'intrigue dont on suivait le progrès.

Cette année eût été tout à fait charmante sans la tristesse des adieux qui s'y firent. M. de Lawoestine partait le lendemain. Déjà tous ces pénibles départs pour l'armée resserraient le cœur et renouvelaient les angoisses que l'espoir de la paix et les distractions du carnaval avaient un peu assoupies. Avant de nous laisser prendre congé d'elle, madame de Genlis me demanda une autre bague en me priant d'y faire graver *d'abord un badinage, ensuite un sentiment,* et quelque temps après elle m'envoya l'anneau en émail noir avec une petite tête de nègre que je lui avais donné. Elle y avait fait graver : *un instant vous suffit.* J'ai encore cette bague, et je la porte toujours en souvenir de ces temps de jeunesse et de gaieté.

IV.

L'empereur tombe de cheval.

La reine alla passer quelques jours à Trianon avec l'empereur et l'impératrice. L'empereur fit une chute de cheval qui effraya tout le monde, mais heureusement on en fut quitte pour la peur. J'allai un matin à Trianon voir la reine dans son appartement; je lui portai la première un sac en velours noir avec fermoir en or, chose toute nouvelle alors.

Elle trouva l'invention très-jolie et très-commode, car, jusque-là, sans poches et sans sacs, on portait son mouchoir et son éventail dans sa main. Dès ce moment, on fit des sacs de toutes les façons : l'impératrice Joséphine en eut un en or, ouvragé, doublé de satin blanc, avec les glands en perles fines et émeraudes, et entouré aussi de perles et d'émeraudes.

Je me souviens d'avoir demandé à voir, à Trianon, les grands appartements que je ne connaissais pas, et d'y avoir admiré des coupes et des vases superbes en malachite et d'une fort grande dimension. La reine me dit que c'était le présent que l'empereur de Russie avait fait à l'empereur Napoléon lors de la paix de Tilsitt; il lui avait donné encore une belle fourrure de martre zibeline, dont l'empereur Napoléon fit cadeau à sa sœur, la princesse Pauline; puis un beau manchon, également de magnifique martre, qui, ayant appartenu à l'impératrice Joséphine, est devenu maintenant la propriété de la reine Hortense.

Je ne sais pas si c'était la chute de cheval de l'empereur qui avait attristé tout Trianon, mais jamais palais ne me parut si calme et si morne. Je trouvai la reine seule avec sa dame de service occupée à lire : c'est ainsi qu'elle passait toutes ses matinées dans son appartement, à moins qu'on n'allât à la chasse : alors elle y allait en calèche découverte avec l'impératrice. A six heures, elle se rendait dans l'appartement de l'impératrice, ou attendait quelquefois jusqu'à huit, que l'empereur eût fini son travail et qu'il vînt dîner. Après le dîner on ne faisait rien, on échangeait quelques paroles, et l'empereur fatigué emmenait sa femme avec lui se coucher à neuf heures. La reine revenait chez elle en faire autant. Ah ! ces plaisirs de cour tant vantés, ce n'est pas moi, qui les ai vus de si près, qui pourrais les envier! Notre beau temps était, il est vrai, celui des grandes choses ; mais les grandes choses ne sont pas amusantes, et l'ennui habite souvent dans les cours! on y est si peu maître de soi que, lorsqu'on en est dehors, on semble un oiseau en liberté : c'est ce que j'éprouvai en quittant Trianon.

Pendant toute la campagne de Russie, le secrétaire du vice-roi avait écrit à la reine pour lui donner des nouvelles de son frère, quand les occupations de celui-ci l'empêchaient de lui en donner lui-même. La reine, pour reconnaître ce soin, m'avait chargée de faire faire un charmant portefeuille pour M. Soulange, auquel je l'avais envoyé à l'armée, où le prince Eugène s'exténuait, se morfondait à réparer nos pertes, pendant que tous ses compagnons d'infortunes et de gloire étaient venus se remettre, se réconforter à Paris. C'est en riant, en dansant que le Français s'étourdit sur ses maux passés, et s'apprête à en supporter de nouveaux. Au milieu de tout ce bruit des joies du carnaval, l'empereur seul et ses ministres ne prenaient pas un moment de repos; car si l'empereur faisait donner des bals, il n'y assistait pas : l'impératrice y venait seule avec toute sa cour, et ne manquait jamais surtout le bal de la reine, que celle-ci, inquiète et souffrante, eût été sans doute satisfaite de ne pas avoir à lui offrir.

Voici la réponse que je reçus de M. Soulange, en retour de l'envoi que je lui avais fait du portefeuille :

M. Soulange, secrétaire intime du vice-roi, à mademoiselle Cochelet, lectrice de sa majesté la reine Hortense.

« Mademoiselle,

» Je viens de recevoir, en même temps que
» la lettre que vous avez bien voulu m'écrire

» le 10 février, le portefeuille que sa majesté
» la reine Hortense a daigné me destiner. Je
» vous prie de vouloir bien lui faire agréer
» mes remerciements, et de lui exprimer
» combien cette marque de son souvenir
» m'est précieuse. Si j'ai pu mériter un té-
» moignage de sa bienveillance en lui don-
» nant, beaucoup plus rarement que je ne
» l'aurais voulu, des nouvelles de son auguste
» frère, j'ai été doublement récompensé; car
» je ne connais point, mademoiselle, de pré-
» rogative plus heureuse que celle qui me
» met à portée, non seulement d'observer et
» d'admirer, mais aussi de publier les rares
» qualités qui brillent dans le jeune héros
» que nous chérissons; et pour moi la seule
» occasion d'en parler emporte avec elle sa
» récompense.

» Je ferai tout ce que je pourrai, ma-
» demoiselle, pour remplir vos ordres re-
» lativement à MM. Antoine et Desiré
» Jolivet. J'ai déjà remis leurs noms à l'état-
» major général, pour tâcher d'avoir quel-
» ques renseignements sur leur existence et
» le lieu où ils peuvent se trouver. Il y a eu
» bien des révolutions dans le personnel
» pendant ces derniers temps. Soyez per-

» suadée que je ne négligerai point des re-
» cherches dont le succès paraît vous toucher
» vivement et me procurerait à moi une nou-
» velle occasion de vous écrire.

» Son altesse impériale jouit d'une très-
» bonne santé ; elle a écrit hier à sa majesté.
» C'est pour nous tous un continuel sujet
» d'admiration que de la voir conserver le
» plus grand calme au milieu de la vie la plus
» agitée, la même sérénité dans les conjonc-
» tures les plus difficiles, une supériorité
» d'esprit qui, si elle ne lui permet pas de
» maîtriser les événements, empêche du moins
» que les événements ne la maîtrisent ; enfin,
» ce beau désintéressement et cette abnéga-
» tion de soi-même qui, en ne lui laissant
» envisager que les intérêts de l'Empereur,
» rendent son dévouement à la fois si brillant
» et si pur.

» MM. Triaire et de Labédoyère ont été
» bien sensibles à votre souvenir. Pour le
» comte Tascher, vous avez su que le prince
» lui avait donné la permission d'aller passer
» quelque temps à Francfort. Croyez que je
» n'ai pas manqué d'offrir vos respects au
» prince, qui en a accueilli l'expression avec
» sensibilité.

» Agréez avec bonté, mademoiselle, l'hom-
» mage des sentiments respectueux, avec les-
» quels j'ai l'honneur d'être

» Votre très-humble et obéissant
» serviteur
» Soulange Bodin.

« Schomberg, le 2 mars 1813, près Berlin. »

A cette époque j'éprouvai un chagrin qui me fut des plus sensibles : c'était la première fois que la reine m'adressait un reproche. Moi, si occupée de lui être agréable, moi qui lui consacrais ma vie, un mot sévère me touchait au dernier point. J'ai dû cette réprimande au duc de Rovigo; aussi, pour dire la vérité, je l'ai toujours détesté. Son inquisition était une chose insupportable; il professait le plus grand dévouement, la plus grande vénération pour la reine, mais il n'en avait pas moins des espions partout, même chez elle. J'avoue que je n'ai jamais compris comment l'empereur permettait qu'il y en eût dans les maisons des membres de sa famille : c'était les livrer aux caquets de ces sortes de gens qui veulent gagner l'argent qu'on leur donne et qui composent toujours, lorsqu'ils ne trouvent rien à dire. Mais, pour surcroît d'ennui, le duc de Rovigo était lui-même son premier espion. Il allait le matin bavarder chez toutes les dames, leur tirer les vers du nez, et les livrer les unes aux autres. Il les faisait trembler, car on voyait au bout de tout cela le sujet d'un rapport de police. En vérité, je crois que les Bourbons lui doivent d'avoir fait aimer leur cause par les dames de Paris, parce qu'elles se trouvèrent soulagées de n'être plus sous sa férule.

Comme il était de la première maison militaire de l'empereur, la reine le traitait toujours avec bonté et le défendait quand nous l'attaquions devant elle : « Mais quel mal vous » fait-il? disait-elle; celles qui ont peur de lui » sont des enfants, il n'est ni dans son pou- » voir, ni dans sa volonté de nuire à qui que » ce soit, et s'il s'amuse à tous ces petits com- » mérages avec nos jeunes dames, c'est qu'il » est dans son caractère de s'en occuper; elles » ne doivent pas y faire attention. »

Oui, la reine disait cela, et pourtant le duc de Rovigo vint un jour l'avertir qu'elle eût à faire attention à moi, que j'avais des correspondances en Russie, que je voyais des étrangers, et que, si l'empereur le savait, il la forcerait à m'éloigner d'elle. La reine

savait bien que, lors de la paix avec la Russie, je m'étais intimement liée avec la princesse Sophie Wolkonsky et les princesses Schokolshoy ; elle n'y avait rien trouvé à blâmer. Aussi je fus vivement peinée quand elle me dit : « Tu sais que l'empereur est très-sé-
» vère sur ce chapitre; il regarde les étrangers
» comme de nobles espions, toujours nos en-
» nemis. Il ne me pardonnerait pas d'en rece-
» voir hors de mes grands cercles. — Mais,
» madame, répondis-je, que peuvent-ils ap-
» prendre chez moi? est-ce que je sais un mot
» de ce qui se passe en politique?—Sûrement,
» reprit la reine, et moi-même, en sais-je da-
» vantage? Mais n'importe, l'empereur doit être
» obéi, il doit avoir ses raisons pour motiver
» cette défense, et jamais un étranger ne doit
» mettre le pied dans ma maison, s'il n'est
» prié. S'il en vient un t'apporter des lettres
» de tes amis, on ignore s'il ne vient pas pour
» moi, et le duc de Rovigo a raison de m'en
» prévenir. Je n'ai enfreint cet ordre qu'une
» seule fois, ce fut en faveur de madame de
» Metternich et de ses enfants, parce qu'ils
» avaient besoin de ma protection. Restés seuls
» à Paris pendant la guerre, tout le monde
» leur tournait le dos, et madame de Metter-

» nich a même éprouvé quelques désagré-
» ments chez le duc d'Abrantès. J'ai dû passer
» alors sur toute autre considération pour être
» son soutien, elle avait besoin de moi, et je l'ai
» protégée hautement; mais maintenant il n'y
» a personne à secourir, et, d'ailleurs, cela ne
» te regarde pas. Fais comme madame de Broc,
» elle est veuve, bien jeune encore, et elle se
» fait une loi de ne recevoir dans son apparte-
» ment que des personnes de sa famille. Quand
» elle sort seule, c'est pour porter des secours à
» des malheureux, dans des greniers; aussi le
» duc de Rovigo la respecte-t-il, et n'oserait
» l'attaquer en rien. Suis donc son exemple. »
J'avoue qu'à cet éloge qui semblait un reproche pour moi, je fus indignée, et je sentis couler mes larmes. Si je ne m'étais point fait nommer dame de charité, comme madame de Broc, c'est que je devais être constamment aux ordres de la reine; si je n'allais pas soulager les pauvres dans les greniers, je crois que personne plus souvent que moi n'implorait la reine pour les malheureux. J'allais souvent jusqu'à en abuser, et Dieu sait combien j'ai ainsi répandu de bienfaits! L'abbé Bertrand (1)

---

(1) Aumônier de la reine.

avait tous les mois une somme fixe qu'il devait distribuer aux pauvres, en bons de bois ou en bons de viande ; mais c'était par mes mains que passaient tous les cadeaux, tous les dons extraordinaires, et tout cela m'absorbait. Je n'avais pas un moment de ma matinée pour respirer; j'appartenais tout entière aux autres. Si la reine était malade, c'était encore moi qui la veillais, qui lui faisais la lecture pour la distraire. Ah! que j'ai été longtemps à me remettre de ce reproche, prononcé par celle qui ne savait dire habituellement que des choses douces et agréables! Ce fut le duc de Rovigo qui me valut cette injustice, et je ne lui ai jamais pardonné. Aussi, quand je le rencontrais chez la duchesse de Bassano, qui ne l'aimait guère plus que moi, et qu'il venait me faire ses grâces, j'étais tentée de lui tourner le dos. Ah! j'étais bien enfant alors! mais je n'ai jamais vu personne causer plus d'impression que la reine par un seul mot de sa bouche. Cela tenait à ce qu'elle ne grondait jamais et à ce que chacun voulait lui plaire. — J'ai été quelquefois huit jours à consoler une de ses femmes, qui mettait un amour-propre extrême à mériter son approbation, et qui ne cessait de pleurer, parce que la reine lui avait simplement dit avec son ton de douceur ordinaire : « Voyez comme je suis mal couchée ; je n'ai » pas pu dormir : mon lit était mal fait. » — Quelqu'un qui aurait vu la femme de chambre en larmes aurait cru qu'on l'avait au moins battue ; et si je n'avais pas été présente au reproche exprimé si doucement, j'aurais imaginé que cette réprimande lui avait été faite du ton le plus sévère. Point du tout ; c'était tout le contraire. Mais chacun s'efforçait de prouver à la reine son attachement, et ne voulait recevoir d'elle que des marques de satisfaction.

Le 30 mars 1813, la reine fut mandée au palais de l'Élysée, en robe de cour. Elle en ignorait la raison. Le grand-maître des cérémonies, M. de Ségur, lui faisait dire seulement, comme de coutume, qu'elle était invitée à se rendre chez l'impératrice, et elle ne savait jamais d'avance le but de la cérémonie ; elle ne s'en inquiétait pas non plus. Quant à nous, nous faisions les conjectures les plus saugrenues sur cette invitation, que la reine de Westphalie, qui venait d'arriver à Paris, avait reçue aussi. A son retour, la reine nous apprit que l'impératrice venait d'être nommée régente, et qu'elle gouvernerait pendant l'absence de l'empereur. C'était pour assister à cette cérémonie que la reine avait été mandée. Elle avait eu lieu en sa présence et celle des autres princesses, des ministres, des grands dignitaires, de la dame d'honneur et des dames qui accompagnaient les princesses. L'impératrice avait dans les mains de l'empereur prêté serment de se conformer aux actes des constitutions de l'empire, et de suivre en tout les dispositions qu'il plaisait à l'empereur de lui confier pendant son absence.

Cet acte annonçait le prochain départ pour l'armée. En effet, tous les jours c'étaient des adieux, des larmes; les mères, les femmes se lamentaient. Tous les jeunes gens que je connaissais à peine, et avec lesquels j'avais dansé au carnaval, venaient prendre mes commissions. Ils me priaient de demander à la reine des lettres pour son frère, le prince Eugène. Elle en accorda plusieurs; entre autres une à M. de Brack, dont la mère était citée comme une des femmes les plus spirituelles de notre temps; une à M. de Cinetty, dont elle connaissait la famille, et à plusieurs autres, etc.

V.

Départ de l'empereur pour l'armée. — Établissement de Marie-Louise à Saint-Cloud. — Désintéressement de l'administration. — La régente à Saint-Cloud et l'impératrice Joséphine à la Malmaison. — Visite chez les Filles de la Légion-d'Honneur. — Joséphine à Saint-Leu. — MM. Massay et de Mirbel. — Une jeune trapiste. — Histoire inconnue. — Persévérance religieuse. — M. Cadet de Vaux. — Entêtement des bonnes sœurs. — Innocentes occupations. — Une victoire chèrement achetée. — Mort du maréchal Bessières.

Le 13 avril, l'empereur partit aussi pour l'armée. L'impératrice alla s'établir à Saint-Cloud et la reine à Saint-Leu, avec ses enfants. Paris prit l'aspect morne et triste qu'il avait toujours pendant la guerre et quand la cour en était absente.

Mon frère Adrien suivit le duc de Bassano, qui partit quelque temps après l'empereur.

C'était à mesure qu'on gagnait du terrain que les jeunes auditeurs étaient mandés et nommés intendants pour maintenir l'ordre partout, pour créer des administrations qui devaient, autant que possible, empêcher que les désordres de la guerre ne pesassent sur les peuples. Jamais on ne vit d'administration plus probe, plus désintéressée. Tous ces jeunes gens, à l'envi les uns des autres, voulaient aussi se distinguer dans leur partie, en mettant un ordre sévère partout, et en cela leur mérite n'était pas moins grand que celui des militaires, qui ne s'occupaient que d'aller en avant et de combattre.

La reine n'emmenait avec elle, à Saint-Leu, que sa maison d'honneur. Elle avait grand besoin de se reposer tranquillement au milieu de ses fleurs et de ses jardins, qu'elle se plaisait tant à embellir; mais elle était encore dans l'obligation d'aller de temps en temps voir l'impératrice-regente à Saint-Cloud, et l'impératrice Joséphine à la Malmaison : elle revenait toujours de ces courses plus souffrante et plus fatiguée chez elle. Pour respirer l'air, sans se donner trop de mouvement, elle se couchait dans un char-à-banc dont les siéges représentaient deux canapés placés dos à dos; elle se mettait d'un côté avec un de ses enfants, et nous nous placions de l'autre côté : on allait au pas se promener dans le parc ou dans la forêt de Montmorency, jusqu'au petit château de la Chasse. Là, la reine faisait encore ses plans d'embellissement; elle avait créé dans le bois une route qui menait jusqu'au château d'Écouen ; mais cette route était longue, et quand la reine s'était laissé entraîner par le désir de visiter ses filles de la Légion-d'Honneur, ainsi que madame Campan, elle retournait exténuée, au point de ne pouvoir plus bouger de quelques jours. Son médecin était fort inquiet et attendait la saison des eaux avec impatience pour l'y conduire.

L'impératrice Joséphine vint de la Malmaison passer deux jours à Saint-Leu avec sa fille. Alors, tout s'animait autour de nous, la reine faisait quelque effort pour bien recevoir sa mère, et, après son départ, tout redevenait triste et silencieux. Nos soirées se passaient à dessiner autour de la table ronde et à faire une lecture aussitôt que les enfants avaient été se coucher; avant, on ne s'occupait que d'eux, ou bien l'on jouait au billard, ou l'on se promenait autour de la maison.

M. Massay, que M. de Mirbel avait donné au roi de Hollande, était un jeune savant botaniste qui était toujours resté à la tête de l'établissement de Saint-Leu; il était un peu philosophe et s'était mal entendu avec les sœurs de la Charité qui, depuis 1806, avaient été instituées par le roi à Saint-Leu, et dont la reine avait continué et fort augmenté l'établissement; elle leur avait acheté une maison qui dépendait de Saint-Leu, et elle allait souvent le matin les y visiter. M. Massay avait voulu ôter aux sœurs le maniement des drogues; elles avaient jeté les hauts cris et donné leur démission; il avait fallu en avoir qui fussent d'un autre ordre; la reine avait dû faire un règlement pour qu'il n'y eût plus dorénavant de disputes. D'après ce règlement, le médecin du lieu délivrait aux sœurs les drogues qu'elles allaient donner aux malades, et il y avait, en outre, des bouillons qu'elles devaient porter tous les jours aux plus nécessiteux. La reine allait quelquefois goûter ces bouillons, et essayait des soupes à la Rumfort, dont on parlait beaucoup dans le moment, et qui permettaient de secourir un plus grand nombre de malheureux.

Un jour la reine, accompagnée de madame

de Broc et de moi, était sortie à pied ; elle dirigea sa promenade du côté de la maison des sœurs : une jeune fille, pâle, malade, qui semblait exténuée, venait d'y arriver ; elle avait une robe grise, mais qui n'était pas de l'ordre des sœurs de Saint-Leu. On lui présenta cette jeune novice, qu'on lui demanda la permission de garder. Elle venait, disait-on, respirer à Saint-Leu un meilleur air, pour se remettre des rigueurs de l'ordre de la Trappe, que sa santé n'avait pu supporter. « Comment ! dit la reine, est-ce que cet » ordre existe encore ? je ne croyais pas qu'il » fût toléré en France. » Je ne me souviens plus bien où cette jeune fille dit que la maison de son ordre était située ; je crois que c'était dans la forêt de Sénart. Enfin elle raconta à la reine toutes les austérités auxquelles elle s'était vouée. Sa santé était détruite; elle avait été forcée de chercher un asile pour se remettre ; mais elle comptait bien retourner dans son cloître le plus tôt possible. « Pensez » à vous soigner, dit la reine, et ne pensez » pas à autre chose. » Nous revînmes au château toutes pensives. Quel motif avait enlevé cette jeune et jolie personne à sa famille, à la société? Quelle faute avait-elle pu commettre pour s'infliger un si dûr châtiment ? Nous ne parlâmes que de cela toute la soirée.

Le lendemain, la Reine dit : « Je veux sa-
» voir quel malheur a pu frapper cette infor-
» tunée ; je vais aller la voir ; si je puis lui être
» utile, je le ferai. » Après un long interrogatoire, la reine ne put rien obtenir. « Je lui
» ai montré, me dit-elle, la vie active, occu-
» pée, nécessaire à l'humanité, que mènent
» mes sœurs de la Charité ; je l'ai engagée à
» rester avec elles, à vouer sa vie à secourir
» l'infortune, et non à l'inaction où la tient sa
» règle ; je n'ai pu rien obtenir. C'est ma voca-
» tion, me répond-elle ; je veux retourner à
» la Trappe. J'espère encore, toutefois, que
» lorsqu'elle aura passé quelque temps ici,
» elle renoncera à un genre de vie qui la fait
» mourir. » La reine retourna souvent près de la jeune exaltée ; elle voulait la convaincre, la convertir, la ramener à des idées plus raison-
nables. « Dieu, lui disait-elle, préfère la
» femme qui consacre son existence pour se-
» courir ses semblables, à celle qui se rend
» égoïste et ne s'occupe que de son propre
» salut : on peut mieux le faire en souffrant
» pour les autres. Ici vous ne trouverez pas le
» monde, que vous désirez fuir ; mais vous y

» trouverez la bonté active bien préférable à
» celle qui se rend inutile sur cette terre, et
» qui devient coupable en se laissant mourir. »
Non, disait la jeune novice qui, bien nourrie,
bien choyée, retrouvait la santé, et qui, commençant à accompagner les sœurs dans leurs
visites aux pauvres, en partageait les bénédictions; « non, répétait-elle; c'est ma voca-
» tion, et je veux retourner à la Trappe. » En
effet, rien ne put la retenir, et elle partit
quelque temps après. La reine en pleurait de
dépit; elle y avait mis toute l'éloquence de
son âme, tout son esprit, tout son besoin d'obliger, et pourtant tous ses efforts étaient
venus se briser devant l'entêtement exalté
d'un enfant.

Nos bonnes sœurs si parfaites eurent aussi
leur entêtement. M. Cadet de Vaux, un des
philanthropes de ce temps, était voisin de la
reine; il demeurait dans la vallée de Montmorency. Nous avions été quelquefois voir son
jardin; il y montrait à la reine le moyen de
doubler le produit d'un arbre en mettant les
branches en guirlande, celui de faire revivre
un arbre malade en lui mettant des compresses, aussi voyait-on des emplâtres à tous les arbres de son jardin, et ressemblait-il, ce jardin,

à un hôpital. La reine engageait quelquefois M. Cadet de Vaux à venir déjeuner à Saint-Leu; elle s'informait alors près de lui des moyens, dont il paraissait si au fait, d'améliorer toutes choses. Je passe sous silence les quarante-huit verres d'eau chaude qu'il indiquait pour guérir de la goutte et dont il avait vu des effets si miraculeux, disait-il; heureusement personne de nous n'avait la goutte, et moi, qui m'en croyais menacée, je ne m'en vantais pas, de peur qu'il ne voulût m'administrer ce fameux remède. Il aimait à perfectionner le moyen de secourir le pauvre, et pour cela il s'entendait très-bien avec la reine. Il lui parla des bouillons d'os, autrement dit de gélatine, qui étaient, disait-il, plus nourrissants que les autres, et qui, dans un moment de disette, pourraient soutenir une population plus facilement et à moins de frais que toutes les soupes à la Rumfort, etc., etc. La reine prit jour avec lui, les sœurs devaient venir dans la cuisine du château y apprendre de lui à faire cette soupe miraculeuse; c'était presque la multiplication des pains. Au déjeuner on devait servir cette soupe, et la reine avait l'intention d'en manger la première et de la trouver excellente. Tout s'exécuta ainsi qu'il avait été arrangé;

mais quand les sœurs virent cet appareil d'os, et que M. Cadet de Vaux, avec toute l'éloquence d'un professeur, tenta de leur expliquer que les os sont beaucoup plus nutritifs que tout autre aliment, la frayeur les prit, elles devinrent pâles et tremblantes. « Comment, » monsieur, ce sont donc des os de morts que » vous voulez faire manger à nos pauvres ?—Mes » sœurs, vous êtes de grosses bêtes, leur cria M. Cadet de Vaux avec une colère qui les fit trembler; car dans ce moment il tenait le grand couteau de la cuisine, et peu s'en fallut qu'il ne le leur jetât à la tête. Moi, qui avais voulu assister à l'épreuve, je parvins non sans peine à remettre la paix, mais les sœurs répétaient toujours entre elles : « Ce sont cependant des » os ; qui nous dit que ce ne sont pas des os de » morts ? » Au déjeuner M. Cadet de Vaux, placé à table à côté de la reine, lui vit manger de la soupe qu'il avait faite, lui entendit répéter qu'elle était excellente; il triomphait, il ne se douta pas que la reine, qui ne mangeait presque rien habituellement et qui était nerveuse comme personne, me dit après le déjeuner : « J'ai eu de la vertu d'avaler cette soupe : » comme à mon ordinaire je n'avais pas faim; » et puis l'idée que je mangeais une chose

» qui ne se mange pas habituellement m'a
» fait un tel mal au cœur que j'ai cru un
» moment que je ne remplirais pas mon rôle
» jusqu'à la fin. » Je racontai à la reine la
scène des sœurs dans la cuisine, elle en rit
beaucoup et me dit : « J'ai bien fait d'avoir eu
» bon courage devant M. Cadet de Vaux, car
» il ne l'eût pas dit, mais il eût bien pensé
» que j'étais aussi une grosse bête. » Il faut le
dire, les idées craintives des sœurs se propagèrent, et le bouillon d'os tomba, ne se releva pas, et ceux à la bonne viande restèrent. J'ai entendu dire que depuis on fit usage à Paris de ces bouillons de gélatine ; sans doute ce ne sont pas nos sœurs qui l'ont propagé.

Voilà quelles étaient nos innocentes occupations à Saint-Leu ; et cela me rappelle un livre qui parut en 1815, et qui me mit dans une grande colère contre toutes les faussetés débitées dans ce temps. — Un jeune et innocent littérateur, qui croyait qu'une cour ne pouvait être qu'en fêtes et en plaisirs, se prit à écrire sur la vallée de Montmorency. Il apporta une vingtaine de ses livres à l'intendant, M. Labarre, en le priant de lui faire le plaisir de les vendre aux étrangers qui viendraient voir Saint-Leu. (Cette campagne n'appartenait pas encore au duc de Bourbon.) Le jeune auteur offrit un de ses exemplaires à madame Labarre, qui se trouvait présente, qui était une personne fort attachée à sa maîtresse; elle s'empresse d'ouvrir le livre pour lire l'article Saint-Leu, et y voit une description du luxe, des plaisirs, des voluptés prétendues de la cour de Saint-Leu. Elle jeta au nez de l'auteur ce livre rempli de calomnies sur une personne qu'elle révérait, et ne voulut plus écouter celui qui s'excusait en disant : « Mais je ne sa» vais pas... on m'avait dit... je croyais cela... » Il m'est égal de dire tout le contraire. Je » voulais gagner quelque chose en faisant un » livre qui pût intéresser; et ne disais-je pas » du bien de la reine en la peignant belle, » séduisante, occupée de plaisir. — Vous ne » la connaissez guère, » répondait madame Labarre; « vos éloges ressemblent à des li» belles; allez les distribuer ailleurs. »

Mais revenons à cette vie si tranquille en apparence et si agitée par les inquiétudes que causait l'attente des nouvelles de l'armée. Un page arriva le 6 mai apporter à la reine une lettre de l'impératrice Marie-Louise : c'était l'annonce d'une grande victoire remportée à **Lutzen.** L'empereur, le vice-roi se portaient bien. La joie éclata parmi nous. « Ah! » s'écria la reine, « voilà notre honneur national » relevé! Je ne doute plus de la paix; nous » allons l'avoir enfin! » Alors chacun de nous fait des projets. Enfin il n'y a plus de craintes, plus de douleur, et la santé doit revenir quand il n'y a plus de tourments. Le lendemain de cette heureuse nouvelle, la Reine alla voir l'impératrice. Elle apprit alors la mort malheureuse du duc d'Istrie, de ce général Bessières, sous les ordres duquel le prince Eugène avait fait toutes ses campagnes, en Égypte et en Italie. Sa femme était une des personnes que la reine estimait le plus; elle ne pense plus à sa fatigue; elle se rend à Croissy, où se trouvait la malheureuse veuve, et court lui porter des consolations.

VI.

Le duc de Rovigo vient voir la reine. — Marie-Louise à Saint-Leu.— — Brunet dans le salon. — Le prince Eugène part pour Milan. — La reine aux eaux d'Aix. — MM. de Villeneuve et de Marmold. Les demoiselles Pio et leur mère. — Les docteurs Chevalet et Corvisart. — Notre existence à Aix. — Une marquise du faubourg St-Germain. — Madame de Broc. Projet de promenade. — Affreux malheur. — Désespoir de la reine. — Détails circonstanciés de la mort de madame de Broc. Les sœurs de Charité. — La reine fonde un hôpital.

L'impératrice Marie-Louise invita sa sœur à assister au *Te Deum* qui fut chanté en réjouissance de la victoire ; mais la reine était dans ce moment trop malade, elle ne put s'y rendre. Le duc de Rovigo, qui doit toujours se mêler de tout, arrive à Saint-Leu, et dit à la reine qu'elle a bien mal fait de ne pas assister au *Te Deum* chanté en l'honneur de nos vic-

toires; que l'impératrice est bien isolée. « Vous
» devez savoir, » dit le duc, « que l'empereur,
» qui estime tant votre majesté, désire toujours
» la savoir près de sa femme. — Mon Dieu, »
dit la reine, « de quelle ressource puis-je être
» pour l'impératrice? Je me sens si malade! je
» fais toujours plus de choses que mes forces ne
» me le permettent. Cependant, si vous croyez
» que l'impératrice puisse se plaire à passer un
» jour chez moi, je l'y inviterai, et je tâcherai
» de le lui rendre agréable. »

En effet, la reine engagea l'impératrice à venir passer une journée à Saint-Leu. Aussitôt grand commentaire pour savoir comment on l'amusera : moi je proposai à la reine de faire venir les acteurs du théâtre des Variétés, spectacle où elle n'allait jamais, pas plus que l'impératrice, parce que l'empereur ne l'aurait pas trouvé bon, et je lui conseillai de faire jouer sur son petit théâtre de Saint-Leu, qui était charmant. Nous y avions une seule fois improvisé des proverbes, pour amuser les enfants, parce que tant de tourments et de guerres avaient toujours empêché que cette salle servît. Ma proposition fut adoptée. M. Desprez, secrétaire des commandements de la reine, fut chargé d'arranger toute la représentation.

L'impératrice arriva de bonne heure, le 17 mai; elle était accompagnée de la belle duchesse de Montébello, de la charmante comtesse Edmond de Périgord, d'un chambellan, d'un écuyer, des pages et d'une escorte : tout était disposé pour bien recevoir tout ce monde. Après le déjeuner, la reine mena sa sœur dans les bois de Montmorency. L'impératrice aimait tant à monter à cheval! La reine y monta aussi; on alla goûter au château de la chasse. On revint après faire sa toilette, et le soir Brunet (qui avait un appartement à part, où il dîna avec toute sa troupe) représenta, avec un succès complet, *les Habitants des Landes*, et Potier joua le *Ci-devant Jeune Homme*. Quand l'impératrice fut partie, nous avions arrangé une surprise pour la reine; mais nous avions eu le malheur de mettre dans notre confidence le prince Napoléon. La reine, en embrassant ses enfants, voulut les envoyer coucher; le prince pria pour rester; le plus jeune était tout endormi, il ne savait rien; mais son frère insistait toujours pour ne point s'en aller. — « Cher enfant, disait la reine, qu'as-tu donc? » pourquoi ne pas vouloir aller te coucher? » Le jeune prince ne disait rien : c'est une surprise qui doit faire plaisir à sa mère; il doit en garder le secret, et rien ne le lui fera dire. Il voit que ses prières sont inutiles, qu'elles paraissent un caprice, puisqu'il ne peut les expliquer; il cède enfin et dit adieu à sa mère, sans montrer son chagrin.

Un instant après, entre dans le salon un homme qui, le balai à la main, sans paraître apercevoir la reine, vient comme un frotteur mettre le salon en ordre. C'est Brunet qu'on reconnaît. Il répète avec son air bête et naturel une scène arrangée exprès, et fait rire tout le monde jusqu'aux larmes; la reine souriait seulement sans paraître gaie.

Lorsque la scène fut finie, elle nous dit: « Sa-
» vez-vous que vous avez troublé le plaisir que
» vous voulez me faire. Je m'explique main-
» tenant le désir de Napoléon, de ne pas aller
» se coucher, il était du secret; et je m'en
» veux de ma sévérité, comment ne m'avez
» vous pas mise alors dans la confidence! J'ai
» du remords d'avoir refusé à mon fils la prière
» qu'il me faisait pour rester. Je n'ai pas joui
» des folies de Brunet. Je pensais toujours à
» l'effort que mon fils avait fait pour s'en al-
» ler, car à cet âge toutes les impressions sont
» si vives! de cette manière j'ai presque mis

» mon pauvre enfant en pénitence, et il ne le
» méritait pas ! »

La reine ne gâtait jamais les princes, elle avait pour eux une tendresse extrême sans être démonstrative. On la devinait si bien ; son imagination était si vive et si frappée du malheur qu'elle avait déjà éprouvé (1), que l'on voyait sur sa figure, sans qu'elle l'exprimât jamais, la crainte qui l'agitait constamment !

Un jour ses enfants étaient partis de très-bonne heure pour aller voir leur grand'mère à la Malmaison. Ils avaient des relais et devaient passer un bac. A l'heure du dîner ils n'étaient pas encore de retour. La reine devint sérieuse, à table elle ne mangeait pas; on voyait des larmes dans ses yeux, et pourtant elle s'efforçait de paraître tranquille. Madame de Broc, qui la devinait comme nous, lui reproche sa faiblesse.

Tout à coup on entend des petits pieds courir au-dessus de nos têtes, et la reine s'écrie : « Ils sont donc revenus ! » — On court s'en informer. Il y avait déjà longtemps qu'ils étaient de retour, mais comme on était à table, les gouvernantes n'avaient pas voulu entrer.

(1) La mort de son fils aîné en Hollande.

« Ah! madame, » dit madame de Broc, « vous
» n'êtes pas raisonnable! comment! vos en-
» fants étant dans une bonne voiture, suivis
» d'écuyers, de piqueurs, aussi entourés qu'il
» est possible de l'être, vous vous créez des
» chimères pour vous tourmenter !

» C'est vrai, » dit la reine avec douceur et embarrassée d'avoir laissé devenir sa faiblesse ; « je ne m'en cache pas; je ne possède que ce » bonheur au monde, et je crains toujours » de me le voir enlever. »

Une nouvelle qui fit grand plaisir à la reine fut l'annonce que le vice-roi quittait à Dresde l'armée de l'empereur (où, depuis la bataille de Lutzen, il faisait toujours l'avant-garde), pour retourner à Milan. Elle ne se doutait guère que ce fût pour y organiser encore une nouvelle armée, et qu'il allait avoir à se battre, non-seulement avec les Autrichiens, mais avec les Napolitains. Rassurée en quelque sorte sur les événements militaires, la reine n'eut plus qu'à s'occuper de sa santé. Sa poitrine commençait à s'attaquer sérieusement. Elle prit congé de l'impératrice et de sa mère, à laquelle elle laissa ses enfants pendant son absence, ce qui était pour elle un grand chagrin; et partit pour Aix en Savoie, avec madame de Broc, seule dans sa voiture; dans la seconde étaient M. d'Arjuzon, chevalier d'honneur, M. Lasserre, médecin, mademoiselle Pio et moi. Les femmes suivaient dans la troisième.

Tous les ménages qui entouraient la reine étaient de véritables tourtereaux qui s'adoraient. C'était toujours pour eux un nouveau chagrin quand on les séparait, et la reine évitait de le faire autant que possible. M. et madame de Villeneuve étaient charmés d'aller soigner leur belle terre de Chenonceaux. M. de Marmold ne quittait pas les princes, non plus que l'abbé Bertrand, qui leur donnait des leçons. M. Turgot, écuyer, avait aussi à surveiller sa terre de Normandie. Pour ce voyage-ci, M. d'Arjuzon fut donc désigné pour accompagner la reine, et sa femme demanda à rester près de ses enfants.

Madame de Broc se trouvait ainsi presque toujours de service dans les voyages, et les autres dames alors le trouvaient très-bon.

Mademoiselle Pio était arrivée de Lisbonne, il y avait peu de temps, avec quatre jeunes sœurs dont elle était l'aînée, et sa mère, qui était Romaine, avait été appelée pour donner des leçons aux enfants du roi de Portugal. Le départ précipité de cette famille pour le Brésil, avait laissé ces pauvres femmes abandonnées au milieu de l'envahissement des Français. Elles étaient venues se réfugier en France; chacun s'était intéressé à cette jeune famille, et, comme toujours l'impératrice Joséphine et la reine étaient les premières à s'empresser de secourir les infortunés, l'impératrice s'était chargée de faire élever la plus jeune; la reine avait pris près d'elle l'aînée, en lui donnant le titre de dame d'annonce. C'était une charmante personne, bonne musicienne, à laquelle la reine dictait ses romances. Elle était du voyage d'Aix avec nous.

Une des premières nouvelles qui nous parvint à Aix fut celle de la victoire de Bautzen. Mais la mort du grand-maréchal affecta beaucoup la reine. « C'était un si brave homme, » » disait-elle, si digne, si estimable, si sincè- » rement attaché à l'empereur. Personne ne » pourra remplacer Duroc près de lui. Ah ! » quand viendra donc la paix ! Tous nos amis » finiront-ils donc par périr ainsi ? Et sa femme, » que j'aime tant ! Je regrette d'être si loin » d'elle, de ne pas pouvoir aller la consoler ! » Et elle s'empressa de lui écrire.

La duchesse de Frioul était encore une élève de Saint-Germain, dont la reine faisait beaucoup de cas, et qui, avec madame de Broc, paraissait être ses deux meilleures amies ; mais le moment approchait où une perte bien cruelle allait lui causer les regrets les plus déchirants.

Nous occupions la petite maison de M. Chevalet, au-dessus de la ville d'Aix ; l'air y était pur et la vue délicieuse. Les bains que la reine prenait, les eaux qu'elle buvait, avaient déjà produit un bien marqué dans sa santé. M. Lasserre, son médecin, me disait : « Je vois que » sa poitrine n'est pas attaquée ; avec de grands » soins il y a encore de la ressource. Elle est » jeune et bien constituée, et quoique Corvi- » sart l'ait condamnée, moi je réponds de la » sauver ; mais il faut du calme et une grande » tranquillité de corps et d'âme. »

Notre vie, comme à Saint-Leu, était toujours la plus simple du monde. Après le bain, la reine se promenait avec nous en calèche ; nous nous arrêtions devant un beau site, et vite chacun de nous prenait un croquis que nous finissions le soir autour de la table ronde, et pendant que M. d'Arjuzon nous faisait une lecture. La reine par intervalle allait chanter

ou composer une romance; elle disait que c'était pour reposer ses yeux, et son médecin la rappelait à la table en la priant de reposer sa poitrine. Ce vieux M. Lasserre était fort attaché à la reine; il était en admiration devant sa douceur et sa résignation à souffrir. Comme il était souvent appelé en consultation en ville, je le vis revenir un jour, outré de colère. Je crois en vérité que sans sa conscience et sa bonté ordinaire, il eût laissé mourir la vieille marquise du faubourg Saint-Germain, qui venait de le faire appeler, tant il était furieux contre elle. « Qu'avez-vous donc? lui
» disais-je. Calmez-vous, et racontez-moi ce
» qui cause votre fureur? Notre princesse,
» me dit-il, si isolée, si souffrante, si ou-
» blieuse de ses maux pour ne penser qu'à
» ceux des autres, ne voilà-t-il pas que cette
» vieille vient de me dire :— « Comment donc,
» on n'aperçoit pas votre reine, on dit pour-
» tant qu'elle est insatiable de plaisirs, que
» partout où elle va, elle traîne à sa suite les
» grâces et les amours. Je n'y conçois rien,
» elle ne remue pas la ville, et je croyais y
» trouver tout sens dessus dessous.— « Qu'a-
» vez-vous répondu à cette vieille folle? »dis-je, et moi-même je sentais que la colère me ga-

» gnait. Je l'ai fait, j'espère, rougir de son in-
» justice. Comment, lui ai-je dit, c'est à moi
» que vous venez dire tout cela, à moi qui,
» depuis des années, ne quitte pas la reine,
» moi qui la vois toujours triste et malade au
» milieu des grandeurs; n'employant jamais
» sa puissance qu'à faire du bien et à ceux
» même qui la calomnient. Ah! la charité
» n'est pas pour ceux qui n'ont pas d'yeux
» pour voir et d'oreilles pour entendre; et je
» suis parti. Je ne veux plus y retourner! »
Lorsque je racontai cette histoire à la reine,
elle ne fit qu'en rire, et me dit : « Est-ce que
» je ne suis pas habituée à l'injustice; elle ne
» me touche plus que de la part de ceux qui
» me connaissent; les autres, je ne puis leur
» en vouloir. » Elle exigea de M. de Lasserre
qu'il retournât et qu'il soignât cette méchante
femme; elle s'informait même des progrès de
sa guérison, car cette dame avait le larynx
déjà attaqué, et les fumigations des eaux sulfureuses arrêtèrent les funestes progrès de
cette maladie. « Vous voyez bien, » disait la
reine à son médecin, « que je dois m'intéresser
» à elle, puisque je suis en partie cause de sa
» guérison; sans moi, vous l'eussiez aban-
» donnée. »

Quand je relis ce que je viens d'écrire, et que je me vois uniquement occupée de la reine, voulant la faire valoir et dire tout le bien que je pense d'elle, je me surprends à avoir la crainte de passer pour une flatteuse. Cependant, je ne dis que ce que j'ai vu, que ce que j'ai entendu ; et si toutes les personnes qui ont connu la reine pouvaient lire ce que j'écris, je suis convaincue qu'elles reconnaîtraient la vérité de tout ce que j'avance ; mais lorsque ces écrits verront le jour (si jamais ils doivent le voir), existeront-elles, ces personnes ?... Si cela est, tant mieux ! car je suis assurée de ne pas être contredite, et il ne sera pas dit que les infâmes libelles auront prévalu, lorsqu'il s'agit de faire connaître ce qui est bon et bien.

Le 10 juin, après le déjeuner, madame de Broc entretint la reine devant moi d'une petite terre qu'elle lisait à vendre dans les journaux. Elle voulait l'acheter ; la reine lui avait conseillé de placer ainsi une somme qu'elle possédait, et la reine exigeait que son amie acceptât d'elle le surplus nécessaire au paiement. « Cela me fera grand plaisir, » disait la reine, « voici bientôt la paix, je vais
» être riche et je veux concourir à ce que tu

» aies une jolie terre, que tu puisses arranger
» avec plaisir, et j'irai te voir chez toi. » Madame de Broc refusait, la reine insistait. Pendant ces pourparlers, M. d'Arjuzon vint prévenir que la calèche attendait. « Où irons-
» nous? » dit la reine, « vous savez que je
» n'ai jamais de volonté sur ces choses-là. »
Et en effet je n'ai jamais vu quelqu'un plus disposé à ne faire que ce qui plaisait aux autres et avoir moins de volonté pour les petites choses que la reine. Cependant on se serait grandement trompé si on avait cru avoir de l'ascendant sur elle pour les grandes. Elle l'avouait elle-même et disait : « Je suis natu-
» rellement paresseuse, j'aime assez à être
» menée ; mais lorsque ma raison et mes senti-
» ments me disent qu'une chose est nécessaire,
» qu'elle est noble et bien, je réunis toutes
» mes forces pour la faire, et ma dose de force
» et de volonté devient d'autant plus con-
» sidérable que j'en use plus rarement. »
Elle nous dit donc dans cette occasion, comme elle nous disait tous les jours : « décidez quelle
» est la promenade qui vous fera plaisir. » « Ah! »
dit madame de Broc, « M. d'Arjuzon ne con-
» naît pas la jolie cascade de Grésy, dont nous
» avons dessiné la vue il y a deux ans ; allons

» la lui montrer. » Cette proposition est approuvée, et nous voilà tous en calèche, nous dirigeant vers cette cascade qui est à deux lieues d'Aix.

Nous laissâmes la voiture sur la grande route et nous nous approchâmes à pied du moulin qui s'alimente des eaux de la cascade. Pour la bien voir il fallait passer sur une planche que le meunier posa à l'instant sur un petit bras d'eau qui allait d'une vitesse effrayante. La reine passe lestement sur la planche, à peine si elle la touche et elle est déjà de l'autre côté. Madame de Broc la suit, le pied lui manque.... Elle est entraînée dans le gouffre et disparaît à mes yeux. J'allais passer! je m'arrête, je jette un cri affreux. M. d'Arjuzon qui nous suivait à quelques pas accourt, il était trop tard pour empêcher ce funeste accident. La reine était toute seule de l'autre côté de l'eau sur un rocher glissant, la planche avait été aussi emportée; elle ne pense qu'à son amie, elle ne perd pas la tête, elle arrache son schall de dessus ses épaules, le jette dans le gouffre en en retenant un bout, se tient sur le bord et appelle à grands cris celle qui ne répond pas, et qu'on ne devait plus revoir ; car cette eau, qui coule toujours à grands flots

dans l'endroit où elle a disparu, est un obstacle épouvantable...... La reine alors au désespoir repasse en s'élançant, au risque d'être entraînée aussi, ce funeste bras d'eau; elle est éperdue, elle se joint à nous pour demander du secours. Il arriva de toutes parts à nos cris, mais tous nos efforts furent vains. Je voulais faire emmener la reine, craignant tout pour elle de l'état où je la voyais. « Non, » me dit-elle, « je ne quitte pas d'ici que l'on n'ait retrouvé son corps, j'y suis décidée, » et elle restait assise sur un tronc d'arbre, anéantie, sa tête dans ses mains, n'ayant plus ni force ni espoir, en me criant de temps en temps : « Louise, en grâce, qu'on la sauve! pro-
» mettez tout ce qu'on voudra et qu'on la re-
» trouve! » Enfin les paysans détournent les eaux; après mille efforts inouïs, on parvient à retirer ce corps, qui fut déposé dans mes bras!... Tous mes soins furent inutiles, et j'aidai M. d'Arjuzon à porter dans la voiture de la reine cette intéressante victime. J'eus le courage de la reconduire ainsi moi-même jusqu'à la ville, où je la remis aux soins des sœurs de la charité et des chirurgiens.

Toutes les personnes de la maison de la reine étaient accourues à l'endroit où ce fatal événement venait d'avoir lieu ; on avait même fait courir le bruit que c'était elle qui avait péri, et tous arrivaient au désespoir. Hélas! elle était plus malheureuse sans doute que si cela eût été vrai. Tous ses gens l'entouraient pendant qu'on plaçait le corps dans la voiture, et elle ne se décida à se laisser emmener dans une chaise à porteur que lorsqu'on lui eut dit que le corps de son amie était en avant dans sa voiture. Elle espérait peu, car le temps avait été si long pour retirer le corps; mais elle ne m'en faisait pas moins répéter tous les moyens employés pour rappeler à la vie cette chère Adèle, et, comme je ne la quittai pas de la nuit, elle m'envoyait à chaque instant savoir s'il y avait quelque espoir.

Je pleurai aussi bien sincèrement cette compagne si intéressante. Si quelquefois j'avais été jalouse de l'amitié de la reine pour elle; si cette préférence m'avait souvent affligée, tout autre sentiment avait disparu maintenant devant celui de la douleur ; il ne restait plus dans mon cœur que le chagrin de sa perte ; je trouvais bien naturelle l'affliction de la reine, et je la partageais bien vivement. Voici le rapport de ce triste événement, tel qu'il fut alors mis dans les journaux.

« Un événement affreux et irréparable oc-
» cupe en ce moment toute la société, il
» arrache des larmes à toute une famille dé-
» solée et aux nombreuses personnes qui
» avaient appris à chérir l'intéressante femme
» dont nous allons raconter la fin cruelle
» et prématurée. Le 10 de ce mois, S. M. la
» reine Hortense, qui prend les bains à Aix
» en Savoie, partit de ce lieu sur les trois
» heures, dans le dessein de visiter la cascade
» de Grésy, située à Moiron ; S. M. était ac-
» compagnée de M. le comte d'Arjuzon, son
» premier chambellan; de madame la baronne
» de Broc, sa dame du palais, et de mademoi-
» selle Cochelet, sa lectrice.

» Pour voir tout l'effet de la cascade, il fal-
» lait se placer devant elle et passer d'abord
» sur une planche d'environ quinze pouces de
» large sur deux pieds de long, et solidement
» appuyée sur un roc.

» En cet endroit les eaux du torrent se sont
» creusé, dans le roc même, une infinité de
» bras, qui en se rejoignant avec une extrême
» violence tourbillonnent dans des espèces de
» gouffres.

» A peine la reine avait franchi le passage,
» que madame la baronne de Broc, qui

» suivait appuyée faiblement sur le bras
» du meunier (1) d'un moulin voisin de la
» cascade, tomba dans le torrent. Sa chute
» fut si rapide que l'on ne put en distinguer
» précisément la cause ; seulement mademoi-
» selle Cochelet et le meunier ont remarqué
» que madame la baronne de Broc avait chan-
» celé en posant le pied sur la planche : appa-
» remment troublée par l'aspect de la rapidité
» des eaux du torrent, elle aura posé le pied à
» faux sur une partie de roc très-inclinée et
» couverte d'un limon humide et glissant qui
» semblait à l'œil être de gazon, et présentait
» une surface horizontale. A l'instant où elle se
» sentit entraîner, elle fit un mouvement pour
» se retourner vers le meunier qu'elle ne tou-
» chait que de la main, et cet effet même, dé-
» rangeant son équilibre, détermina plus vio-
» lemment sa chute.

» Qu'on juge de l'état de la reine qui, oc-
» cupée tout entière de la chute et du bruit
» de la cascade, ne pouvait ni voir ni en-
» tendre ce qui se passait autour d'elle, lors-
» que les cris de mademoiselle Cochelet et

(1) Ceci est une erreur, le meunier n'était pas près de madame de Broc, il s'était éloigné après avoir posé la planche.

» des autres témoins de l'événement vinrent
» lui révéler un affreux malheur! Vainement
» le meunier, les gens de la suite de S. M.,
» tentèrent ce qui était en leur pouvoir pour
» sauver madame de Broc, qui était tombée
» dans un des gouffres où se précipitait une
» énorme colonne d'eau ; vainement M. le
» comte d'Arjuzon fit, au péril de sa vie, des
» efforts multipliés, tout fut infructueux.
» Enfin, après vingt minutes on parvint à re-
» trouver et à ressaisir madame de Broc;
» mais elle paraissait absolument privée de
» vie. Comment aurait-elle pu survivre au
» coup violent qu'elle a dû recevoir en tom-
» bant d'une hauteur de vingt-cinq pieds,
» sur les rocs, et résister à la pression de la
» colonne d'eau qui l'enfonçait dans ce
» gouffre?

» Cependant M. le comte d'Arjuzon avait
» appelé tous les secours possibles; mais ils ne
» purent arriver qu'une demi-heure après
» que madame de Broc avait été retirée de
» l'eau. M. le préfet du Mont-Blanc, M. Des-
» maisons, inspecteur des eaux, M. Lasserre,
» médecin, M. Canton, chirurgien, survinrent
» en même temps. On essaya tous les moyens
» indiqués en pareil cas ; aucun ne parut réus-

» sir. Cependant, comme la mort ne semblait
» pas encore parfaitement constante, M. le
» préfet ordonna le transport du corps à Aix;
» mais là, comme à Moiron, tous les secours
» de l'art ont été infructueux.

» Malgré les cris et les larmes que lui arra-
» chait la douleur, la reine n'avait point con-
» senti à quitter cette scène de désolation :
» elle avait voulu juger par elle-même des
» efforts que l'on tentait pour rappeler à la
» vie la jeune et vertueuse amie que son cœur
» avait adoptée. Enfin, au moment où il n'y
» avait plus d'espoir, M. le comte d'Arjuzon
» parvint à arracher S. M. d'un si triste
» spectacle. La reine est livrée à la plus pro-
» fonde douleur, et son cœur ne pourra de
» longtemps guérir de la blessure cruelle
» qu'il vient de recevoir.

» Madame de Broc était âgée de vingt-quatre
» à vingt-cinq ans; élevée avec la reine Hor-
» tense, elle avait obtenu dès l'enfance une
» place dans le cœur de cette princesse; la
» même sensibilité, la même pitié pour le
» malheur, le même goût pour les arts, avaient
» fortifié chaque jour le penchant de deux
» âmes faites l'une pour l'autre. La reine

» enfin avait donné toute son amitié à celle
» qui avait obtenu toute son estime.

» La nature s'était plu à prodiguer ses dons
» à madame de Broc ; elle était belle et jolie,
» pleine de grâce et d'élégance ; une excellente
» éducation avait orné son esprit, à la fois so-
» lide et brillant ; elle réunissait tous les ta-
» lents, tous les agréments de son sexe ; elle
» cultivait avec succès le dessin et la peinture.
» Douée d'un cœur droit, elle en écoutait
» toujours les inspirations ; aussi, quoique
» jeune elle était d'un sage conseil. Jamais
» femme n'eut plus de charmes dans le ca-
» ractère et ne fut plus susceptible d'un atta-
» chement plus tendre. M. de Broc, son mari,
» heureux en ce moment de l'avoir devancée
» dans la tombe, ne cessait de lui rendre
» cette justice. Ces deux jeunes époux étaient
» le modèle de l'amour et du bonheur con-
» jugal.

» M. de Broc, jeune, beau, brave, officier-
» général, après une campagne dans laquelle
» il avait servi avec honneur, mourut en
» Italie dans l'hiver de 1810 à 1811, et laissa
» d'éternels regrets à sa veuve. Tout le monde
» se rappelle la douleur de cette femme accom-
» plie.... Pendant deux ans entiers, rien n'a

» pu tarir la source de ses larmes ou la dis-
» traire de sa tristesse. Ce sentiment était de-
» venu moins violent sans doute, mais il était
» bien vif encore; et le moindre mot, le plus
» sensible souvenir, rouvrait d'abord la bles-
» sure d'un cœur profondément sensible.
» Avec tous les avantages qui l'environnaient,
» madame de Broc devait être et fut souvent
» recherchée depuis son veuvage; mais les
» plus brillantes propositions n'ont pu l'é-
» blouir.

» Jamais la calomnie ou même la médisance
» n'osa effleurer de son souffle la pureté
» d'une telle vie. C'était la fleur sans tache, le
» vase d'innocence dont parle l'Ecriture.

» Madame de Broc avait conservé après la
» mort de son mari environ 20,000 francs de
» rentes; elle prélevait sur ce revenu la mo-
» deste somme nécessaire à ses besoins : tout le
» reste était consacré aux indigents. Elle ne
» se contentait pas de donner des secours à ceux
» que le hasard ou la pitié lui présentait : sa
» bonté allait chercher parmi les infortunés
» ceux qu'on appelle pauvres honteux, c'est-
» à-dire ceux en qui un noble sentiment rend
» le malheur plus sacré; elle avait adopté des
» familles qui recevaient constamment des

» largesses. Avant de partir pour ce fatal
» voyage, elle voulut visiter tous ses pauvres;
» elle pourvut à leurs nécessités pendant son
» absence. « Au moins ils vivront », disait-elle,
» et cette douce certitude donna quelque sé-
» rénité à cette âme, qui la veille de son dé-
» part, parut, on ne sait pourquoi, atteinte
» d'une tristesse que rien ne put dissiper.

» Telle est la femme charmante qui vient
» d'être enlevée à une reine qui l'honorait
» d'une amitié précieuse; à la société dont elle
» faisait l'ornement; à une famille adorée; à
» un père âgé et vénérable qui rendait avec
» usure à cet ange de bonté tout l'amour
» qu'elle avait pour lui.

» On a remarqué que madame de Broc écri-
» vit, le matin même de sa fin tragique, à ma-
» dame la princesse de la Moskowa, sa sœur :
» *Je ne sais pourquoi je suis triste, je me re-*
» *proche de n'avoir pas été t'embrasser à ta*
» *campagne avant mon départ. Je me console-*
» *rai de ce chagrin en te donnant le mois d'août*
» *tout entier.* Mais il est un hasard bien plus
» remarquable encore dans la destinée de cette
» jeune victime du malheur : elle a été trans-
» portée, après sa mort, dans le même lieu,
» dans la même maison, dans la même chambre

» où la première nouvelle de la mort de son
» mari lui avait fait verser tant de larmes. »

Je n'ai pas besoin de répéter toutes les phases de nos regrets et de notre douleur; il y a des personnes qui ont un besoin extrême de fuir toute impression pénible, de s'étourdir et de se distraire de tout ce qui leur est douloureux, de tout ce qui leur fait mal. La reine souffrait plus profondément que toute autre; mais il était dans ses idées qu'il y aurait eu de la lâcheté, de l'ingratitude de sa part à se soustraire à une douleur qui était à la fois si vive, si naturelle et si juste. Elle pensait qu'éloigner de soi le portrait d'une personne qu'on a aimée, c'est ne vouloir plus s'en occuper, parce que cette pensée fait mal. « Eh bien! » disait-elle, « il faut savoir supporter ce mal
» et conserver ce portrait, quelle que soit l'im-
» pression pénible qu'il reveille en nous. »
Aussi se sentait-elle attachée au lieu où s'étaient écoulés les derniers moments d'un être qui lui était cher; elle eût voulu y rester. Il est vrai que, dans ces lieux, elle avait vu tous les yeux se remplir de larmes à son approche; elle avait ressenti, apprécié le tendre intérêt que son affliction y inspirait à chacun. Elle me disait encore : « Il y a dans le malheur une

» sorte de sympathie magnétique qui attire
» les cœurs à nous. L'homme n'aime et n'est
» réellement aimé que dans la douleur ; si j'ai
» des amies, c'est peut-être parce que j'ai été
» malheureuse; et si j'eusse été heureuse, moi-
» même, aurais-je été aussi compatissante que
» je le suis aux peines d'autrui? Je ne le crois
» pas, j'ai vu tant de gens être égoïstes dans
» le bonheur! » Alors elle faisait un retour
sur elle-même, sur les regrets qu'elle éprouvait. « J'ai un vilain caractère, me disait-elle,
» je suis bien sûre qu'Adèle ignorait à quel
» point elle m'était chère ; je ne sais pas dire
» ce que j'éprouve. Je me plaignais si souvent
» devant elle de ma destinée! j'avais pourtant
» une si fidèle amie!... elle m'était nécessaire;
» et par l'habitude que j'ai de ne me compter
» pour rien, je ne pensais qu'à lui voir faire
» un choix digne d'elle, elle était si jeune en-
» core! Je voulais la voir heureuse, je voulais
» la marier; je lui en parlais souvent, et je suis
» sûre qu'elle ne croyait pas que ce fût uni-
» quement de son bonheur que je m'occu-
» pais sans songer à moi, et qu'en cela je
» m'oubliais pour ne penser qu'à elle : peut-
» être se sera-elle dit souvent en elle-même :
» Je dévoue ma vie à la reine, et pour-

» tant elle n'a pas besoin de moi ! elle ne pense
» qu'à m'éloigner d'elle en désirant me faire
» contracter de nouveaux nœuds. »

Il faut l'avouer, en me parlant ainsi la reine peignait bien son caractère, car, comme on l'aimait vivement et qu'on la voyait si habituellement ne songer qu'à votre bien-être indépendamment d'elle, on doutait toujours des sentiments qu'elle ressentait pour vous. Mais aussi peut-être était-ce cet oubli constant d'elle-même qui faisait qu'on l'aimait.

Cette disposition de la reine à s'attacher aux lieux témoins de la perte qu'elle avait faite, à ne pas vouloir les quitter, afin de ne pas fuir sa douleur, cette disposition, dis-je, fut toutefois heureuse pour elle dans cette circonstance où les eaux qu'elle continuait à prendre, en calmant ses nerfs empêchèrent l'effet qu'aurait pu produire sur sa santé une aussi grande affliction.

S'occuper sans cesse de bonnes œuvres fut la seule distraction qu'accepta la reine. « Adèle
» était si pieuse, si charitable, » disait-elle ;
« c'est en l'imitant que je veux, que je dois
» m'occuper d'elle. »

Déjà l'on avait fait partir le corps de madame de Broc pour être transporté à Saint-Leu et y être déposé dans une chapelle près de l'église.

La reine avait voulu voir les sœurs de la Charité qui avaient veillé et prié près du corps de son amie. Parmi ces sœurs il y en avait une, la supérieure, qui s'appelait sœur Saint-Jean, et qui était réellement un ange. La reine la voyait souvent et s'y attachait ; elle apprenait d'elle à connaître leurs besoins, le bien qui était à faire, ce qui leur serait utile pour leurs pauvres, et elle me disait avec enthousiasme : « Voilà la véritable vertu sur la terre! et nous, » orgueilleuses que nous sommes, si nous ré- » sistons à un mauvais sentiment, nous deve- » nons toutes fières de nous-mêmes; cepen- » dant nous ne sommes rien auprès de cette » angélique abnégation de soi. »

La reine donna l'ordre que le peu d'argent qui restait dans le secrétaire de madame de Broc fût employé à faire habiller une douzaine de jeunes filles pauvres qui devaient faire leur première communion, et elle recommanda qu'on eût bien à leur faire savoir qu'elles devaient prier pour leur bienfaitrice qui était celle qui n'existait plus.

Quant à la reine, elle fonda un hôpital pour la ville d'Aix, et y attacha les sœurs de la

Charité qui, jusque-là, n'avaient qu'un état précaire. La sœur Saint-Jean fut mise à la tête de cette fondation, et je suis restée bien longtemps en relation avec elle.

L'impératrice Joséphine, à la nouvelle qui devait affliger si cruellement sa fille, lui envoya son chambellan, M. de Turpin, pour qu'il lui rapportât des nouvelles précises.

M. Finot, préfet à Chambéry, cousin de la duchesse de Bassano, se conduisit comme un homme d'esprit et de cœur. Ces tristes circonstances donnèrent lieu à ce que je reçus quantité de lettres de personnes marquantes. J'en transcris ici quelques-unes qui peindront, mieux que je ne pourrais le faire, la vive part que chacun prenait à ce funeste événement (1).

(1) Voir à la fin du volume.

VII.

Le messager de malheur. — Le monument et l'inscription. — M. Matthieu de Montmorency. — M. Sosthène de La Rochefoucault. — M. Élie de Périgord. — Entêtement du faubourg Saint-Germain. — Le colonel Auguste de Lagrange. — La Dent du Chat. — Fête de l'empereur. — Le dîner des pauvres. — Conversation sur le bonheur. — Une fiche de consolation conjugale.

Par la lettre que M. de Lavalette m'écrivit le 23 juin, et que je rapporte à la fin de ce volume, j'appris une chose qui me désola. Au milieu du trouble où l'avait jetée le premier moment d'un si vif chagrin, la reine avait pourtant pensé à celui qu'éprouveraient les sœurs de madame de Broc ; elle craignait que quelques journaux, en leur tombant sous la main, ne leur apprissent sans précaution la perte d'une sœur si tendrement aimée. « Écris tout de suite, m'avait-elle dit, » et envoie ta lettre à quelqu'un qui puisse » se charger de les préparer à leur affreux » malheur. » Quelques jours après, elle leur écrivit elle-même, ainsi qu'à madame Campan.

Je pensai que M. de Lavalette, demeurant toujours à Paris, était plus que tout autre propre à remplir cette mission. Mais par la lettre que je rapporte ci-dessus, j'appris ce que M. de Lavalette y explique; que le courrier arrivé au milieu de la nuit à la terre des Coudreaux, chez madame la princesse de la Moskowa, réveilla tout le monde. « Un messa- » ger à cette heure, se dirent les gens, c'est » sans doute une nouvelle importante. » La femme de chambre entra chez sa maîtresse et se hâta de lui remettre la lettre que celle-ci ouvrit avec empressement, encore à moitié endormie. Qu'apprend-elle, grand Dieu! ainsi à l'improviste, tout d'un coup, et sans la moindre préparation! la mort d'une sœur qu'elle adore!.... Elle tomba dans un tel état que l'on craignit pour ses jours, et je ne me pardonnai pas la faute de cette imprudence, dont j'étais toutefois bien innocente.

Il y avait déjà plus de deux mois que cet

épouvantable accident était arrivé, et la reine continuait son genre de vie triste et solitaire. Elle avait chargé M. Finot de faire exécuter un petit monument sur l'endroit même où le malheur était arrivé; elle voulut qu'il servît en même temps de pont pour protéger les curieux qui voudraient encore aller voir cette cascade, et, pour engager à la prudence, on inscrivit sur le monument ces paroles :

« ICI
» MADAME LA BARONNE DE BROC,
» AGÉE DE 25 ANS, A PÉRI
» LE 10 JUIN 1813.
» O VOUS
» QUI VISITEZ CES LIEUX,
» N'AVANCEZ QU'AVEC
» PRUDENCE SUR CES
» ABIMES ;
» SONGEZ A CEUX QUI
» VOUS
» AIMENT (1). »

Les personnes marquantes qui se trouvaient alors aux eaux d'Aix étaient M. Matthieu de Montmorency, M. et madame Sosthène de la Rochefoucault et M. Élie de Périgord, qui, tous, se firent écrire chez la reine et vinrent sou-

(1) Le temps avait un peu détruit ce monument. Madame la comtesse Mollien, ancienne dame du palais de la reine Hortense, fit un voyage à Aix, il y a quelques années, et le fit restaurer.

vent s'informer d'elle; hormis pourtant M. Matthieu de Montmorency, qui était un ancien ami de M. Alexandre de Beauharnais, père de la reine, et qui n'y vint pas comme les autres. « C'est lui que j'aurais eu le plus de plai-
» sir à recevoir, dit la reine, puisqu'il était
» l'ami de mon père à l'assemblée constituante;
» mais je vois qu'il redoute de se rapprocher
» du nom que je porte, et je n'ai rien à dire
» à cela, je ne dois pas avoir l'air de m'en
» apercevoir. »

Après les premiers moments passés, la reine commença à recevoir les personnes qui l'avaient recherchée et avaient paru prendre tant de part à son chagrin. Parmi ces personnes, se trouvait madame de la Rochefoucault, dont la grande beauté nous frappa; elle avait une figure de vierge qui charma la reine, car elle aimait les supériorités en tout genre.

Pour ces messieurs, leurs manières étaient polies et distinguées; élevés à l'école du faubourg Saint-Germain, et du coin qui était resté pur et ennemi, ils me paraissaient être de plus en plus surpris à mesure de tout ce qu'ils découvraient dans la reine. Je crois qu'ils auraient voulu lui trouver des défauts et des disgrâces; ses sentiments, ses occupations, toutes de bienfaisance et de piété, leur semblaient si extraordinaires qu'ils manifestaient leur ancienne opinion par leur étonnement; il était facile en cela de s'apercevoir combien, parmi eux, la calomnie se plaisait habituellement à dénigrer tout ce qui tenait à la cour de l'empereur, et qu'ils en étaient si imbus, que, maintenant, ils avaient peine à en croire leurs yeux.

Le colonel Auguste de Lagrange, qui était une ancienne connaissance de la reine, se trouvait à Aix en ce moment pour se soigner. Il était revenu de la campagne de Russie extrêmement sourd et rempli de rhumatismes.

Toutes les personnes que je viens de nommer, ayant été admises chez la reine, y venaient de temps en temps le soir. La petite maison que nous habitions était située au dessus de la ville d'Aix, et je ne me lassais pas d'en admirer la belle vue; j'avais toujours devant moi cette montagne de la Dent du Chat, que j'avais gravie avec tant de difficulté il y avait deux ans. J'appris un jour par le préfet que toutes les parties basses de la montagne étaient à vendre, personne n'aurait voulu du haut; les oiseaux de proie y faisaient seuls leur demeure. Il me parut très-drôle de me trouver propriétaire de cette Dent où, seule de femme, j'étais montée : ce rocher a absolument la forme d'une dent. Je priai sérieusement M. Finot de me l'acheter et j'en possède le contrat en bonne et due forme. Quoique ma propriété ne soit pas d'un grand revenu, je n'ai pas du moins des voisins chicaneurs, des concierges grugeurs et des frais extraordinaires exterminateurs.

On approchait du 15 août, jour de fête de l'empereur, et qu'il était d'usage de célébrer dans sa famille, dans toute la France et dans toute les armées. Les souverains de l'Europe, ses alliés, n'y auraient pas manqué.

Monsieur d'Arjuzon me dit : « La reine, » malgré son chagrin, ne peut pas laisser pas- » ser ce jour inaperçu ; voilà déjà deux mois » d'écoulés depuis la mort de son amie ; elle » doit maintenant penser aux devoirs de sa » position. » Nous convînmes de lui en parler ensemble. « Je n'ai pas le courage de donner » une fête, » nous répondit-elle. « Ce n'est » pas ce à quoi nous vous engageons, mais » votre majesté doit faire quelque chose de » marquant pour le 15 août ; qu'elle nous » permette de chercher avec elle ce qui lui » conviendra davantage. — Donner aux pau-

» vres, » dit la reine, « je ne vois rien de
» mieux. — Mais, » reprit M. d'Arjuzon,
« cela se fait chez vous si souvent, il faut au-
» jourd'hui y ajouter une circonstance qui
» fasse fête dans la ville. Si madame le veut,
» je crois que rien ne sera plus joli, plus nou-
» veau, que de donner un grand dîner dans
» la place à tous les pauvres de la ville. —
« J'approuve, » dit la reine, « mais donner
» un dîner aux pauvres d'Aix ne sera pas assez
» pour être le sujet d'une fête dans le pays, à
» moins que l'on n'invite toutes les communes
» des environs à y envoyer les leurs; et puis...
» venir de loin pour un dîner, » dit-elle en
réfléchissant, « c'est fatiguer les pauvres gens
» pour bien peu de chose. — Mais, madame,
» un bon repas est un jour de fête pour les
» indigents, » reprit M. d'Arjuzon, « ce sera
» peut-être la première fois qu'ils mangeront
» de bonne viande....... — Et s'ils allaient
» se rendre malades? » répliqua la reine, « il
» faudrait plutôt qu'ils pussent emporter leur
» dîner qui leur durerait plusieurs jours.
» Si votre majesté veut y ajouter le don de tous
» les objets qui leur seront servis à table, » dis-
je à mon tour. « Ah! volontiers, » dit la reine,
« à la bonne heure, au moins ils remporte-

» ront quelque chose chez eux pour leur fa-
» mille, ils ne se feront point de mal, et ce
» sera réellement une fête. » Tout fut donc
convenu ainsi qu'il venait d'être décidé. La
table, qui pouvait contenir trois ou quatre
cents couverts, fut élevée près de l'ancien
château, qui était devenu l'hôpital fondé par
la reine. Les sœurs de la Charité furent chargées de tout acheter, couverts, assiettes, verres
et casseroles, tous objets qui devinrent la propriété de chacun des pauvres convives. Les
sœurs servirent cette bande d'indigents devenue joyeuse, et tout le public circulait autour des tables, qui furent très-bien servies.
On but de bon cœur à la santé de l'empereur,
à la santé de la reine, et tout cela au son de la
musique et de mille cris répétés.

Le dîner ne dura pas longtemps, car ces
pauvres gens, pour lesquels on avait craint
qu'ils ne se livrassent sans ménagement à un
appétit glouton, touchèrent à peine à ce qu'on
leur donnait; tous emportèrent leur dîner
chez eux pour le partager avec leur famille.
J'avais donc trouvé ce qui pouvait les satisfaire, et j'en fus très-heureuse. Pendant que
cette fête se passait au bas de la ville, nous
étions à nous promener du côté de la mon-

tagne, la reine, M. d'Arjuzon et moi. Nous causions du bonheur qui doit habiter dans ces jolies chaumières, si isolées du monde, loin des passions qui dénaturent souvent les sentiments des gens de la ville ; et le dialogue suivant s'établit entre la reine et M. d'Arjuzon.

« On est sans doute meilleur dans une chau-
» mière que dans un palais, » dit la reine,
« car le séjour où les vanités sont toujours en
» jeu doit rendre moins bons ceux qui vivent
» sous cette influence, j'en excepte pourtant
» le dispensateur des récompenses et des bien-
» faits : celui-là du moins met sa vanité à bien
» placer ses dons, et ses facultés sont constam-
» ment employées au service des autres, tan-
» dis que ceux qui reçoivent ne sont occupés
» qu'à attirer sur eux les grâces. Ainsi toutes
» leurs facultés sont donc constamment em-
» ployées à leur propre service. C'est là ce qui
» rend souvent égoïste l'homme de cour et
» l'homme des villes. L'homme des champs,
» au contraire, n'a de débats qu'avec les vents,
» la grêle et les orages, il borne ses désirs à
» une heureuse moisson, et il la veut bonne
» pour les autres comme pour lui-même.
» On est donc meilleur dans les chaumières,
» mais on y pleure aussi : la mort ne vient-elle

» pas y porter comme ailleurs sa désolation ? »
« — Oui, » reprit M. d'Arjuzon; « on y pleure,
» mais de misère, et c'est bien souvent la mort
» d'une vache qui y devient plus douloureuse
» que celle d'un enfant... — On y souffre donc
» moins si on n'y connaît point ce déchirement
» affreux qui laisse au cœur une plaie tou-
» jours vive. — Voir ses enfants mourir de
» faim est aussi bien affreux, madame; c'est
» la vache qui faisait vivre toute la famille, il
» faut bien la pleurer. — C'est vrai, mais l'in-
» fortuné peut se distraire d'un tel malheur,
» il peut travailler pour réparer cette perte,
» il lui reste au moins l'espérance, et qui n'est
» pas toujours vaine. Cela me rappelle que,
» dans une de mes promenades à Plombières, je
» suis arrivée dans une chaumière au moment
» ou toute la famille était dans la désolation,
» le père, la mère, tout le monde pleurait ;
» je croyais que la mort d'un enfant pouvait
» seule faire couler ces larmes, et je n'allais
» leur offrir que de faibles consolations, lors-
» que j'appris que c'était une vache qu'ils ve-
» naient de perdre. Je leur donnai quelques
» louis pour en acheter une autre, et leur dou-
» leur fut passée. Ah! l'homme ne devrait
» avoir le droit de se trouver réellement mal-

» heureux que lorsqu'il n'a plus d'espérance,
» et c'est la mort qui la détruit. Aussi la re-
» ligion seule a pu nous la rendre supportable.
» —Vous trouvez donc, madame, que l'on est
» meilleur et plus heureux aux champs qu'à
» la ville? — Je crois aux compensations. Les
» afflictions les plus poignantes de l'âme ac-
» compagnent souvent la fortune et la gran-
» deur, et une sorte d'insensibilité morale les
» tourments de la misère; mais je crois avant
» tout qu'hors la mort, qui nous laisse sans con-
» solations, nous portons en nous-mêmes notre
» joie et nos peines. N'aspirons pas à un bon-
» heur parfait, et nous jouirons davantage de
» celui que nous possédons : plus l'homme for-
» mera sa raison, modérera ses désirs, et plus
» il sera heureux. — Alors, madame, il ne le
» sera jamais; car depuis des siècles toute la
» morale tend à nous perfectionner, et nous
» n'y atteignons pas plus qu'au bonheur. —
» Petit à petit nous y arriverons : que nos in-
» stitutions chassent d'abord la misère d'une
» portion de la société, et que le riche appré-
» cie ce qu'il possède, sans vouloir une félicité
» chimérique, et nous serons bien près du bon-
» heur. Il y a deux ans, je suis venue dans un
» de ces villages, j'y ai trouvé par hasard un

» homme heureux, je l'ai surnommé l'opti-
» miste, et il est resté dans ma pensée comme
» un original, peut-être avait-il plus de rai-
» son que moi. — Ah! madame, m'écriai-je,
» c'est ce monsieur Molin dont vous voulez
» parler? votre majesté ne serait-elle pas dis-
» posée à aller jusque chez lui? il fait beau,
» cela ne nous fatiguera pas trop, nous som-
» mes déjà à moitié chemin. M. d'Arjuzon
» sera sûrement curieux de voir un homme
» heureux. — Je le veux bien, » dit la reine,
« mais peut-être sera-t-il mort? — Mort!
» m'écriai-je; il n'y a pas trois ans, et cet
» homme riait de tout, il doit se porter encore
» à merveille; mais pour sa pauvre femme qui
» s'était cassé la jambe, je ne l'affirmerais pas. »
Et tout en cheminant je rappelai à la reine
que, pendant qu'elle était assise à côté de la
femme et lui faisait raconter ses souffrances,
je causais avec le mari, qui, avec ses manières
enjouées, me disait en riant : « Je me sens con-
» tent de vivre, tout me porte à la joie et me
» réussit : tenez, ma femme devait se tuer par
» la chute qu'elle a faite, eh bien! elle n'a eu
» que la jambe cassée! cela n'est-il pas heu-
» reux?... bien heureux?

VIII.

L'optimiste. — La reine incognito. — Le bonheur que donne la bienfaisance. — Madame de Boufflers et son fils. — Lettre de madame de Boufflers. — Départ d'Aix. — Nouvelle route des Échelles. — La nuit et le jour. — Le château de Bussi-Rabutin. — L'arrière-tante de la reine de Hollande. — Enlèvement. — Le vœu. — La maison de Buffon.

Voici comment la reine avait découvert ce M. Molin; c'était à son dernier voyage à Aix, le jour même de mon ascension à la *Dent-du-Chat*, j'étais partie de bonne heure accompagnée de la comtesse Tascher, de M. Fritz Pourtalès, écuyer de l'impératrice, de son neveu Alexandre Pourtalès et de M. de Villeneuve. La reine avait été de son côté à cheval, avec madame de Broc et son écuyer, M. de Marmold, faire une course dans la montagne, pour aller voir une petite chapelle qu'on apercevait de loin, et dont l'aspect lui paraissait pittoresque. Elle s'était arrêtée un instant dans une jolie petite maison à l'entrée d'un village, et avait trouvé si extraordinaire le langage et les manières du maître de cette maison, qu'elle s'était promis d'y revenir.

En effet, quelques jours après, la reine, qui nous avait parlé de la rencontre qu'elle avait faite d'un original, nous mena pour le voir. Nous laissâmes les calèches assez loin du village, et nous arrivâmes chez cet optimiste pour faire plus ample connaissance avec lui.

Il ne se doutait nullement du rang de la personne qu'il recevait, et il nous fit avec cordialité les honneurs de sa maison.

A cette époque la reine arrivait de la Hollande, où elle avait manqué mourir. Elle s'était réunie, à Aix, à sa mère, qui la soignait avec toute la tendresse dont son cœur était susceptible, car la santé de la reine donnait peut-être alors encore plus d'inquiétudes que dans le moment présent dont je parle. Elle était donc pâle, triste, faible; et en entrant chez

M. Molin, et voyant étendue dans un fauteuil une femme âgée qui avait l'air souffrant, elle s'approcha d'elle et s'en occupa exclusivement. Pendant ce temps nous entretenions le mari, chacun de nous lui parlait à la fois; les questions pleuvaient sur lui: il répondait à tous, sans se déconcerter, il criait, il riait encore plus qu'aucun de nous.

Il nous raconta qu'autrefois, placé à Chambéry, maintenant retiré dans sa petite campagne, sans soucis, sans regrets, il jouissait de la vie, et nous assurait qu'il n'avait jamais eu le plus petit reproche à faire au sort, qu'il s'était contenté de tout et qu'il trouvait que tout était pour le mieux. Ce fut alors que, sur ma remarque que sa femme malade devait être un sujet de chagrin pour lui, il me répondit : « Elle pouvait se tuer; c'est bien heureux qu'elle ne se soit cassé que la jambe. »

Il nous offrit du raisin, du vin. Le curé vint prendre part au goûter, et sa présence n'arrêta pas les rires et les bons mots sur la bonté du vin du crû et sur les jouissances que procure la vigne. Nous quittâmes M. Molin, enchantés de sa personne et de son esprit. Il avait alors de quarante à cinquante ans; il était petit, coiffé sans poudre, mais avec une queue qui lui descendait jusqu'aux reins; son œil était vif, son nez retroussé, et tous ses traits remontés vers le haut indiquaient que le rire était l'expression habituelle de sa physionomie.

Tel était l'aimable personnage que nous allions visiter pour la seconde fois, et chacun de nous mettait une espèce de curiosité à savoir si le bonheur, après trois ans de distance, habitait encore dans cette maison.

En entrant dans la cour, nous remarquâmes que tout était dans le même état où nous l'avions laissé; le petit homme aussi se présenta avec le même habit, la même queue, le même visage, le même rire sur les lèvres.

Assez nombreux à notre première visite, nous n'étions que trois personnes maintenant. M. Molin, qui ne connaissait pas M. d'Arjuzon, s'adressa à lui et fit peu attention à la reine et à moi. Nous admirâmes la vue qu'on avait de sa maison, qui était située en face de la *Dent-du-Chat*, et d'où l'on découvrait tout le lac du Bourget et la vallée de Chambéry. Pendant que nous admirions tout cela, il nous dit: « Vous n'avez donc pas été curieux de voir » la fête que donne cette bonne reine à Aix? » on ne parle que de cela dans nos villages. —

» Non, » répondîmes-nous. « J'avais bien
» envie d'y aller, » continua-t-il « seulement
» pour la revoir, cette chère femme. — Vous
» la connaissez donc? » dit la reine. » « Mais,
» certainement, il faut que je vous raconte
» cela : figurez-vous qu'elle est venue chez
» moi il y a trois ans. Je ne me doutais pas
» que ce fût elle, et je lui ai parlé tout comme
» je vous parle » (et en disant cela il frap-
pait sur le bras de la reine). « Je n'étais pas
» plus embarrassé que cela; j'ai ri comme je ris
» toujours, et elle ne s'en est pas fâchée. Ah!
» c'est une bonne dame! Ma femme me disait
» qu'elle avait tout l'air de s'intéresser à ses
» souffrances. Je leur ai donné à goûter à tous.
» Ah! c'était une jolie fête! Ce n'est qu'après
» son départ que dans le village on a appris
» que les calèches qui attendaient près de là
» étaient celles de la reine de Hollande, et
» qu'on l'y a vue remonter. — Comment est-
» elle donc? » dis-je à mon tour.— « Mais, ré-
» pondit-il, « je n'y ai pas fait grande atten-
» tion ; elle causait toujours avec ma femme,
» et les autres m'étourdissaient. — Mais, vous
» vous la rappelez bien à peu près? » répli-
quai-je. — « Elle avait l'air intéressant, elle
» était grande comme vous » (dit-il, en dési-

gnant la reine), « mince et triste aussi con e
» vous. Eh bien, tenez, elle m'a fait l'effet
» d'être assez comme vous êtes, et elle était
» accompagnée d'une grosse rieuse. — Ah !
» comment était la grosse rieuse ? » dis-je en
l'interrompant. Alors, fixant ses yeux sur moi :
— « C'est étonnant, eh bien ! elle avait quel-
» que chose de vous ; mais vous êtes beaucoup
» mieux, vous êtes plus grande; elle m'étour-
» dissait par ses paroles, c'est pourquoi je n'ai
» pas assez regardé cette bonne reine. Conce-
» vez-vous ? une reine chez moi, c'est du bon-
» heur, n'est-ce pas ? Pourtant, ces reines,
» cela n'a pas l'air gai, cela n'a pas l'air con-
» tent. — Ainsi, » reprit sa majesté en souriant,
« cela ne donne pas l'envie d'être reine ? —
» Non, » répliqua-t-il, « et les bons bourgeois
» sont plus heureux. Elle avait l'air si triste,
» si languissant ! elle s'entendait mieux avec ma
» femme qu'avec moi. — Où est-elle votre
» femme ? » dit la reine. — « Heureusement
» elle est morte, » dit l'optimiste. « Elle souf-
» frait tant ! la pauvre chère femme, que c'est
» trop heureux pour elle. »

Nous quittâmes M. Molin sans qu'il sût qui
il avait encore reçu cette fois chez lui, et la
reine nous dit en sortant : » Je ne fais pas

grand cas de son bonheur; décidément il est
» égoïste, et il vaut mieux souffrir un peu
» que d'être indifférent à tout. »—Il n'est pas
» indifférent, dit M. d'Arjuzon; il préfère voir
» le bon côté des choses de la vie : il est peut-
» être sage, comme le disait tout à l'heure
» votre majesté. »

En revenant à Aix, nous rencontrâmes sur notre route beaucoup de ces pauvres qui revenaient du banquet; tous emportaient leur dîner avec un air de contentement qui nous pénétra. « Eh bien! madame, dis-je à la reine, « voilà des gens heureux, et heureux par vous. » — «Oui dit-elle, si on peut, au milieu des cha-
» grins, trouver encore des jouissances, c'est
» en faisant du bien aux autres. »

La meilleure distraction qu'on pût lui procurer était de lui donner l'occasion de s'occuper de ceux qui souffraient, et Dieu merci cela ne lui était pas épargné. C'était à ses réclamations réitérées que M. le comte Elzéar de Sabran, fils de madame de Boufflers, dut sa liberté. Il avait été compromis et arrêté, je ne sais par quelle raison; car, chose curieuse, alors on ne s'informait jamais pourquoi tel ou tel était mal avec le ministre de la police. Il souffrait l était malheureux, cela suffisait ; il fallait bien bon gré, mal gré, s'intéresser à lui, et la reine donnait l'exemple de cette extrême tolérance, qui était bien sans danger sous l'empereur; car il était si fort, ainsi que son gouvernement, qu'on ne songeait pas que de petits mécontentements partiels pussent l'atteindre.

Ce fut donc à l'occasion de son fils que je reçus de madame de Bouflers la lettre que voici; elle était datée de Plombières, de ce lieu où nous avions passé une charmante saison des eaux avec cet aimable et spirituel ménage.

MADAME DE BOUFLERS A MADAME COCHELET, LECTRICE DE S. M. LA REINE HORTENSE, A AIX EN SAVOIE.

« Plombières, ce 12 avril 1813.

» Toute pénétrée que je suis de la divine bonté de la reine, trop aimable demoiselle, je n'oserais prendre sur moi de la distraire en ce moment, et c'est à vous que je m'adresse pour lui faire parvenir l'expression de toute ma reconnaissance, ainsi que de tous les vœux que je fais pour sa conservation et son repos.

» M. de Bouflers vous parle de son désir d'avoir mon fils dans notre petite campagne, le seul abri que nous possédions, et où il sera aussi loin de Paris et de toute société que dans les déserts de l'Afrique. Nous voyons arriver avec terreur le moment où nous serons forcés de l'abandonner ici, sans pouvoir lui assigner un asile et lui fournir les moyens de subsister loin de nous, quelque part que ce puisse être. M. de Boufflers se priverait de tout pour ne le laisser manquer de rien ; mais, ayant lui-même à peine de quoi fournir à notre dépense telle qu'elle est, il lui serait physiquement impossible de supporter cette nouvelle charge, et alors ce serait lui qui serait le premier puni, contre l'intention de l'empereur, qui, dans ce moment-ci, lui donne une marque particulière de son estime. Puisque la reine veut bien encore nous permettre de recourir à sa puissante recommandation, nous entrons dans ces détails, qu'elle prendra sûrement en considération, et qu'elle saura mieux que personne faire valoir auprès du ministre duquel nous dépendons, et sur qui elle a si bien su exercer son magique pouvoir pour adoucir toute sa sévérité. Un mot de la reine au ministre nous rendrait tout facile ; tandis que sans elle, d'ici à un mois nous ne saurons que devenir.

» Mais parlons de vous à présent, charmante amie ; vous qui savez si bien partager nos peines, vous ne devez pas douter combien nous avons partagé les vôtres, et dans ce moment-ci surtout, où tout nous parle de vous et où tout nous rappelle des jours plus heureux. Puissions-nous vous revoir bientôt et jouir encore du charme répandu autour de celle que nous chérissons autant que si nous avions le bonheur de ne la pas plus quitter que vous.

» Ce ne sont point des remerciements que je veux vous faire, moins des compliments, mais bien l'assurance la plus sincère de la plus tendre amitié, qui ne finira qu'avec ma vie.

Signé BOUFLERS. »

Le médecin de la reine était si convaincu que sa poitrine n'était pas attaquée, et qu'elle n'avait qu'une maladie de nerfs, qu'il voulut la mener tout de suite, en quittant les eaux, prendre des bains de mer à Dieppe.

Nous quittâmes donc Aix, en versant de nouveau des larmes sur le malheur irréparable qui nous y avait frappés.

J'eus l'honneur d'accompagner sa majesté dans sa voiture. Arrivés au lieu qu'on appelle les Échelles, M. Finot se trouva là, ainsi que l'ingénieur du département; ils attendaient la reine à son passage. « Madame, dit M. Fi-

» not, la nouvelle route des Echelles devait
» être ouverte le jour de la fête de l'empereur;
» mais nous avons retardé exprès pour que
» votre majesté y passe la première ; et c'est
» devant vous que la mine va nous procurer
» lumière à travers cette longue galerie qui
» est enfin achevée. »

La reine se laissa conduire ; quant à moi, qui ai en horreur le bruit d'une explosion, je voulais rester. (J'ignorais alors que, plus tard, j'épouserais un brave de la garde impériale, qui aurait rougi de me voir aussi poltronne.) Cependant je réfléchis qu'il était de mon devoir de suivre la reine, et je m'y déterminai. Le cœur me battait fortement, j'ose l'avouer, d'autant plus qu'on nous fit entrer dans une immense grotte, qu'on portait des flambeaux allumés devant nous, et que nous marchâmes un temps infini sans trouver une issue et sans apercevoir le jour, car la grotte a neuf cents pieds de longueur.

Si M. Finot n'eût pas été avec nous ; si toute la France n'eût pas été d'accord alors pour aimer la famille impériale, j'aurais cru que nous étions tombés dans une embûche et qu'on voulait se défaire de la reine et de nous.

Enfin on s'arrêta, et j'entendis une détonation épouvantable. Je crus que la grotte s'écroulait sur nous; des éclats, des pierres vinrent même jusqu'à nous; à l'instant les flambeaux furent éteints, et nous aperçûmes le jour, et la vallée qui se déployait devant nous. Jamais spectacle ne fut plus beau et plus imposant. Les messieurs qui nous accompagnaient nous expliquèrent que la route nouvelle, commandée par l'empereur, devait passer dessous cette grotte, parce que l'ancienne route, faite sous le règne de Victor Emmanuel, ancien roi de Sardaigne, quoique fort belle, était si dangereuse en raison de son excessive rapidité, que chaque hiver il y arrivait des accidents. Au mois d'octobre suivant, celle où nous étions devait être achevée.

Quelqu'un m'avait beaucoup parlé d'une curieuse collection de portraits qui était enfouie dans un vieux château, où Bussi-Rabutin avait passé le temps de son exil, sous le règne de Louis XIV. Comme nous passions fort près de ce château et que je désirais que la reine pût se distraire, je l'engageai beaucoup, elle qui aimait tant les arts, à venir voir cette collection si vantée. Elle y consentit. Nous nous dirigeâmes donc vers le château de Bussi-Rabutin; nous entrâmes dans une avenue fort

peu soignée. « C'est ici, me dit la reine, qu'une
» de mes arrière-tantes fut amenée de force
» et délivrée par un Larochefoucault. —
» Comment, madame ? m'écriai-je ; racon-
» tez-moi, je vous prie, une histoire dont je
» n'ai nulle idée. — C'est un hasard, me
» dit la reine, que j'en sois instruite ; car de
» notre temps on n'est pas très-savant sur sa
» généalogie. Depuis que je suis reine, j'ai
» tant de parents, que je les accueille sans
» beaucoup d'examen ; mais je sais avec certi-
» tude que, sous Louis XIV, une madame de
» Miramion, qui était Beauharnais par elle,
» ou par son mari, je ne me le rappelle plus
» positivement, devint veuve à l'âge de quinze
» ans ; elle était immensément riche, et il prit
» fantaisie à Bussi-Rabutin, qui ne pouvait
» obtenir sa main, de la faire enlever ; il y
» réussit et la fit amener dans ce château qui
» lui appartenait. Désespérée de se trouver
» bientôt en son pouvoir, elle fit le vœu, si
» elle était assez heureuse pour échapper pure
» des tentatives dont elle allait être l'objet,
» de consacrer sa vie et sa fortune à Dieu. Elle
» était déjà dans cette avenue ; il faisait nuit ;
» elle distinguait les lumières du château, et il
» est facile de se faire une idée de ses angoisses,

» lorsqu'elle entendit un bruit de chevaux,
» d'hommes armés ; c'étaient ses libérateurs.
» Un Larochefoucault, instruit de cet enlève-
» ment, avait réuni quelques gentilshommes
» des environs, et ils arrivèrent à temps pour
» la sauver des griffes de Bussi-Rabutin. Elle
» fut ramenée à Paris. Elle consacra sa vie à
» Dieu et aux bonnes œuvres. Par son immense
» fortune, elle aida même Louis XIV dans un
» moment où ses finances étaient embarras-
» sées ; ensuite elle fonda la Salpêtrière et
» plusieurs autres établissements d'utilité pu-
» blique, et mourut à moitié sainte, abbesse
» du couvent des Miramiones, qu'elle avait
» fondées. »

Ce récit finissait, que nous arrivions au perron du château. Tout y était abandonné et peut-être dans le même état où l'avait laissé son fameux maître exilé ; car tous les panneaux des boiseries étaient couverts de peintures allégoriques de femmes avec des queues de serpent, et mille autres emblèmes plus mordants les uns que les autres ; toujours une devise satirique contre la personne représentée se trouvait placée sous le portrait. Les chambres en étaient couvertes, et parmi cette grande collection on distinguait avec plaisir madame de Sévigné et madame de Grignan, sa fille, qui semblaient avoir été épargnées par le fiel du propriétaire. Mais ce qui nous parut réellement admirable, ce fut un petit cabinet où il n'y avait que six portraits de femmes en pied de grandeur naturelle, toutes d'une beauté remarquable, avec des costumes délicieux. Les devises piquantes s'y lisaient au bas, et je me souviens d'y avoir vu le nom de la duchesse d'Olonne, de la comtesse de La Ferté. La paille, les pommes de terre encombraient tellement ce délicieux cabinet, qu'il était facile de penser que le nouveau propriétaire ne faisait pas grand cas de ces beautés du temps de Louis XIV, et qu'il tenait beaucoup plus à récolter les produits de sa terre. La reine croyait ces portraits de Lebrun et de Mignard; elle eut l'envie d'en faire l'acquisition. De retour à Paris, j'écrivis pour demander si elle pouvait les acheter ; on en demandait, je crois, 15,000 francs : les événements qui survinrent anéantirent ce projet d'achat.

En passant à Montbar, nous allâmes visiter la maison et le belvédère où travaillait le célèbre Buffon. La vue qui s'étend sur le pays est si monotone, si triste, que la reine dit, en le regardant : « Le génie est une étincelle di-

» vine qui n'a sans doute besoin que de la vue
» du ciel pour se développer ; mais, pour le
» commun des hommes, il faut, pour l'inspi-
» rer, la vue d'une terre belle de ses gran-
» deurs, de ses magnificences, et même de
» ses horreurs. Ce lieu me semble fait pour
» tuer toutes les imaginations. »

IX.

Retour à Saint-Leu. — Visite de madame Campan. — Marie-Louise à Cherbourg. — Notre séjour à Dieppe. — M. Stanislas Girardin. — Tout Dieppe vient voir la reine. — Visite au château d'Arques. — Les frayeurs de l'abbé Bertrand. — La croisière anglaise. — Nous quittons Dieppe. — Nouvelles du prince Eugène. — L'impératrice Joséphine plus jeune que sa fille. — Proclamation du vice-roi. — Beaucoup d'intrigues pour une place de dame du palais. — Le duc de Rovigo protége madame du Cayla. — Deux concurrentes, mesdames du Roure et de Lascours.

Nous continuâmes notre route jusqu'à Saint-Leu, où l'impératrice se trouva pour recevoir dans ses bras sa fille chérie et lui ramener ses chers enfants.

Madame Campan vint aussi voir la reine, qui ne fit qu'une course à Paris pour aller voir le vieux père de madame de Broc, mesdames Gamot et la maréchale Ney, ses sœurs.

Toutes ces entrevues étaient autant de coups nouveaux qu'il fallait recevoir.

J'appris avec beaucoup de peine que madame la maréchale Ney m'en voulait. J'écrivis à madame Campan, qui me répondit la lettre suivante :

« Votre lettre m'a fait infiniment de plaisir,
» ma chère Louise : j'espère que les trois beaux
» jours que nous venons d'avoir auront de
» l'influence sur notre très-chère reine. Elle
» m'occupe sans cesse. Je sais bien que le
» voyage de Paris a dû être pénible, mais on
» ne pouvait l'éviter, et il vaut mieux qu'il
» soit fait qu'à faire ; d'ailleurs mes nièces et
» moi serons toujours si occupées de la dis-
» traire, qu'une fois ces premiers moments
» passés, nous n'en reparlerons que pour em-
» pêcher les douloureux souvenirs ou les ba-
» lancer par la résignation. Mais, ma chère
» Louise, quel sacrifice ! et quelle résignation
» il faut pour supporter de pareils coups du
» sort! Y eut-il jamais un être plus aimable,
» ayant surtout plus de jugement, et de cet
» esprit qui tenait autant aux bienséances, à
» tout ce qui est mesure, bon goût? Ah ! ne
» croyez pas qu'il y ait la moindre affectation
» dans les regrets que j'exprime ; la France en-

» tière les a ressentis, et ce n'est pas dans ce
» cas qu'on a joué le sentiment de la douleur,
» ce n'est pas une raison pour ne pas se ré-
» signer, et croyez que la princesse y met
» beaucoup de force : elle ne se plaint point
» de la lettre reçue à trois heures de la nuit,
» et qui pouvait la tuer ; elle ne vous l'attribue
» pas, elle sait que le ministre était lui-même
» troublé. Mais lire à la lueur de sa bougie
» de nuit, ma chère Louise, un pareil événe-
» ment mérite une grande indulgence ; une
» sœur est la plus tendre amie. Madame Ga-
» mot ne sera plus près d'elle ; son père tou-
» che à la fin de sa carrière ; elle n'a que des
» fils : elle sent son isolement futur et actuel,
» croyez qu'elle est bien à plaindre et qu'elle
» a une douleur aussi douce que son caractère.
» Je ne lui ai pas entendu former une plainte
» sur l'imprévoyante et gauche manière dont
» elle a appris son malheur.

» Ainsi ne croyez pas ce qu'on vous dit, vous
» êtes dans le pays des *on dit* les plus funestes;
» il faut y fermer les oreilles. Que de choses à
» dire sur ce pays ! combien il est difficile d'y
» bien marcher, et que de précautions à pren-
» dre ! Écrivez-moi, ma chère Louise, croyez

» à mon amitié, elle est bien sincère. Je vous
» embrasse de tout mon cœur.

» *Signé* : Genet-Campan. »

A notre arrivée à Saint-Leu, l'impératrice Marie-Louise était en voyage à Cherbourg. La reine ne s'arrêta que fort peu de jours à Saint-Leu et partit avec ses enfants, car l'idée de s'en séparer lui était trop pénible; elle ne voulait plus quitter ce qui l'attachait à la vie. L'abbé Bertrand, M. de Marmol, madame de Boucheporn, sous-gouvernantes des princes, madame Harel, dame du palais (Hollandaise qui était revenue de Hollande avec la reine), M. Lasserre et moi furent les personnes qui accompagnèrent sa majesté.

Nous habitâmes un petit château qu'on avait loué; il était assez loin de Dieppe, mais fort près de la mer. La reine était obligée de passer tous les jours par la ville pour aller prendre un bain.

M. Stanislas de Girardin, préfet de Rouen, avait fait préparer sur le bord de la mer une petite baraque charmante, où se trouvaient un salon et une chambre, le tout décoré à ravir.

C'était là que la reine se déshabillait et revêtait son costume de bain, qui n'était rien moins qu'élégant : il se composait d'une grande blouse en laine couleur chocolat, fermant au col, et d'un serre-tête en taffetas ciré qui renfermait ses longs cheveux blonds. Ainsi empaquetée, on l'aurait prise pour un malade de l'hôpital qu'on allait jeter à l'eau plutôt que de reconnaître en elle cette élégante reine, habituellement enveloppée de batiste, de dentelles, ou couverte d'étoffes précieuses, de diamants et de fleurs.

Une garde empêchait la foule d'approcher de la tente, car toute la ville était sur le rivage et placée en amphithéâtre pour regarder comme une merveille ce bain royal. Des lunettes étaient braquées de tous côtés, chaque fois que deux matelots, habillés en laine et ayant des gants de fil blanc, portaient la reine au-dessus des vagues et lui faisaient faire le plongeon; des cris universels éclataient alors parmi les nombreux spectateurs, et la pauvre reine, après cette cérémonie, était rapportée comme en triomphe, mais plus morte que vive, dans le salon de la tente, où il fallait assez de temps pour la remettre d'une si rude secousse. Je crois que si elle eût continué l'usage de ces bains pris de cette manière, ils l'eussent tuée : c'était ainsi, disait-on, que les Anglais avaient arrangé chez eux leurs bains de mer, et l'on prétendait que c'était comme cela qu'il était indispensable de les prendre pour qu'ils eussent toute leur efficacité.

Mais heureusement M. Lasserre s'aperçut bientôt que des bains si violents agissaient plutôt en mal qu'en bien sur une personne dont les nerfs n'étaient qu'irrités; après trois bains, au grand désappointement de tous les oisifs et des nombreux curieux de la ville, pour qui ces bains en pleine mer étaient un véritable spectacle, M. Lasserre les fit cesser à la reine, qui n'en prit plus dès lors que dans une baignoire avec de l'eau de mer chauffée.

La seule excursion que nous fîmes dans les environs de Dieppe fut pour aller visiter le château et la vallée d'Arques. La reine aimait tout ce qui était historique et tout ce qui rappelait un souvenir glorieux pour la France. C'était elle et l'impératrice Joséphine qui avaient encouragé ces tableaux de genre qui tous représentaient des sujets français; elles en avaient des collections qui auraient pu servir à faire un cours d'histoire de France. La reine les préférait à tous les vieux tableaux.

Je me souviens qu'en recevant les autorités

de la ville de Dieppe, un des chefs auquel la reine demandait s'il avait des enfants, lui répondit : « Oui, majesté, j'en ai une douzaine. » — Ah ! vous êtes bien heureux, lui répliqua » la reine; on ne saurait avoir trop d'objets » d'une si tendre affection. » J'ignore si le brave homme crut voir dans la réponse de la reine le regret de ne posséder que ses deux enfants, qui étaient là près d'elle, mais il s'écria à l'instant : « Madame, les miens sont à » votre service ; vous n'avez qu'à dire un » mot, je vous les offre. » La reine resta un peu déconcertée d'une pareille proposition, à laquelle elle ne s'attendait guère, et dit : « Rien ne remplace, monsieur, pour des en- » fants, la maison paternelle ; mais si vous » avez besoin de moi pour placer les vôtres, » je le ferai avec plaisir. »

Nous étions au mois de septembre; le temps devenait froid ; n'éprouvant plus aucun bien des bains qu'elle prenait, la reine désira quitter Dieppe.

Notre départ fut fixé pour onze heures du soir, afin de ne pas nous arrêter en route, et d'arriver dans la journée à Saint-Leu.

En attendant cette heure fixée pour le départ, on avait couché les enfants; la reine se

reposait sur son lit. Quant à moi et madame de Boucheporn, n'ayant rien de mieux à faire pour passer le temps, nous imaginâmes de nous amuser à effrayer l'abbé Bertrand (bon et excellent homme qui ne pouvait douter de notre bonne foi). Déjà dans la journée j'avais feint, vis-à-vis de lui, d'être excessivement inquiète. Je regardais du côté de la mer, et quand je distinguais une voile dans le lointain, j'appelais l'abbé : « Voyez-vous, lui di-
» sais-je, ce sont des bâtiments anglais; vous
» ne savez pas ce qu'ils font là ? ils attendent
» la marée pour faire une descente sur la
» côte et enlever la reine et les princes; n'en
» parlez pas, mais c'est pour ce motif que la
» reine part si subitement ce soir. — En ce cas,
» comment n'est-elle pas déjà bien loin, disait le
» bon abbé, puisqu'on a des craintes? — On
» attend les chevaux, et ils n'arrivent pas,
» lui disais-je. Au reste, il vaut mieux partir
» de nuit; on pourra ainsi plus facilement
» échapper aux Anglais. — Mais ce n'est pas
» prudent, répétait l'abbé. Mademoiselle,
» êtes-vous bien sûre de ce que vous dites?
» — Très-sûre, c'est le duc de Rovigo qui
» vient de l'écrire en secret à la reine. Heu-
» reusement nous voici prévenus à temps!

» bien à temps! car je vois les Anglais à l'ho-
» rizon, et le coup était sans doute monté
» pour ce soir. — Il est incroyable, disait
» l'abbé en se promenant avec agitation, il
» est inconcevable qu'on expose ainsi sa ma-
» jesté et ses fils, les seuls princes de la dynas-
» tie impériale après le roi de Rome, qu'on
» les expose à courir la chance d'être pris,
» emmenés en Angleterre, de servir d'otages
» pour faire de dures conditions à la France
» au moment de la paix! Et quand on pense
» qu'il n'y a pas de troupes ici pour les dé-
» fendre! — Que voulez-vous, mon cher abbé,
» disait madame de Boucheporn (qui était ma
» complice), toutes les troupes sont à l'armée;
» la France est livrée à elle-même, et cela fait
» trembler de voir que la reine soit venue se
» fourrer dans une pareille position. »

La nuit était arrivée, nos terreurs simulées augmentèrent, chaque bruit était censé pour nous causé par l'approche des Anglais; nous ne ménagions pas, il faut en convenir, le courage de notre cher abbé, que nous aimions néanmoins de tout notre cœur, parce qu'il était un être excellent, sévère pour lui-même, indulgent pour les autres, et d'une égalité d'humeur parfaite; mais, comme on le voit, il était crédule au dernier point, et comme nous étions jeunes, et que nous aimions à rire, nous en abusions quelquefois.

Il ne concevait pas qu'on laissât dormir tranquillement les princes et qu'on laissât reposer la reine, quand un si grand danger les menaçait.

Enfin, ces chevaux tant désirés arrivèrent. La reine monta dans son coupé, seule avec ses deux enfants, qu'elle prit tout endormis sur ses genoux; et madame de Boucheporn, madame Harel et moi nous voyageâmes avec l'abbé, près duquel nous continuâmes à jouer la même comédie de transes et de frayeurs que nous avions si bien feintes dans le petit château isolé que nous venions de quitter; cela dura jusqu'aux portes de Rouen. Quand l'abbé vit une aussi grande ville entre les Anglais et nous, il nous traita de folles d'avoir encore peur, et devint, lui, de plus en plus courageux. Jamais nous n'avons osé lui avouer que nous nous étions permis d'abuser à ce point de sa bonne foi; et pourtant nos rires auraient dû le lui faire comprendre; depuis, de trop graves circonstances sont survenues pour que nous ayons pu penser à rappeler cette plaisanterie.

De retour à Saint-Leu, une seule préoccupation domina toutes les autres, ce fut celle d'attendre et de recevoir des nouvelles des armées. La reine et l'impératrice Joséphine s'envoyaient réciproquement toutes les lettres et les proclamations (1) qu'elles recevaient du

---

(1) Voici une de ces proclamations du vice-roi à l'armée d'Italie, que l'impératrice Joséphine, aussitôt qu'elle l'eut reçue, vint elle-même apporter à la reine à Saint-Leu. Je l'ai conservée, et je la transcris ici :

« Peuples du royaume d'Italie, vous avez été les heureux témoins
» des premiers exploits du héros qui préside à nos destinées. Vous en
» êtes plus constamment présents à sa pensée et plus chers à son cœur.

» A peine eut-il relevé de ses mains triomphantes le trône de Charle-
» magne, que ce trône fut affermi, et le fut pour *jamais*.

» Tous les Français jurèrent de le maintenir et de le défendre : ils
» ont été fidèles à leurs serments.

» Mais ce que l'empereur avait fait pour la France ne suffisait pas à
» sa grande âme : il ne pouvait être insensible au sort de l'Italie; son
» premier vœu fut de vous rendre, à vous aussi, votre ancienne existence
» et votre antique renommée.

» Il plaça sur sa tête la couronne de fer, trop long-temps oubliée, et
» les voûtes de vos temples retentirent de ces paroles mémorable : *Dieu*
» *me l'a donnée; gare à qui la touche!* Ces paroles excitèrent votre
» enthousiasme et même votre orgueil. Vous en appréciâtes le vrai
» sens, et vous répétâtes alors d'une voix unanime: *Dieu la lui a donnée :*
» *gare à qui la touche;*

» Dès ce moment le royaume d'Italie exista, dès ce moment les
» Italiens recréés se ressouvinrent de la gloire de leurs ancêtres. Dès ce
» moment, aux yeux de l'Europe étonnée, ils marquèrent leur place au
» milieu des nations les plus honorées.

» Italiens, je vous connais ! vous aussi vous serez fidèles à vos ser-
» ments.

» Un ennemi qui longtemps vous a tour à tour asservis, et qui dans
» les siècles passés avait le plus contribué à vous diviser, afin de n'avoir

prince Eugène. L'impératrice, mieux portante que sa fille (car jamais on ne l'avait vue plus fraîche et plus belle), venait à Saint-Leu les lui apporter elle-même.

» jamais à vous craindre, n'a pu voir sans inquiétude et sans jalousie votre résurrection et l'éclat dont elle s'environnait.

» Pour la troisième fois il ose menacer aujourd'hui votre territoire et votre indépendance.

» Vous avez vaillamment concouru à réprimer ses premiers efforts. Vous ne tarderez pas à le faire repentir du troisième.

» Combien de nouveaux motifs excitent aujourd'hui votre patriotisme et votre vaillance !

» Vous n'avez pas oublié ce que vous étiez il y a douze ans. Vous êtes dignes de sentir ce que vous êtes devenus depuis.

» La main qui vous a recréés vous a donné les institutions les plus nobles et les plus généreuses, ces institutions font à la fois votre orgueil et votre félicité. Vous ne souffrirez pas qu'on ose essayer de vous les ravir.

» Italie, Italie ! que ce nom sacré, qui dans l'antiquité enfanta tant de prodiges, soit aujourd'hui notre cri de ralliement.

» Qu'à ce nom vos jeunes guerriers se lèvent, qu'ils accourent en foule, pour former à la patrie un second rempart, devant lequel l'ennemi n'osera pas même se présenter.

» Il est toujours invincible le brave qui combat pour ses foyers, pour la gloire et l'indépendance de son pays.

» Que l'ennemi soit forcé de s'éloigner de notre territoire, et puissions-nous bientôt dire avec confiance à notre auguste souverain: *Sire, nous étions dignes de recevoir de vous une patrie ; nous avons su la défendre.*

» Donné à notre quartier-général de Gradisca, le 11 octobre 1813.

« *Signé* : Eugène NAPOLÉON.

» Par le vice-roi, le conseiller-d'état,

» ASTRIGELLI. »

La place de dame du palais de la reine était dans ce moment le but de l'ambition de beaucoup de personnes. Il fallut encore que le duc de Rovigo se mêlât de donner sur cela son avis. — « C'est chez vous, » disait-il à la reine, « que les plus récalcitrantes du fau-
» bourg Saint-Germain s'arrangeraient le
» mieux et consentiraient à se placer : déjà
» tout ce côté-là s'est rallié à l'empire ; mais
» il y reste encore quelques personnes qui se-
» raient charmées de faire partie de votre
» cour ou de celle de l'impératrice Marie-
» Louise : il faut les nommer sans les consul-
» ter, car autrement les grands parents leur
» feraient le chagrin de s'y opposer, et elles
» veulent pouvoir dire : « Moi aussi j'ai été
» forcée. » Tenez, » continuait le duc de Rovigo, « madame du Cayla est la femme qui
» vous convient le mieux : elle a été élevée à
» Saint-Germain, avec votre majesté ; elle est
» charmante, remplie de talents ; vous ne
» pourriez faire un meilleur choix. — Non »
disait la reine, « je ne veux forcer personne
» à être près de moi, ni même en avoir l'air
» aux yeux d'aucune famille. J'ai la cousine
» de madame de Broc, madame Lambert, qui
» désire vivement être dame près de moi, et

» qui s'en fera un honneur et un plaisir; celle-
» là me convient mieux que toute autre. »

M. de Sainte-Aulaire écrivait dans le même moment à la reine en faveur d'une personne charmante; il faisait valoir surtout l'extrême désir qu'elle avait de faire partie de la cour de sa majesté. Cette personne était madame Scipion du Roure (1), que je voyais très-souvent chez la duchesse de Bassano.

Moi je mettais en avant madame de Lascours, que j'aimais tendrement, et dont les vertus, le caractère et les talents auraient tant convenu à la reine. Elle ne voulut en ce moment faire aucun choix, et remit toute nouvelle nomination à la paix.

---

(1) Née de Juigné.

X.

Événements sinistres. — Lettre d'une femme inconnue. — Je prends la place de la reine. — Découverte d'une conspiration par une dame de la halle. — Je prends un couteau pour un pistolet. — Un homme comme il faut à Bicêtre. — Les émissaires du comte d'Artois. — J'entends parler des Bourbons pour la première fois. — Lettre. — Lettre de la sœur Saint-Jean. — Chambre de la reine. — Défection des Bavarois. — L'empereur journaliste. — Arrivée du roi Louis. — Contentement de la reine.

Les événements devenaient de plus en plus sinistres, et pourtant la paix était tellement le désir et le besoin de chacun, qu'on se flattait toujours qu'elle allait avoir lieu et qu'on y croyait encore.

Un matin que je faisais une lecture à la reine pendant qu'elle prenait un bain, on vint m'apporter pour elle une lettre d'une femme qui

attendait, disait-on, à la grille du parc, et voulait absolument voir la reine, parce qu'elle avait quelque chose de très-important à lui confier. « Je ne puis la recevoir dans ce mo-
» ment, » dit la reine; « il faut la faire entrer
» dans mon petit salon; elle attendra. — Si
» vous voulez, madame, » dis-je, « j'irai sa-
» voir ce qu'elle vous veut; c'est sans doute
» quelque demande, et vous en serez plus tôt
» quitte. — Volontiers, » répondit la reine,
« mais fais-toi passer pour moi; car elle tient
» peut-être à me voir; elle croirait que je ne
» veux pas la recevoir, et ainsi elle sera satis-
» faite. » Je m'étais tellement avancée, que je n'osais plus reculer; mais pendant que je faisais introduire cette femme inconnue, l'idée me vint que c'était peut-être une personne ennemie qui avait de mauvais desseins; et quoique j'eusse volontiers donné ma vie pour la reine, je n'avais pourtant pas envie de mourir encore, et assassinée. Je balançais à entrer, malgré toute ma curiosité d'apprendre ce secret qu'une femme tenait tant à dévoiler à la reine. Enfin je surmontai ma frayeur : j'ouvris la porte; mais quel fut mon effroi ! je crus voir un homme habillé en femme. J'entendis une voix rauque me dire, en me regardant fixe-

ment : « Ma petite, tu es la reine, n'est-ce pas ?
» — Oui, » dis-je en tremblant, « que lui vou-
» lez-vous ?—Je viens te découvrir un mystère,
» des conspirations atroces ; on te trahit ; tes
» ministres eux-mêmes te trahissent ; mais,
» nous autres dames de la Halle, nous l'aimons,
» notre petit empereur, et nous ne voulons
» pas qu'on nous l'ôte. » Je commençai alors
à respirer : c'était une femme, mais de ces
femmes qui pendant la révolution avaient inspiré tant de terreur, que mon assurance n'était
pas encore bien grande. Elle s'aperçut, je crois,
de ma frayeur, car elle s'approcha de moi. Je
reculais toujours ; elle me regarda sous le nez,
et me dit : « Es-tu bien la reine ? je ne me la
» figurais pas comme toi. » (Elle lui croyait
sans doute plus de courage.) — « Certaine-
» ment, » dis-je. Alors cette femme regarda
tout autour d'elle, et leva son jupon pour
prendre quelque chose dans une de ses poches.
Mon effroi revint dans toute sa force. Ce que
c'est que l'imagination frappée ! je crus voir
dans sa main un pistolet qu'elle tirait doucement de sa poche. Pour le coup, je me rappro-
chais de la porte et je m'apprêtais à l'ouvrir,
quand elle me déploya un grand cahier de papier recouvert avec une feuille brune. « Lis

» cela, » me dit-elle, « j'ai voulu t'avertir. Un
» ami à moi, un homme comme il faut, qui
» est à Bicêtre, a écrit le tout en détail pour
» que tu puisses prendre des informations et
» te garantir des piéges qu'on te tend. Ces
» Bourbons ont beaucoup d'agents, et mon
» ami les connaît; la moitié de tes ministres
» sont vendus, méfie-toi d'eux tous. J'ai voulu
» ne parler qu'à toi, c'est pourquoi je suis
» venue à Saint-Leu. Je ne veux rien ; c'est
» par amitié ce que je fais. Adieu. » Et elle
partit, me laissant le gros cahier, que je cou-
sus porter à la reine. Elle me dit de lui en lire
quelques passages, qui nous semblèrent un gri-
moire auquel nous ne comprenions rien. Le
prisonnier de Bicêtre parlait d'émissaires envoyés par le comte d'Artois sur le continent, et
donnait beaucoup d'autres détails dont je ne me
souviens plus, mais qui me parurent d'autant plus extraordinaires, que depuis Saint-
Germain, où madame Campan nous avait souvent entretenues des malheurs de la reine
Marie-Antoinette et de sa famille, je n'avais
jamais entendu parler des Bourbons, et j'ignorais ce qu'était le comte d'Artois, qui allait,
disait-on aussi dans cet écrit, venir sur le
continent. La reine n'était pas beaucoup plus

instruite que moi sur tout cela. Elle se décida à envoyer toutes ces informations au ministre de la police; car, en fait de dévouement à l'empereur, on ne pouvait pas douter de celui-là. Je crois que la reine ne s'est plus informée auprès du duc de Rovigo de tout ce qu'il pouvait y avoir de vrai dans ce gros cahier qu'elle lui envoyait; car tout était si secret dans le gouvernement de l'empereur, pour ce qui regardait la politique, que le ministre ne lui en eût peut-être rien appris.

La bonne sœur Saint-Jean, chargée d'organiser l'hôpital d'Aix, avait tant désiré le portrait de la reine, que d'après les ordres de sa majesté je l'avais fait faire; je le lui envoyais à Aix; elle m'écrivit alors une lettre que voici :

« D'Aix, le 22 septembre 1813.

» Madame,

» Il m'est impossible de vous témoigner,
» toute la joie que m'a causé votre chère let-
» tre, un avare n'est pas plus content à la vue
» de son trésor que je ne l'ai été; en la recevant
» mon âme en est tout émue. Je suis si confuse
» de vos bontés que je voudrais avoir mille
» cœurs, pour vous témoigner ma reconnais-

» sance. Nul temps ne m'a paru si long que
» celui qui s'est écoulé depuis le départ de sa
» majesté jusqu'à l'arrivée de son portrait.
» J'ai été pendant plusieurs jours comme un
» enfant, qui a perdu sa mère; mon cœur
» était si serré que j'avais lieu de craindre
» pour ma santé. Depuis l'arrivée du bienheu-
» reux portrait je suis dédommagée; le plai-
» sir que j'ai éprouvé en le voyant valait bien
» la peine que j'avais eue jusqu'à ce moment:
» mon contentement serait parfait si je pou-
» vais l'avoir toujours avec moi et ne m'en sé-
» parer jamais. Ma charge de supérieure de
» deux maisons m'oblige à m'absenter d'Aix
» tous les mois. Je ne saurais vous dire com-
» bien le temps me dure lorsque je ne vois pas
» ce cher portrait.

» J'ai une pensée que je n'ose vous dire; elle
» vous regarde (je suis trop indiscrète, par-
» donnez-moi): une petite gravure de vous, que
» j'aime si tendrement, me rendrait bien heu-
» reuse. Je suis on ne peut pas plus reconnais-
» sante de l'intérêt que vous mettez pour tout
» ce qui nous regarde. Je dois à votre zèle la
» générosité de monsieur le préfet; elle a passé
» mon attente. Nous n'avons pas autant de mala-
» des que dans la belle saison; nous n'avons

» des lits fondés par S. M. pour les pauvres
» d'Aix que quatre qui soient occupés ; mais,
» en échange des malades, nous avons une
» quantité prodigieuse d'enfants pauvres à
» instruire ce qui nous dédommage beaucoup.
» Je ne peux assez m'expliquer sur mon con-
» tentement, dans un état où je trouve tous
» les jours tant d'occasions de faire le bien.
» Il semble que le Seigneur multiplie nos pe-
» tits moyens à mesure que le besoin des mal-
» heureux l'exige.

» La jeune personne protégée par sa majesté
» est au noviciat depuis le courant de septem-
» bre; elle annonce d'excellentes dispositions
» pour la vie religieuse, et notre mère géné-
» rale m'a écrit deux fois à son égard et m'a
» toujours donné de bons renseignements.

» J'ai tout lieu de croire que M. le préfet a
» sans doute oublié de nous remettre la croix
» que vous avez eu la bonté de m'envoyer. Je
» n'ai rien trouvé avec le portrait.

» Je pars aujourd'hui pour Lyon pour peu de
» temps. Je me propose d'aller communier un
» jour à Fourvières. Vous avez beaucoup de
» part à mes faibles prières.

» Agréez les sentiments d'un cœur qui vous
» est tout devoué,

» *Signé* sœur Saint-Jean. »

La reine quitta Saint-Leu avec regret pour revenir à Paris, où pourtant elle devait occuper sa nouvelle chambre, que, pendant son absence on avait placée de manière à y avoir le soleil. La tenture de cette chambre était en cachemire blanc avec de belles franges en or. Les rideaux du lit et des fenêtres étaient en mousseline des Indes brodée en or. Sa belle toilette en vermeil était posée sur un tapis de velours bleu de ciel aussi brodé d'or.

C'était sur l'assurance que la reine croyait avoir de la paix qu'elle s'était livrée à toute cette dépense qui bientôt vint augmenter ses embarras de fortune.

En entrant chez elle la reine dit (et je me le suis souvent rappelé depuis); « pourvu que » les cosaques ne viennent pas me forcer à » abandonner cette jolie chambre? » — Et chacun de nous de rire de sa pensée, comme de la chose du monde la moins probable, et comme de l'idée la plus baroque qu'on pût avoir.

Les inquiétudes de tous genres nous arrivaient; car, les batailles de Leipzig, de Hanau, avaient jeté un grand découragement en France; on en voulait surtout aux Bavarois; on publia dans le journal un article qui fut dicté par l'empereur (1); l'ayant conservé, je vais le reproduire ici.

« Il y a aujourd'hui cinq ans que l'empe-
» reur Napoléon, apprenant du fond de l'Es-
» pagne que la Bavière était menacée, partit à
» franc étrier d'Astorga, vint à Paris, leva une
» conscription, marcha au secours du roi son
» allié, chassa l'ennemi de son territoire et
» termina la guerre en l'agrandissant encore
» du pays de Saltzbourg, et en lui faisant con-
» firmer la possession du Tyrol, qu'on voulait
» lui ravir. Telle était la confiance de l'empe-
» reur dans la loyauté des Bavarois, qu'il
» commença la campagne en se mettant à leur
» tête; qu'il bivouaqua au milieu d'eux et
» qu'il ne fut joint par l'armée française qu'a-
» près quelques jours d'opérations; et aujour-
» d'hui ce sont ces mêmes Bavarois, qui vien-
» nent envahir son territoire, dévaster ses
» villes, piller ses sujets. Parmi les citoyens
» qu'ils outragent, parmi les cultivateurs
» qu'ils dépouillent, ils trouveront plus d'un

(1) Le Journal de l'Empire du mercredi 29 décembre 1813.

» Français qui a versé son sang pour les aider
» à pénétrer dans les vallées du Tyrol; plus
» d'un soldat qui porte sur son front les nobles
» cicatrices des blessures qu'il a reçue à Lands-
» hut ou au pont de Ratisbonne. Il est remar-
» quable que l'officier chargé par les alliés de
» corrompre les commandants d'Huningue et
» du fort Mortier, fait partie de l'armée bavaroi-
» se; ce qui est encore plus frappant c'est qu'il est
» né en France : il s'appelle aujourd'hui Fran-
» berg; mais son véritable nom est Montjoie. On
» voit qu'il n'a rien voulu conserver de français.
» Il était aide-de-camp du roi de Bavière et em-
» ployé comme tel au quartier-général de l'em-
» pereur dans les campagnes de 1806 et de 1809.
» En 1810, il vint solliciter à Paris, et il obtint
» sur-le-champ d'être réintegré dans la pos-
» session de bois et des héritages dont il avait
» été privé à la suite de son émigration. Il
» s'acquitte aujourd'hui de ce bienfait et sa
» reconnaissance est écrite en caractères indé-
» lébiles sur les portes d'Huningue. »

Un matin, dans les premiers jours de novembre, j'appris que le roi Louis venait d'arriver de Gratz à Paris et qu'il était decendu chez sa mère.

Je savais que l'empereur n'avait cessé de

tourmenter la reine pour un raccommodement qui lui paraissait fort simple, puisque de fait, il n'y avait dans ce ménage aucune raison grave qui les eût séparés.

En apprenant l'arrivée du roi, je craignis pour la reine de nouveaux tourments à ce sujet; je vins donc la lui apprendre avec ménagement : « J'en suis bien aise, » me dit-elle, « mon mari est bon Français, il le prouve » en rentrant en France au moment où toute » l'Europe se déclare contre elle. C'est un hon-» nête homme, et si nos caractères n'ont pu » sympathiser, c'est que nous avions des dé-» fauts qui ne pouvaient aller ensemble. Moi, » j'ai eu trop d'orgueil, me dit-elle naïvement; » on me gâtait quand j'étais jeune, je croyais » trop valoir, peut-être, et le moyen avec de » pareilles dispositions de vivre avec quelqu'un » qui est trop méfiant; mais nos intérêts sont » les mêmes, et il est digne de son carac-» tère de venir se réunir à tous les Français » pour aider de ses moyens la défense de son » pays : c'est ainsi qu'il faut reconnaître tout » ce que le peuple a fait pour notre famille. »

XI.

La manie de marier le monde. — M. De Cazes habitué de ma mère. — Tristesse inconsolable. — Le secrétaire du roi Louis. — La reine veut en faire un receveur-général et mon mari. — Mademoiselle de Courtin. — Le frère du général Corbineau. — Châteaux en Espagne pour marier ses amies. — Arrivée de l'empereur à Saint-Cloud. — Ouverture du corps législatif. — M. de Pontécoulant. — Les sénateurs-commissaires impériaux. — La baronne Riouff. — La reine sauve la vie à M. de Charrette. — Encore un beau trait de la reine. — L'empereur fait une pension à la descendante de Duguesclin. — Lettre du prince Eugène à sa sœur, à l'empereur et à sa mère.

La reine, quoiqu'elle n'eût pas été heureuse dans son ménage, avait pourtant la manie de vouloir marier tout le monde autour d'elle : « C'est la destinée d'une femme, di-
» sait-elle, que d'avoir un doux intérieur, un
» bon mari à aimer, de jolis enfants à élever.
» A quoi la femme est-elle bonne sans cela ? le
» tout est de bien choisir, car pour vivre heu-
» reux, il faut se convenir parfaitement. »

Deux ou trois fois elle avait échoué près de moi dans ses projets de mariage. M. de Cazes était un habitué de ma mère qui l'aimait de tout son cœur. En 1807, il était arrivé aux bains des Pyrénées, huit jours avant notre départ; je l'avais présenté à la reine, que son malheur avait intéressé. Il était inconsolable de la mort de sa jeune et charmante femme. Désirant s'éloigner de la France, il avait prié la reine de le recommander à son mari. Le roi le nomma en effet son secrétaire, et l'emmena en Hollande. Je ne le vis pas là, puisque, constamment avec la reine, qui était restée à Paris depuis la mort de son fils, nous n'étions pas retournées en Hollande quand le roi abdiqua. M. de Cazes, en qui il avait une grande confiance, venait quelquefois voir les princes pour en donner des nouvelles au roi; mais il entrait rarement chez la reine. Moi qui le voyais assez souvent chez ma mère et qui me plaisais à vanter à la reine ses qualités, sa douceur; ne voilà-t-il pas qu'elle se met dans la tête qu'il pouvait me convenir et que je devais l'épouser. Je n'y pensais nullement, lui-même n'en avait peut-être aussi aucune idée; mais la reine me répétait : « Puis- « que tu en fais tant de cas, c'est le mari qui

» te convient ; pensez-y ; à la paix, il faudra
» arranger cela, et je demanderai à l'empe-
» reur une recette générale, puisque c'est la
» seule place de faveur qu'il donne. » Il n'y
avait guère d'apparence que M. de Cazes,
dont l'ambition était alors de devenir maître
des requêtes (et qui n'obtint à son grand dépit que d'être nommé secrétaire des commandements de madame mère), devînt le favori
d'un roi de France, et la reine voulait le gratifier de moi et d'une recette générale. Quelle
chute il eût fait!

Je suppliai la reine de ne pas s'occuper de
mon sort, et je lui dis que je me trouvais trop
heureuse près d'elle pour penser à me marier.
Déjà elle avait eu la promesse d'une recette
pour marier Mlle de Courtin, devenue Mme Casimir Delavigne, qu'elle faisait élever à Écouen;
au moment où elle allait l'obtenir, l'impératrice la demanda à l'empereur pour marier une parente de la duchesse de Montebello; mais elle avait assuré sa belle-sœur, que,
si elle lui enlevait cette recette, elle s'oc-
cuperait de lui faire avoir la première vacante.
Comme je l'ai dit, ces places étaient toutes de
faveur ; mais s'il arrivait qu'un brave militaire blessé ne pût plus servir, l'empereur,

malgré ses promesses à ses belles-sœurs, donnait vite aux blessés la place tant désirée et ses sœurs n'osaient rien dire. C'est ainsi que le frère du général Corbineau, après avoir perdu sa jambe à l'armée, eut la recette générale de Rouen. La reine, au reste, ne pouvait pas se plaindre, car, par son influence, elle avait emporté déjà beaucoup de ces places de faveur.

« Avec l'empereur, me disait-elle quelque-
» fois, il n'y a pas moyen d'obtenir d'autres
» grâces: c'est la justice qui le guide, et il ré-
» pond toujours à toutes nos demandes. : *Je*
» *n'ai pas le pouvoir de faire un passe-droit à*
» *qui que ce soit; chacun doit gagner ses gra-*
» *des et suivre la hiérarchie des places.* Mais,
» ajoutait-elle, comme, pour les recettes, il en
» dispose selon son bon plaisir, pourvu qu'on
» présente un honnête homme et un bon cau-
» tionnement, on a l'espoir de réussir. » Aussi ne s'engageait-elle que pour de pareilles demandes; et, à ma connaissance, en sept ans, elle avait obtenu de l'empereur, pour marier une de ses lectrices, mademoiselle de Launay, la recette de Mézières; pour M. de Janvry, la recette de Caen; pour M. de Saint-Elme, qui épousait une nièce de madame Campan, une

autre recette, pour M. Baudon, qui épousait la fille de madame de Boubers ; et enfin celle de Chaumont, pour M. de Boucheporn ; elle attendait celle qui lui était promise pour marier mademoiselle de Courtin, et voulait encore me gratifier d'une autre recette. Tels étaient ses châeaux en Espagne, que tant de catastrophes sont venues détruire.

L'empereur arriva à Saint-Cloud le 9 novembre; son retour ranimait toujours le courage de chacun, et changeait habituellement en espérances tous les sujets de crainte.

On croyait toujours qu'il dépendait de l'empereur de signer la paix, et on criait contre lui de ne pas le faire aussi vite que possible.

La reine alla avec l'impératrice Marie-Louise assister, le 15, à la séance d'ouverture du corps législatif, dans laquelle l'empereur, par son discours, affirma qu'il désirait la paix. Alors chacun disait : « Pourquoi donc ne la fait-il pas ? ne peut-il pas tout ce qu'il veut ? »

Mon frère Carly était toujours attaché à l'armée d'Espagne; mon frère Adrien revint d'Allemagne, toujours à la suite du duc de Bassano, et ce fut pour repartir et accompagner M. de Pontécoulant à Bruxelles. Beaucoup de sénateurs et de conseillers d'état avaient été envoyés avec des pleins pouvoirs, dans tous les départements, pour organiser la défense et décider promptement de tous les moyens qu'il était urgent de prendre dans ces moments difficiles. Chaque sénateur avait un auditeur nommé pour l'accompagner et l'aider dans sa mission. Mon frère fut attaché au sénateur envoyé à Bruxelles ; il fallut donc encore me séparer de lui, à peine remis des fatigues de la dernière campagne. Mais qui eût osé se plaindre, dans ce moment où tant d'autres étaient plus malheureux? Madame Riouff, une de mes meilleures amies, perdit son mari (1), qui mourut par suite d'une visite qu'il fit dans les hôpitaux. C'était à qui remplirait le mieux son devoir, et le zèle de chacun était alors aussi grand que les circonstances l'exigeaient. Quelques personnes pourtant se montraient hostiles ; mais le nombre en était si petit, qu'en définitive cela ne faisait que donner encore la mesure d'une clémence, qui se montrait inépuisable envers des ennemis si peu redoutés alors.

Madame de la Colinière, bonne et excellente

(1) M. le baron de Riouff, préfet de Nancy.

amie de ma mère, vint me demander de supplier la reine pour qu'elle s'intéressât à un de ses neveux, M. Charrette; il s'était soustrait, je crois, au service des gardes d'honneur, ou bien s'était mêlé avec ceux qui avaient attenté aux jours de M. Philippe de Ségur, leur chef. Je ne me rappelle pas bien pour quelle raison, mais il était arrêté et il y avait à craindre pour sa vie, s'il était mis en jugement. La reine se chargea de le sauver, et elle y réussit. Le duc de Rovigo, il faut l'avouer, se conduisit à merveille dans cette circonstance; sans son appui, ce jeune homme, ayant encouru la chance d'être fusillé, l'eût été indubitablement. Cela me rappela l'intercession que M. de Laval Montmorency était venu réclamer près de moi pour madame de Gesvres, que le ministre Fouché avait exilée de Paris, en 1806. La reine avait reçu sur-le-champ M. de Laval, l'avait écouté avec intérêt, et à l'instant s'était rendue à Saint-Cloud, pour représenter à l'empereur l'extrême rigueur qu'il y avait de la part de son ministre, à renvoyer une vieille femme de quatre-vingts ans; et qui était la dernière descendante de Duguesclin. L'empereur étonné avait répondu à la reine : « Écrivez à l'instant à M. de Mont-
» morency que non-seulement madame de

» Gesvres va revenir à Paris, mais que, comme
» seule descendante du fameux Duguesclin,
» je lui accorde sur ma cassette 6,000 fr. de
» pension ».

Je me rappelle combien la reine était contente d'avoir obtenu une si grande grâce de l'empereur. Je la voyais ainsi chaque fois qu'elle faisait des heureux. Dans l'affaire de M. Charrette elle venait de sauver la vie d'un homme. Et moi qui ai pu être si souvent l'intermédiaire de pareils bienfaits, je m'en sens fière encore : ce sont de bien doux souvenirs.

Je vis encore la reine éprouver une douce émotion à la réception d'une lettre de son frère, qu'elle nous lut tout haut, malgré la défense qui y est exprimée de ne pas la montrer; elle me permit alors d'en prendre copie. Je la transcris ici.

« Véronne, le 29 novembre 1313.

» Ma bonne sœur,

» Depuis huit jours, j'ai le projet de t'é-
» crire, et chaque jour une nouvelle occupa-
» tion vient me déranger. J'avais pourtant

» besoin de te mander ce qui m'est arrivé la
» semaine dernière.

» Un parlementaire autrichien demande
» avec instance à nos avant-postes de pouvoir
» me remettre lui-même des papiers très-im-
» portants; j'étais justement à cheval; je m'y
» rends, et je trouve un aide-de-camp du
» roi de Bavière, qui avait été sous mes
» ordres la campagne dernière. Il était
» chargé de la part du roi de me faire les
» plus belles propositions, pour moi, et pour
» ma famille; assurait d'avance que les sou-
» verains coalisés approuvaient que je m'en-
» tendisse avec le roi pour m'assurer la cou-
» ronne d'Italie. Il y avait aussi un grand as-
» saisonnement de protestations d'estime, etc.
» Tout cela était bien séduisant pour tout
» autre que pour moi. J'ai répondu à toutes
» ces propositions comme je le devais, et le
» jeune envoyé est parti rempli, m'a-t-il dit,
» d'admiration pour mon caractère, ma con-
» stante fermeté et mon désintéressement.
» J'ai cru devoir rendre compte du tout à
» l'empereur, en omettant toutefois les com-
» pliments qui ne s'adressaient qu'à moi.

» J'aime à penser, ma bonne sœur, que tu
» aurais approuvé toute ma conversation, si

» tu avais pu l'entendre. Ce qui pour moi est
» la plus belle récompense, c'est de voir que
» si ceux que je sers ne peuvent me refuser
» leur confiance et leur estime, ma conduite
» a pu gagner celle de mes ennemis.

» Adieu ma bonne sœur, ton frère sera
» dans tous les temps digne de toi et de sa
» famille, et je ne saurais assez te dire com-
» bien je suis heureux des sentiments de ma
» femme en cette circonstance. Elle a tout
» à fait suspendu ses relations directes avec
» sa famille, depuis la déclaration de la Ba-
» vière contre la France, et elle s'est réelle-
» ment conduite divinement pour l'empe-
» reur. »

» Adieu, je t'embrasse, ainsi que tes en-
» fants, et suis pour toujours ton bon frère et
» meilleur ami.

» *Signé* Eugène. »

« Ne montre cette lettre qu'à Lavalette, car
» je désire éviter qu'on fasse des bavardages
» à mon sujet. »

Cette lettre ne fut pas la seule qui à cette époque tint la reine au courant de la noble conduite de son frère. Non-seulement l'impératrice envoyait à sa fille toutes les nouvelles qui lui venaient du vice-roi, mais elle lui communiquait aussi les lettres qu'elle recevait de la vice-reine. Je fus chargé en deux fois différentes d'apporter de la Malmaison à la reine les lettres suivantes, dont l'impératrice me fit prendre copie, ne voulant pas se séparer des originaux qu'elle venait de recevoir. Mon écriture était assez mauvaise, et dans cette occasion je me dépêchai tellement, que la reine, après avoir déchiffré les lettres avec assez de peine, me les a laissées.

Il ne me manquait que celle du vice-roi à l'empereur, que je n'ai pu me procurer que longtemps après, à Munich. Je crois ces lettres trop intéressantes, et elles font trop bien connaître le prince Eugène et sa digne épouse, pour qu'il ne soit pas opportun de les placer ici dans l'ordre où elles ont été écrites.

LETTRE DU VICE-ROI A L'EMPEREUR NAPOLÉON.

« Vérone, le 17 janvier 1813, à onze heures du matin.

» Sire,

» J'ai l'honneur de rendre compte à votre majesté qu'il s'est présenté ce soir un major autrichien ayant des lettres à mon adresse, qu'il demandait à ne remettre qu'à moi.

» J'étais alors à cheval, visitant les postes de la *Valpentana*; je me suis porté sur la grande route, et j'ai vu avec surprise que ce major autrichien n'était autre que le prince Auguste Taxis, aide-de-camp du roi de Bavière. Il me remit une lettre de mon beau-père, purement d'amitié, dans laquelle il me priait d'entendre la personne qu'il m'envoyait.

» Je me suis promené environ une heure à hauteur de notre grand'garde, et s'il m'est difficile de rendre à votre majesté toute notre conversation, je vais du moins tâcher de lui en faire connaître la substance.

» 1° Assurance d'estime et d'amitié du roi de Bavière ;

» 2° Assurance que les alliés consentiraient à tout arrangement que je pourrais faire avec le roi, pour assurer à ma famille un sort avantageux en Italie ;

» 3° Prière du roi de ne considérer dans cette démarche que le vif désir de voir dans ces circonstances le sort de sa fille et de ses enfants assuré ;

» 4° Enfin la proposition de me faire déclarer roi du pays qui serait convenu.

» Si votre majesté connaît bien mon cœur, elle peut d'avance savoir tout ce que j'ai répondu. Les phrases du moment étaient certes plus énergiques que tout ce que je pourrais actuellement répéter. Il ne m'a pas fallu grandes réflexions pour faire assurer au roi de Bavière que son gendre était trop honnête homme pour commettre une lâcheté; que je tiendrais jusqu'à mon dernier soupir le serment que j'avais fait, et que je répétais, de vous servir fidèlement. Que le sort de ma famille est, et serait toujours entre vos mains; et qu'enfin, si le malheur pesait jamais sur nos têtes, j'estimais tellement le roi de Bavière, que j'étais sûr d'avance qu'il préférait retrouver son gendre particulier, mais honnête homme, que roi et traître; qu'enfin la vice-reine partageait entièrement mes sentiments à cet égard. Le jeune prince de Taxis m'a demandé si pourtant il n'y aurait pas moyen d'allier mes intérêts avec ceux de votre majesté. A cela j'ai répondu que la seule chose que je ne trouvais point contraire aux intérêts de votre majesté, serait un armistice de six semaines ou deux mois, qui désignerait la ligne que j'occupe en ce moment, ne voulant pas perdre un pouce de terrain, et bien entendu que les places, même celles de Dalmatie, seraient respectées pendant sa durée.

» Votre majesté comprend facilement, qu'en faisant une semblable proposition, je n'ai eu en vue que son propre avantage, puisque le bien qui résulterait ici de ces deux mois gagnés n'est point à discuter.

» Le prince Taxis m'a quitté en m'assurant qu'il ne doutait pas qu'avant huit jours le général Stiller ne reçût l'ordre de traiter avec moi sur les bases ci-dessus.

» J'ai écrit à cet effet à votre majesté par le télégraphe, afin de connaître d'avance si cela ne dérangerait aucun de ses projets.

» La situation actuelle des choses en Italie, la mauvaise direction de l'esprit public, et, plus que tout cela, le temps nécessaire à l'arrivée, comme à l'organisation des renforts pour l'armée, me font vivement désirer que votre majesté approuve mes propositions.

» J'ai l'honneur d'être,

» Sire,

» De Votre Majesté, etc.,

Signé Eugène NAPOLÉON.

COPIE D'UNE LETTRE DU PRINCE EUGÈNE A SA FEMME.

« Vérone, 29 novembre 1813.

» Je t'envoie, ma bonne Auguste, une lettre que j'ai reçue hier du roi par un officier parlementaire. Cet officier n'était autre que le prince Auguste de Taxis. J'ai causé plus d'une heure avec lui, et je n'ai dit que ce que je devais dire. En deux mots, il m'a apporté la proposition de la part de tous les alliés, pour me faire quitter la cause de l'empereur, de me reconnaître comme roi d'Italie.

» J'ai répondu tout ce que toi-même tu aurais répondu, et il est parti ému, et admirateur de ma manière de penser. Comme il a vu que je ne voulais entendre à rien qu'à un armistice, il m'a assuré que le roi de Bavière l'obtiendrait, d'autant plus que les alliés admiraient mon caractère et ma conduite.

» C'est déjà une bien belle récompense que de commander ainsi l'estime de ses ennemis.

» Déchire le billet du roi; ne parle de rien de tout cela : dans l'armée on ne sait qu'il est venu un parlementaire que comme officier autrichien.

» Adieu ; je t'embrasse et désire bien qu'il me soit bientôt permis de te serrer dans mes bras.

» J'ai donné de tes nouvelles au roi.

» Adieu ; j'embrasse mes petits choux. Ton fidèle époux.

» *Signé* Eugène NAPOLÉON. »

LETTRE DE LA VICE-REINE A L'IMPÉRATRICE JOSÉPHINE.

« Milan, 26 novembre 1813.

» Ma bonne mère,

» Rien de ce qui est bon, noble et grand ne peut nous étonner de la part de notre excellent Eugène ; mais depuis hier je suis, malgré cela, encore plus heureuse et fière d'être la femme d'un tel homme ; et, pour vous faire partager ma joie, je me hâte de vous envoyer la copie de la lettre qu'il m'a écrite après avoir refusé une couronne qu'on lui offrait s'il consentait à être un ingrat, un lâche, enfin à trahir l'empereur comme le roi de Naples. Ah ! si tout le monde servait l'empereur avec l'attachement et le dévouement désintéressé de mon mari, tout irait encore bien. Je suis bien plus souffrante dans cette grossesse que dans les autres, ce qui provient des angoisses continuelles que j'éprouve pour mon Eugène ; car il est toujours là où il y a du danger.

» Le courrier va partir; je n'ai que le temps de vous baiser les mains, ma chère mère, et de vous prier d'aimer toujours

» Votre respectueuse et dévouée fille.

» AUGUSTE-AMÉLIE. »

COPIE D'UNE LETTRE DU PRINCE EUGÈNE
A SA FEMME.

» Vérone, le 17 janvier 1815, à onze heures du matin.

» Il paraît, ma bonne Auguste, qu'il sera impossible de s'entendre avec l'ennemi pour une suspension d'armes. Ah! les vilaines gens! Le croirais-tu? ils ne consentent à traiter que sur la même question que m'avait déjà faite le prince Auguste Taxis; aussi a-t-on de suite rompu le discours. Dans quel temps vivons-nous? et comme on dégrade l'éclat du trône, en exigeant, pour y monter, lâcheté, ingratitude et trahison. Va, je ne serai jamais roi.

» Adieu, ma bonne Auguste; je t'embrasse tendrement, ainsi que nos bons petits choux.

» Crois-moi pour la vie ton fidèle époux.

» Eugène NAPOLÉON. »

Ce fut vers la fin de cette année 1813 que le prince Eugène remporta une belle victoire à l'affaire de *Caldiero*, où il fut légèrement blessé. Quel sujet de craintes pour l'impératrice Joséphine et pour la reine!

L'empereur, ne pouvant croire à l'abandon du roi de Naples, avait écrit au vice-roi de le recevoir, avec son armée, comme ami. D'après cela, à Ancône tous les arsenaux lui avaient été ouverts, et c'était pour se déclarer contre nous!... Quelle conduite différente avait tenue le prince Eugène, et combien sa sœur en était heureuse et fière! « Qu'importe ce qui » arrive, disait la reine, remplir dignement » son devoir, comme mon frère le fait, cela » rend plus heureux que des couronnes! »

1814.

XII.

Envahissement du territoire français. — Un dîner de l'empereur la veille de son départ pour l'armée. — Désespoir de Marie-Louise. — Angoisses de la famille impériale. — Mon appartement chez la reine. — Les serments de l'empereur Alexandre et du grand-duc Constantin. — Chacun fait sa cachette. — Prise de Macon. — Calembours à ce sujet. — Les soirées de la reine. — Tout le monde fait de la charpie. Inquiétude des dandys sur le sort du bois de Boulogne. Nous apprenons une victoire. — Les prisonniers. — Guerre sur le boulevard. — Espoir des uns, regrets des autres. — Le belles dames patriotes. — M. le comte de Tascher. — Discours de l'empereur. — Les maréchaux Victor et Augereau.

Dans les premiers jours de janvier, nous apprîmes que les étrangers avaient envahi le sol français : une préoccupation grave remplissait tous les esprits, et des conversations sérieuses remplaçaient, dans les salons, ces plaisirs brillants, qui les hivers précédents avaient animé la cour la plus élégante et la plus somptueuse. Pour la première fois on tremblait sur

le sort de nos armes toujours victorieuses!
Pour moi je ne tremblais pas ; je n'entendais
rien en politique ; je ne m'en étais guère occupée jusqu'alors que pour chercher dans les
journaux le nom de ceux qui m'intéressaient
parmi les promotions qui suivaient chaque
victoire, ou pour rêver aux toilettes brillantes
que nécessitaient les Te Deum, les cérémonies publiques que les réjouissances de nos
conquêtes amenaient chaque fois. Mon orgueil,
tout chevaleresque pour nos braves, était certainement humilié que notre territoire fût pro-
fané par les étrangers ; mais je ne doutais pas
qu'ils ne fussent bientôt repoussés ; surtout en
voyant l'empereur se disposer à rejoindre son
armée, et, dans l'attente de ses heureux succès,
je ne cessais de m'égayer aux dépends de ceux
qui, plus prévoyants ou plus timides que moi,
s'effrayaient de l'avenir. Le 24 janvier 1814,
l'empereur quitta Paris pour rejoindre ses troupes, qui déjà n'avaient plus à défendre nos frontières, occupées de tous côtés par les ennemis.

La veille du départ de l'empereur, la reine
avait été dîner aux Tuileries pour lui dire
adieu ; elle avait passé la soirée avec l'empereur et l'impératrice, et elle était rentrée
assez tard ; encore tout émue du chagrin que

l'impératrice témoignait à son mari ; elle avait tellement pleuré de cette séparation, que la reine était restée le plus longtemps possible près d'elle pour tâcher de la calmer. « J'aime » à voir cet attachement de l'impératrice pour » l'empereur, » ajoutait la reine; « elle pleure » comme ma mère pleurait lorsqu'il la quittait, » et je crois que c'est sincèrement qu'elle se » montre si affligée. »

On pense bien que tout ce qui tenait à la famille impériale était dans les plus grandes angoisses de voir ainsi le théâtre de la guerre se rapprocher autant du centre de la France. Comme je l'ai déjà dit, mes inquiétudes n'étaient point aussi vives, et j'avais confiance dans l'étoile brillante qui jusqu'alors avait présidé à nos destinées.

J'étais toujours la seule des personnes attachées à la maison de la reine, qui logeait dans son hôtel. Les dames étant mariées avaient leurs ménages. J'occupais un petit appartement à l'entresol sur la cour, et je n'y recevais que ma famille et mes amies. Depuis longtemps je désirais que l'ameublement de mon petit salon fût renouvelé ; je l'avais enfin obtenu de l'intendant, et j'en faisais l'arrangement avec un plaisir d'enfant, tout en disant gaîment :

« J'espère bien que ce ne sera pas pour les Cosaques que je l'aurai ainsi orné et soigné ; » et pourtant chaque jour les nouvelles les plus alarmantes circulaient dans Paris : l'oisiveté les recueillait, la peur les grossissait, et l'on allait jusqu'à dire un jour, le 2 février (que je me rappelle comme un moment de découragement, tel qu'il approchait du désespoir), que le grand-duc Constantin avait promis à ses troupes de se chauffer aux cendres de Paris, et que l'empereur son frère avait juré de coucher aux Tuileries. La terreur était à son comble, et l'on ne rêvait plus que carnage, massacre et pillage : la pensée de ce dernier malheur avait éveillé celle de s'en mettre à l'abri; on ne songeait plus qu'à placer ses objets les plus précieux en lieux sûrs, mais c'était là difficile.

On ne se rencontrait plus qu'en se demandant tout bas : « Où avez-vous caché vos bijoux ? » Beaucoup de femmes quittaient Paris, d'autres bouleversaient leurs maisons pour y faire des cachettes qui, au moment du danger, n'auraient servi qu'à montrer réunis des objets qui auraient peut-être mieux échappé à la rapacité, demeurés à leurs places ordinaires dans de grandes maisons.

Une personne de ma connaissance avait fait murer la porte d'un petit cabinet qui se trouvait à l'écart, après l'avoir rempli de tout ce à quoi elle tenait le plus ; plusieurs pendules furent jointes aux objets précieux dont il était encombré, malheureusement on avait oublié de les arrêter, et pendant huit jours encore, en sonnant toutes à la fois, elles avertirent tous les voisins des précautions qu'on aurait désiré leur cacher. D'autres, regardant leurs caves comme le lieu le plus sûr, y avaient enfoui mille choses qui devaient nécessairement en être retirées pourries.

Le 9 février, déjà Mâcon était pris, les Parisiens, qui rient et font des bons mots jusqu'au dernier jour, prétendaient que Mâcon n'avait pu tenir, étant attaqué par des pièces de vingt-quatre, et n'ayant à opposer que des pièces de vingt (vins).

Puis on ajoutait: Les souverains feront leur entrée par la barrière *du Trône*, l'empereur sortira par celle d'*Enfer*, l'impératrice, par celle *des Vertus*, les sénateurs, par celle *des Bons-Hommes*, les conseillers d'état, par *Bicêtre*, le corps législatif et la garde nationale, par *Pantin*.

La reine, qui restait d'ordinaire chez elle

le soir, y recevait quelques personnes; à cette époque tous les hommes étaient sérieusement occupés au loin, soit dans les emplois civils, soit à l'armée; le cercle était en grande partie composé de femmes occupées d'ouvrages auxquels la reine présidait. On aurait pu lui trouver de la ressemblance avec la reine Mathilde travaillant au milieu de ses femmes; mais ce n'était pas à faire de la tapisserie que nous nous occupions, ni de ces écharpes qui ont joué un si grand rôle dans l'histoire de notre chevalerie, c'était à une occupation beaucoup plus triste que nous consacrions nos moments, c'était à faire de la charpie que nous passions une grande partie de nos journées et de nos soirées. Déjà des blessés étaient envoyés jusqu'à Paris, dont les hôpitaux pouvaient devenir des succursales des ambulances, tant le théâtre de la guerre s'était rapproché de la capitale. J'avais été chargée, par la reine, d'envoyer une grande quantité de linge de sa maison à ses filles d'Écouen et de Saint-Denis (1), pour en faire de la charpie, et les hôpitaux ont dû se bien trouver de l'assiduité de notre

---

(1) La reine était princesse protectrice de ces deux maisons d'éducation.

travail; la reine, d'ailleurs, nous donnait elle-même l'exemple. Le dessin, la musique étaient ses occupations favorites, elle négligeait tous les ouvrages qui occupent ordinairement les femmes, pour se livrer entièrement aux arts; mais en ce moment elle avait abandonné ses talents pour donner tout son temps à une occupation qu'elle trouvait plus utile, et qui était plus d'accord avec ses dispositions d'esprit.

Un soir que je cherchais à l'égayer par les plaisanteries que mon humeur enjouée me faisait trouver à chaque lamentation de ses autres dames, deux de ses anciennes connaissances vinrent, sans s'en douter, m'aider à la distraire un moment. C'était deux élégants de ce temps passé, du très-petit nombre des oisifs que comptait alors la société, à cette époque si grave de notre histoire, où tout était encore grand, sérieux, important ou utile, comme les vues de celui qui nous gouvernait.

Ces messieurs arrivèrent avec des visages allongés, si différents de l'abord sémillant qu'ils avaient habituellement, que mon premier mouvement fut un éclat de rire. Toutes ces dames les entourèrent, pensant qu'ils venaient peut-être d'apprendre quelques nouvelles affligeantes qu'ils hésitaient à nous communiquer, tandis que c'était eux qui voulaient nous interroger pour se soulager d'un sujet grave d'inquiétude qui les préoccupait. Ils désiraient savoir si les projets de défense qu'on faisait pour Paris ne mettaient pas en danger les belles allées du bois de Boulogne. Là que s'écoulait en effet la plus grande partie de leurs journées, c'était là le théâtre de leurs succès, de leurs exploits, et c'est sûrement à ces campagnes brillantes qu'ils durent d'être, quelques mois après, improvisés lieutenants-généraux par les Bourbons. La reine elle-même, qui d'habitude était si exempte de toute malignité, laissa échapper un léger sourire en entendant leur désolation pour une chose de si peu d'importance dans les circonstances où se trouvait la France.

Nous étions tous plongés dans la plus profonde tristesse, lorsque, le 11 février, l'annonce d'une victoire vint remplir Paris de la joie la plus vive: rien ne saurait peindre l'allégresse qui remplaça les inquiétudes des jours précédents. En peu d'instants la nouvelle fut répandue et les rues remplies d'une foule joyeuse qui se croisait, se heurtait, s'embrassait. Le temps était admirablement beau ; le roi Joseph ordonna une réunion de la garde nationale et de la garnison, et les passa en revue sur les boulevards, au bruit des acclamations du plus sincère enthousiasme et des cris mille fois répétés de : vive l'empereur ! « Enfin la victoire nous est en- » core fidèle, » se disait-on, et en se rappelant tout le passé, on était plein de confiance dans l'avenir. Pour moi, je ne cessais d'aller de chez la reine chez ma mère, pour avoir le plaisir de passer sur le boulevard, et d'y voir la foule qui s'y pressait avec tant d'ivresse.

Le temps continuait à se soutenir le plus beau du monde, et semblait être en harmonie avec l'allégresse publique. Quelques jours après, le 15 février, nous vîmes défiler sur ces mêmes boulevards, témoins de la joie populaire, un nombre considérable de prisonniers russes et prussiens de la garde des souverains de Russie et de Prusse. La foule fut grande pour les voir passer; leur présence était pour le peuple la confirmation des succès dont il s'était tant réjoui. Quelques dames élégantes du faubourg Saint-Germain s'y mêlèrent avec des sentiments tout différents; elles apportaient furtivement aux prisonniers des signes d'espérance et de consolation, et leur glissaient dans la main, soit une bourse bien garnie, soit un paquet d'effets préparés pour eux. Certainement la vue du malheur inspire toujours de l'intérêt; mais ces troupes, encore bien vêtues, qui n'étaient qu'à deux jours de marche des corps auxquels on les avait enlevées, n'avaient pas eu à souffrir des misères si grandes qu'elles dussent inspirer des marques de compassion si empressées et si prévoyantes. Le peuple vit dans ces preuves ostensibles d'une pareille sollicitude un esprit d'hostilité à ses véritables intérêts auquel il ne se méprit point. Quelles étaient ces femmes si sensibles aux échecs de l'armée étrangère qui nous envahissait? Une rumeur sourde s'éleva autour d'elles et le mécontentement devint si vif et si marqué, que la garde nationale arriva à propos pour les sauver de la colère du peuple. On prétend qu'une d'elles fut maltraitée; elle était remarquable par la beauté de ses yeux et l'agrément de son visage; sa taille, quoique petite, était pleine d'élégance, et tout l'ensemble de sa personne trahissait une petite maîtresse des plus recherchées dans ses habitudes. On eut de la peine à lui faire regagner sa voiture ; et sans le secours qui lui arriva si à propos, elle eût peut-être couru de grands dangers. Ces prisonniers n'étaient pas les premiers que je voyais : je me rappelai qu'étant en 1809 à Strasbourg et à Baden-Baden, où j'avais accompagné la reine, nous avions quelquefois, dans nos longues promenades, rencontré des convois de prisonniers arrivant du fond de l'Allemagne ou de la Hongrie. Fatigués d'une longue route, couverts de haillons, ils inspiraient tout l'intérêt que leurs souffrances méritaient, et jamais une charrette de blessés n'était passée près de nous sans que la reine ne fît arrêter sa voiture pour leur envoyer quelques napoléons qu'ils se partageaient en la bénissant; mais alors la position était bien différente. La moitié de la France ne gémissait pas dévastée, ravagée par leurs armes! Nous étions vainqueurs partout, et c'est alors qu'il est beau et permis d'être généreux.

Je n'ai point encore parlé du comte Tascher, ce bon, cet excellent ami, que j'aimais beaucoup ainsi que sa femme. Il était cousin germain de l'impératrice Joséphine. Arrivé à 14 ans de la Martinique, il fut placé à l'école militaire de Fontainebleau. En sortant de l'école il fut nommé, comme tous les autres, sous-lieutenant, et désigné spécialement par l'empereur pour entrer dans le quatrième régiment de ligne. « *C'est pour lui apprendre son métier* » *que je mets ton cousin dans l'infanterie,* » disait l'empereur à l'impératrice ; « *c'est l'âme* » *de la guerre.* »

Le jeune Tascher alla rejoindre son régiment à Freysing en Bavière. Il fit avec lui la campagne de 1806. Ce régiment, qui avait perdu son drapeau à Austerlitz, et qui depuis n'en avait pas, s'étant bien conduit à différentes affaires, en reçut un des mains de l'empereur à Berlin. Tascher, toujours à pied, supportant malgré sa jeunesse toutes les fatigues de la guerre, n'était pas dans la position de rencontrer souvent l'empereur. Cependant, au commencement de la campagne, il fut appelé par l'empereur, qui passait son régiment en revue la veille d'une affaire. — « As-tu » peur? » lui dit l'empereur, — « Non, sire, » répondit le jeune homme. — « Crois-tu que » tu seras tué? » — « Non, sire. » — « Et si tu » le croyais, que ferais-tu? » — « J'irais tou- » jours, mais avec moins de cœur. » — « Eh » bien, va, il ne t'arrivera rien. »

Deux jours avant la bataille d'Eylau, après

une brillante affaire de cavalerie où un aide-de-camp de l'empereur de Russie avait été fait prisonnier, le 4ᵉ de ligne passa devant le quartier-général, et Tascher fut encore mandé par l'empereur. Il était présent au moment où l'on amenait l'aide-de-camp prisonnier. — « Votre maître, » lui dit l'empereur Napoléon, « n'a donc pas assez de la guerre ? Vos
» jeunes officiers de cour ne la trouvent pas
» assez longue, assez meurtrière ? Ils se flat-
» tent de nous vaincre ! qu'ils se détrompent,
» l'armée française a d'autres mobiles que la
» vôtre pour assurer son triomphe. Tenez,
» regardez ce jeune homme tout couvert de
» boue, qui arrive à pied avec son régiment;
» c'est le cousin-germain de l'impératrice Jo-
» séphine. Eh bien ! il n'a aucune faveur à
» espérer qu'il ne la mérite : avec de tels
» éléments l'armée française est invincible. »

A la bataille d'Eylau, le 4ᵉ de ligne fut presqu'entièrement détruit. Quand l'empereur en passa la revue le lendemain, il en parut attristé. Il sembla chercher des yeux le jeune Tascher, qu'il n'apercevait pas, et il s'informa avec intérêt de ce qu'il était devenu. On lui apprit qu'il était légèrement blessé. Il l'envoya chercher et le nomma sous-officier d'ordonnance.

Son état de souffrance et de dénuement ne l'étonna pas. Il dit à ce jeune homme : — « Pour un créole c'est un peu dur, n'est-ce pas, » Tascher ? Mais tu as fait ton devoir; je suis » content, ton mauvais temps est passé. Que » te faut-il maintenant ? as-tu des chemises ? »
— « Non, sire, je n'ai que celle que je porte » depuis dix jours. » — « Je ne puis pas t'en » donner, » dit l'empereur, « car je n'en ai » pas non plus ; mais tu vas aller à Varsovie, » où tu auras de l'argent pour en acheter. »

Il lui donna un bon signé de son nom sans fixer de somme, et le jeune homme ne prit que cinquante napoléons. Il fit toutes les campagnes d'Espagne et de Russie comme aide-de-camp du prince Eugène, auquel il est resté attaché jusqu'à sa mort.

Le comte Tascher fut marié par l'empereur à une princesse de la Leyen, nièce du prince Primat, avec laquelle je m'étais depuis liée fort intimement.

Le 12 février 1814, le comte Tascher arriva à Paris. Je ne le vis qu'un moment. Il venait du quartier-général de l'empereur, qu'il avait rejoint à Gaignes après lui avoir annoncé le succès de la bataille du Mincio, gagnée par le prince Eugène sur le général Bellegarde; il retournait en toute hâte, et ne s'arrêtait à Paris que le temps nécessaire pour donner à la reine des nouvelles de la victoire de l'empereur à Nangis, et lui demander ses commissions pour l'Italie. Il m'a conté depuis et longtemps après tous les événements dont il s'agit : il me dit que lorsqu'il était arrivé au quartier-général de l'empereur pour lui annoncer la victoire remportée par le prince Eugène, l'empereur lui « avait dit : — Tu resteras un jour près de moi : » si Victor fait son mouvement, demain j'aurai » écrasé tout ce qui est devant moi. Les Autri- » chiens, qui me demandent un armistice, se- » ront à ma merci, car ils ne la veulent à présent » que pour gagner du temps. »

Le lendemain, le maréchal Victor n'ayant pas rempli l'attente de l'empereur, le comte Tascher fut expédié en Italie, avec des ordres verbaux pour le maréchal Augereau, qui commandait à Lyon; pour le prince Borghèse, gouverneur du Piémont, et pour le prince Eugène, qui gouvernait l'Italie. Arrivé à Lyon, Tascher eut toutes les peines du monde à pénétrer jusqu'au maréchal Augereau, qui était couché. A force d'instances, il fut enfin introduit.

« L'empereur vous fait dire, M. le maréchal, » lui dit le comte Tascher, « que vous avez de dix à douze mille hommes de vieilles troupes, deux régiments de cavalerie, le 13ᵉ de cuirassiers et le 4ₑ de hussards, joints à une gendarmerie composée de vieux soldats ; qu'avec toutes ces forces et les nouvelles levées vous devez marcher tête baissée sur Mâcon, où se trouve le corps du prince de Hombourg, composé de nouvelles troupes de tous les petits princes allemands ; qu'il vous sera facile de les écraser, sans vous occuper des mouvements ennemis qui pourraient se faire sur votre droite. » — « Avez-vous des ordres écrits ? » demanda le maréchal. « Non, » reprit le comte Tascher, « mais comme aide-de-camp du prince Eugène, je puis en apporter de verbaux, et je vous répète les propres expressions de l'empereur, que vous devez écraser, en allant sur Mâcon, les troupes peu aguerries qui se trouvent de ce côté. » — « Je ne suis pas un caporal qu'on fait marcher ainsi, » dit avec colère le maréchal Augereau, « et je sais ce que j'ai à faire. »

Le comte Tascher alla trouver M. de Bondy, préfet de Lyon, auquel il fit part des ordres de l'empereur et de la réponse du maréchal. M. de Bondy s'en montra très affligé et lui dit :

« C'est ainsi que tout marche ici maintenant. »

Le prince Borghèse eut l'ordre d'arrêter l'évacuation de Gênes, et le prince Eugène, l'abandon qu'on allait faire de la Toscane. Il devait garder la ligne du Mincio, livrer plutôt une bataille sous Milan, et enfin garder, coûte que coûte, l'Italie.

XIII.

Courte apparition du comte Tascher. — Le prince Eugène en Italie. — Proclamation du vice-roi. — Confiance dans les négociations de Châtillon. — Victoire du Mincio. — Ma visite au roi de Rome. — Les soldats de papa. — Madame de Montesquiou. — Une journée près de l'impératrice à la Malmaison. — Le petit homme noir. — Alarmes du duc de Rovigo. — L'armée ennemie plus près de Paris que l'armée française. — Calme de l'impératrice Marie-Louise. — Plus de nouvelles de l'empereur. — La reine se rend aux Tuileries. — Visite de la maréchale Ney. — Désespoir de la reine. — Représentation à Marie-Louise. — Frayeur de Cambacérès. — Dévouement de M. de Lavallette.

Le 12 février, après la courte apparition du comte Tascher, je rejoignis la reine : elle me témoigna tout son chagrin de la commission dont il était chargé pour le vice-roi. « J'es- » pérais que j'allais revoir mon frère », me dit-elle; « qu'il allait revenir pour réunir ses » efforts à ceux de l'empereur et délivrer la » France de ses ennemis; mais Tascher vient

» de me dire que l'empereur l'a chargé d'en-
» joindre au vice-roi de tenir ferme en Italie,
» et d'y disputer le terrain pied à pied aux ar-
» mées autrichiennes réunies contre lui. Com-
» ment pourra-t-il seul tenir tête à des troupes
» si nombreuses? et quelles inquiétudes une
» position si critique ne me donne-t-elle pas
» pour lui? Quand donc viendra cette bienheu-
» reuse paix que depuis si longtemps j'appelle
» de tous mes vœux? »

Je retrouve dans mes papiers une proclamation du prince Eugène que la reine reçut
à peu près à cette époque. Je juge à propos de
la placer ici :

« Peuples du royaume d'Italie ! Depuis trois
» mois, nous avons été assez heureux pour
» préserver d'une invasion ennemie la plus
» grande partie de votre territoire.

» Depuis près de trois mois, les Napolitains
» nous ont solennellement promis leur secours.
» Et comment aurions-nous osé nous défier
» de leurs promesses? Leur souverain est uni
» par les liens du sang au grand homme au-
» quel lui et moi nous devons tout, et ce grand
» homme est aujourd'hui moins heureux...

» Confiant dans la parole des Napolitains, il
» nous a donc été permis d'espérer que les ef-

» forts que nous avions faits jusqu'à ce jour ne
» seraient pas perdus, et que l'ennemi serait
» bientôt obligé de se retirer au-delà de nos
» frontières.

» Peuples du royaume d'Italie, le croirez-
» vous? Les Napolitains, eux aussi trompent
» aujourd'hui tous nos vœux et toutes nos es-
» pérances!

» Cependant, c'est en se présentant comme
» alliés qu'ils ont pénétré sur notre territoire
» et qu'il leur a été libre d'occuper plusieurs
» de nos départements.

» Cependant nous les avons accueillis comme
» nos frères; nous leur avons ouvert avec em-
» pressement et nos magasins, et nos caisses
» publiques, et nos arsenaux, et nos places!..

» Et pour prix de cette confiance, pour prix
» de nos sacrifices, c'est sur la ligne même où
» leurs armes devaient s'unir aux nôtres qu'ils
» tendent la main à l'étranger, et lèvent contre
» nous leurs étendards!...

» L'inexorable histoire dira sans doute un
» jour toutes les intrigues, tous les ressorts
» qu'il aura été indispensable de faire mouvoir
» pour égarer à ce point un souverain déjà
» trop distingué par sa vaillance pour ne pas

» posséder aussi toutes les autres vertus d'un
» soldat.

» Peuples du royaume d'Italie, nous ne le
» dissimulons point, la défection des Napoli-
» tains a cruellement augmenté les difficultés
» de notre situation ; mais nous ne craignons
» pas de le dire, plus notre situation est diffi-
» cile, plus notre courage doit s'agrandir.

» Vous vous rallierez donc autour du fils
» de votre souverain ; vous vous confierez dans
» la justice et la sainteté de votre cause ; vous
» marcherez à la voix de celui qui vous aime,
» et qui n'a jamais eu d'autre ambition, vous le
» savez, que de concourir de tous ses moyens
» à l'accroissement de votre gloire et à l'affer-
» missement de votre prospérité.

» Italiens! seuls ils sont immortels, même
» dans l'estime et dans les annales des nations
» étrangères, ceux qui savent vivre et mourir
» fidèles à leur souverain et à leur patrie,
» fidèles à leurs devoirs et à leurs serments,
» fidèles à la reconnaissance et à l'honneur.

» Donné à notre quartier-général, à Vérone,
» le 1er février 1814.

» *Signé* Eugène Napoléon. »

La reine ne passait jamais deux jours sans

aller voir sa mère à la Malmaison ; et lorsque sa santé ou ses obligations la retenaient à Paris, c'était moi qu'elle chargeait de lui porter de ses nouvelles. Elle s'était empressée de lui communiquer celle de la victoire du Mincio, et m'envoya lui en donner les détails le lendemain, et lui porter en même temps une jolie tasse qu'une de ses amies lui avait donnée pour ses étrennes il y avait un mois. L'impératrice avait entendu parler de cette tasse, et la désirait surtout pour juger si le dessin qu'elle représentait valait la peine d'être mis en tableau. Il rappelait un trait du cadet de ses petits-fils, pour lequel elle avait la prédilection la plus passionnée ; s'il fût né dans le malheur et l'exil, où sa jeunesse a été si sévèrement élevée depuis, personne n'eût fait attention à ce petit fait, que sa mère, à laquelle rien n'échappait, et qui aurait vu là les indices des qualités qui se sont le plus développées dans le caractère de son fils, la bonté de cœur et le courage. Mais dans la position où il était alors, les flatteurs et les flatteries ne manquaient pas, et l'on s'était empressé d'offrir à la reine une tasse dont le dessin devait lui rappeler ce souvenir.

Cet enfant était fort délicat et n'avait

que quatre ans, lorsque, pour la première fois, il vit un ramoneur; sa peur fut grande; il s'enfut se cacher dans les bras de madame de Boubers. Sa gouvernante, sachant très bien qu'il ne faut pas brusquer les terreurs nerveuses des enfants, le prit sur ses genoux, l'apaisa par des caresses et dissipa pour toujours la peur du *petit homme noir*, en intéressant le cœur du prince au sort de ces pauvres enfants, que la misère chasse du toit paternel, qui errent seuls loin de leurs parents, n'obtenant le pain dur dont ils se nourrissent que par leur industrie, le nettoyage des cheminées, qui les couvre de cette couleur noire si effrayante.

A quelques mois de là, un matin que, les enfants dormant encore profondément, la nourrice était passée un moment dans une pièce voisine, en attendant leur réveil, un petit ramoneur descend de leur cheminée, enveloppé d'un nuage noir, dont il remplissait la chambre en se secouant; le petit Louis seul s'était éveillé, et, chassant bientôt un premier mouvement d'effroi par le souvenir des détails donnés par sa gouvernante, il grimpe avec peine par dessus la balustrade qui fermait son berceau, et qu'il n'avait jamais franchi seul; il court en chemise vers un tiroir qui contenait son petit trésor, monte sur une chaise pour y atteindre, et donne au petit ramoneur la bourse qui renfermait tout l'argent qu'on lui donnait, et qu'il distribuait ordinairement pendant ses promenades. Son frère aîné, réveillé par le bruit qu'il avait fait, appela la nourrice, qui le trouva ne pouvant plus remonter dans la couchette d'où il s'était échappé, et un peu embarrassé d'avouer qu'il avait *tout* donné à la fois, tandis que le plaisir de faire du bien leur était toujours accordé comme une récompense qu'il venait lui-même de se donner sans l'avoir méritée.

Le projet d'aller à la Malmaison ne changea rien à mon projet antérieur de faire une visite au roi de Rome. L'impératrice Joséphine était fort avide de tous les détails venant des Tuileries, et j'étais sûre de lui faire plaisir en lui parlant de cet enfant. Madame de Montesquiou était fort aimable pour moi, et je pouvais arriver à toute heure. Je partis à midi pour me rendre aux Tuileries, et de là à la Malmaison. Lorsque j'arrivai, le jeune roi était debout derrière une chaise; un coup d'œil de madame de Montesquiou m'avertit que c'était une pénitence; je la compris et ne fus à lui qu'après avoir causé quelques instants avec elle; lorsque je m'approchai, il cacha sur la chaise son visage pourpre et sillonné de larmes, que ses belles boucles blondes recouvraient entièrement au moindre mouvement qu'il faisait. « Sire, dites donc bonjour à mademoiselle Cochelet, qui vient pour vous voir, » lui dit madame de Montesquiou. « Votre majesté ne me reconnaît donc pas? » ajoutai-je en essayant de prendre sa main. Il la retira vivement en disant d'une voix étouffée par les sanglots : « Elle ne veut pas me laisser voir les soldats de papa; » et les torrents de larmes recommencèrent. Madame de Montesquiou me conta alors que le plus grand plaisir du prince était de voir relever la garde montante sur la place du Carrousel, qu'ayant été mutin peu de moments auparavant, on l'en avait privé pour le punir; mais que lorsqu'il avait entendu les tambours, son désespoir et sa colère étaient devenus si grands qu'il avait fallu user des grands moyens, la pénitence dans un petit coin, derrière une grande chaise. Je demandai grâce pour lui; madame de Montesquiou l'accorda en faveur des petits cousins, si bien élevés, dont j'apportais des nouvelles, et qu'on lui citait toujours pour exemple. Au moment où je le quittais, il voulut savoir ce que j'emportais dans un grand papier; je le lui montrai : l'histoire du ramoneur et du petit cousin Louis acheva de faire diversion à son chagrin.

Je trouvai l'impératrice ravie des bonnes nouvelles que sa fille lui avait communiquées la veille, mais inquiète pourtant de la position difficile où se trouvait le vice-roi. Je lui contai tous les détails que j'étais chargée de lui donner, et je la laissai confiante dans l'espérance que cette victoire faciliterait les négociations commencées alors à Châtillon, pour la paix, vers laquelle tous les vœux tendaient.

Cependant les jours s'écoulaient sans réaliser cet espoir; des troupes alliées marchaient sur Paris. Mille agitations de craintes et d'attente se succédaient pour nous.

Le 28 mars 1814, j'étais allée le matin aux bains de Tivoli; une femme que je connaissais et que je rencontrai m'apprit que l'armée ennemie n'était plus qu'à cinq lieues de nous. Cette nouvelle, qui déjà circulait dans Paris, y répandait la terreur et le trouble; on voyait de tous côtés des apprêts de départ; des charrettes chargées d'effets encombraient les rues; les plus pauvres fuyaient emportant sur leurs épaules tout ce dont ils avaient pu se charger.

Tout en m'affligeant de ce triste spectacle, je ne pouvais croire encore que tant d'effroi fût motivé.

J'allai chez mon amie madame D***, pour causer avec elle de mes inquiétudes; nous sortîmes ensemble, et le même spectacle se présenta à nous sur les boulevards, où le plus grand découragement était répandu sur tous les visages. J'entendis plusieurs fois répéter que les barrières étaient fermées et que l'armée ennemie était tout près. Je ne pouvais croire à cette nouvelle, confiante comme je l'étais dans le génie de l'homme qui présidait aux destinées de mon pays.

Je n'avais jamais songé à m'inquiéter du sort de la reine, et à plus forte raison du mien, qui y était attaché. Nous savions l'empereur à l'armée, veillant sans doute à ce que sa capitale ne pût tomber au pouvoir de l'ennemi, et chacun se reposait si complètement sur son génie, que penser à soi ou montrer des craintes eût paru une faiblesse inexcusable.

C'eût été même une faute grave pour ceux qui tenaient à la dynastie impériale : aussi j'avais vu le duc de Rovigo venir chez la reine s'inquiéter d'une réforme qui se faisait dans les écuries, chose qui avait lieu tous les ans, et que la reine même ignorait. Mais on voulait que la famille de l'empereur donnât l'exemple de la sécurité. Le duc de Rovigo s'alarmait de l'effet que cette vente pouvait produire dans le public : « Cela prouve des craintes, » disait-il, « si l'on a l'air de faire quelque réforme; l'empereur en sera fort mécontent. » La reine le rassura, puisqu'elle n'avait donné aucun ordre, et pourtant depuis trois mois, le trésor public étant embarrassé, ni elle ni aucun des fonctionnaires de l'état ne recevait de traitement. La reine s'en inquiétait peu, l'argent était la chose qui l'occupait le moins. Je pense même qu'elle croyait alors qu'on pouvait s'en passer pour vivre.

Aussitôt mon retour, je me rendis près d'elle et lui appris les bruits qui circulaient. « Est-ce
» possible, » dit-elle, « que l'armée ennemie
» soit plus près de nous que la nôtre? Sans
» doute ce sont des manœuvres de l'empereur
» que nous ne pouvons connaître; il n'est pas
» homme à se laisser surprendre; il viendra,
» au moment où on l'attendra le moins, sauver
» sa capitale. Le tout est de ne pas s'effrayer,
» et je pense qu'on aura ici l'énergie néces-
» saire à la circonstance. »

Elle se leva avec le calme que je lui ai toujours vu dans toutes les grandes occasions. Elle se rendit aux Tuileries dans la matinée. A son retour, je m'empressai de venir lui demander des nouvelles. « L'impératrice n'en » sait pas plus que moi, » me dit-elle. « Ce » soir, il doit y avoir un conseil qui décidera » de ce que chacun doit faire. J'ai conjuré » l'impératrice, » ajouta-t-elle, « de ne pas » quitter Paris; ce serait une grande faute ; » je crois l'avoir convaincue ; mais elle est » bien jeune pour oser prendre une détermi- » nation, et si l'on manque d'énergie, tout est » perdu. Dans tous les cas, ma chère Louise, » prépare (1) toutes mes affaires, emballe mes » diamants, que je sois libre de partir à l'ins- » tant, ou de rester, si cela me convient. »

J'allai donner des ordres en conséquence ; j'emballai moi-même les diamants, et j'attendis le soir avec impatience.

Mon agitation d'esprit ne me permettant pas de rester en place, je fus chez la duchesse de Bassano, puis chez la duchesse de Raguse, pensant que, par leurs maris, elles étaient peut-être mieux au courant qu'on ne l'était à Paris de ce qui ce passait à l'armée, et

---

(1) Comme je l'ai déjà dit, la reine avait conservé l'habitude de tutoyer toutes ses compagnes de Saint-Germain.

qu'elles m'apprendraient quelque chose de rassurant. Je les vis successivement et les trouvai toutes deux au désespoir des nouvelles qui circulaient, et qui n'étaient que trop vraies. Cette confirmation de mes craintes me rendit tout mon courage au lieu de l'abattre, je sentais que c'était pour tous le moment d'agir, et j'ai pu, dans ces tristes circonstances, me convaincre que dans les grands revers le moral des femmes se laisse moins facilement décourager, et qu'elles retrouvent dans leur cœur, dans la vivacité de leurs impressions, toute la force nécessaire aux courageuses résolutions.

Je rentrai chez moi avec ma mère et madame Desprevilles (1), que j'avais trouvée chez elle; ne voulant pas les effrayer, je ne leur disais pas tout ce que je pensais, tout ce que je craignais.

La reine, après son dîner, se rendit aux Tuileries; le temps qu'elle y resta me parut d'une longueur énorme. M. de Lavalette vint attendre la reine chez moi, pour savoir aussi la décision. Nous causâmes long temps ensemble. Son inquiétude était égale à la

---

(1) Dame d'annonce de la reine.

mienne; nous étions attristés du présent et nous frémissions de l'avenir. En ce moment peut-être le sort de la France se décidait au conseil; qu'allait-on faire?

M. de Lavalette se promenait avec agitation, en disant : « On décide le départ, il » aura lieu : comme c'est le plus mauvais » parti, c'est celui auquel on s'arrêtera ! et » pourtant ils savent que l'empereur arrive ! » L'énergie, la présence d'esprit manqueront, » je le crains !... j'en suis sûr. »

A onze heures nous montâmes chez la reine, nous y trouvâmes la maréchale Ney, qui l'attendait aussi, et nous restâmes jusqu'à une heure du matin. Alors les portes s'ouvrirent à deux battants. La reine entra avec une expression que je ne lui avais jamais vue, je sentis que tout était fini.

« Je suis outrée de la faiblesse dont je viens » d'être témoin, » nous dit-elle : « le croirez-» vous? on part ! c'est ainsi qu'on perd à plai-» sir et la France et l'empereur ! Ah! dans » les grandes circonstances les femmes seules » ont du courage ! je le sens, je suis sans » doute celle qui souffrirai le moins de la » perte de toutes ces grandeurs ; mais je suis » indignée de voir si peu d'énergie quand il

» en faudrait tant. Lorsque le sort nous a élévés,
» et que les destinées d'un pays dépendent
» de la nôtre, c'est un devoir de se maintenir
» aussi haut que la fortune nous a placés. »

La reine entra dans quelques détails, nous dit que le conseil avait décidé que Paris ne pouvait pas se défendre, et qu'alors on ne voulait pas que l'impératrice et le roi de Rome pussent être exposés à tomber au pouvoir de l'ennemi. La reine nous répéta ce qu'elle avait dit à l'impératrice : « Ma sœur,
» au moins vous savez qu'en quittant Paris,
» vous neutralisez la défense et qu'ainsi vous
» perdez votre couronne ; je vois que vous en
» faites le sacrifice avec beaucoup de résigna-
» tion. » L'impératrice lui avait répondu : « Vous avez raison, ce n'est pas ma faute,
» mais le conseil l'a décidé ainsi. » La frayeur de Cambacérès, ses embarras, le temps qu'il réclamait pour pouvoir se mettre en route, puisqu'il devait accompagner l'impératrice, l'oubli que l'on allait faire du trésor de l'empereur, toutes ces choses furent encore longtemps le sujet de la conversation ; nous finîmes par en rire de colère et de pitié.

M. de Lavalette demanda à la reine ce qu'elle comptait faire. « Mais comme on nous

» laisse maîtres de nous-mêmes, je ne veux pas
» être prise sur une grande route, et je reste
» à Paris : je partagerai, avec les Parisiens
» toutes les chances, bonnes ou mauvaises. »
La reine écrivit à l'instant à sa mère, pour
l'engager à se rendre à Navarre. Elle envoya
sa lettre par un piqueur. Sans sa fille, la pauvre impératrice, abandonnée, négligée à la Malmaison, aurait pu voir arriver les Cosaques chez elle sans se douter des événements, et pourtant toutes les dames et les officiers qui entouraient la nouvelle impératrice avaient été traités jadis comme les enfants de celle qu'on oubliait aussi complètement.

Tous ces soins firent que la reine se coucha fort tard. J'étais inquiète pour elle, dont la santé était si délicate, de la voir aussi agitée, aussi incertaine sur ce qu'elle ferait; car si elle sentait vivement la nécessité de rester à Paris pour engager à la défense, d'un autre côté, elle craignait avec raison d'être prise si l'on ne se défendait pas, et que l'empereur ne lui en voulût d'avoir exposé ses neveux. Elle me disait :
« Je voudrais être la mère du roi de Rome, je
» saurais par l'énergie que je montrerais en in-
» spirer à tous. » Elle s'endormit au milieu de ces agitations, et je me retirai dans mon appartement.

XIV.

Lettre du roi Louis à la reine. — Décision du conseil de régence. — L'impératrice Marie-Louise quitte Paris.—Frayeur des dames de la cour.— Les dernières visites.— La princesse d'Ekmuhl et la comtesse Bertrand. — M. de Labédoyère très-royaliste. Ses offres généreuses. —Paris au 29 mars.—Visite de M. Régnault de-Saint-Jean-d'Angély. — La reine veut rester à Paris. — Courageuse résolution de la reine. — Le roi Louis demande ses fils. — Nous quittons Paris. — Dévouement de madame Doumerc.

J'étais à peine rentrée chez moi, lorsqu'on vint frapper avec force à ma porte. « Voici » une lettre pressée pour la reine, » me dit un valet de pied; « elle est de son mari. » J'étais désolée de la faire réveiller, elle qui avait tant besoin de repos; d'ailleurs je savais que c'était le plus grand mal qu'on pût lui faire que d'interrompre son sommeil.

Je l'avais vue conserver plusieurs jours une grande agitation de nerfs, à en avoir même la fièvre, pour des dépêches qu'on avait été forcé de lui remettre la nuit, surtout lors de l'abdication de son mari. Nous étions alors à Plombières; il arrivait des courriers de Paris que lui envoyait l'empereur, et d'autres de Hollande, dont elle était nommée régente, et où son fils se trouvait seul. Elle se figurait toujours, quand on entrait chez elle, que c'était une nouvelle sinistre qu'on lui apportait, et qui regardait ses enfants; car la nuit ou le jour, ils n'auraient pas eu la plus petite indisposition sans qu'on n'eût obéi à l'ordre de venir la chercher et la réveiller.

Après avoir bien balancé, je me décidai pourtant à entrer chez la reine et à lui remettre la lettre de son mari, qui logeait alors chez Madame-mère, à Paris.

Il écrivait à sa femme ce qui venait d'être décidé par le conseil, et lui annonçait le départ de l'impératrice.

La reine lui répondit qu'elle le savait; et me congédia pour tâcher de se rendormir. Une heure après un autre messager arriva de la part du roi : il fallut encore aller réveiller la reine. Cette fois-ci il lui demandait quelles étaient ses intentions; il lui disait que, l'impératrice partant, elle ne pouvait rester à Paris avec ses enfants; et que, quoiqu'il blâmât ce départ, on ne devait pas moins s'y soumettre. La réponse de la reine terminée, je me retirai; mais enfin, une troisième fois on arriva encore, et le roi écrivait que décidément il voulait que sa femme suivît l'impératrice.

Je ne me couchai pas; je l'aurais pu, que le profond chagrin qui déchirait mon cœur ne m'aurait pas permis de chercher le repos; j'étais dans un désespoir que je ne saurais peindre. Cette nuit se passa en allées et venues, et la pauvre reine, le lendemain, en se levant, était beaucoup plus soutenue par son courage que par sa force physique, car elle paraissait faible et abattue. Je fus de bonne heure embrasser ma pauvre mère, dont les angoisses redoublaient les miennes. C'était lui donner le coup de la mort que de lui apprendre notre séparation dans de si pénibles circonstances! Revenue chez la reine, la matinée du 29 se passa pour nous dans un tourbillon; toutes les femmes de la reine me demandaient des ordres, versaient des pleurs, se lamentaient à faire perdre courage, les unes du regret de quitter leur famille, les autres de ne pas accompagner la reine, entre autres la première femme qui était en couches. C'étaient toutes les dames du palais de l'impératrice dont les maris étaient près de l'empereur qui venaient chez moi toutes exaspérées du départ; elles voulaient absolument pénétrer jusqu'à la reine. L'ordre était donné à la porte de ne recevoir personne; car la reine, tourmentée dans ce qu'elle avait de plus cher, avait besoin de se recueillir un peu. Le roi avait envoyé chercher ses enfants, et l'on attendait ce qu'il allait décider. Mais la reine ne put parvenir à être seule; j'obtins pour la duchesse de Bassano qu'elle la reçût; un instant après, on annonça chez moi madame la comtesse Bertrand; j'ignorais qu'elle fût accompagnée de la princesse d'Eckmülh qui resta dans la voiture; lors donc que la reine me permit d'amener madame Bertrand, elle ne se doutait pas qu'une autre dame était avec elle : mais plus tard j'appris que la princesse en voulait beaucoup à la reine de ne l'avoir pas reçue, tandis que madame Bertrand avait été admise. Je pense pourtant que si la fortune de la maison impériale n'eût pas été changeante elle l'eût oublié, mais elle s'en souvient peut-être encore et en garde rancune, c'est dans l'ordre.

Dans cette matinée, M. de Labédoyère vint aussi chez moi, ne pouvant arriver jusqu'à la reine. Il était aide-de camp du prince Eugène, avait été blessé à la dernière campagne, et se trouvait à Paris pour se soigner. Il venait d'épouser mademoiselle de Chastellux, d'une famille entièrement dévouée aux Bourbons. Lui qui adorait la gloire de sa patrie, quoiqu'il n'eût pas été élevé à aimer l'empereur, il sentait que c'était le moment de se rallier franchement à lui. Il savait que la maison de la reine n'était composée que d'hommes âgés, qui ne devaient pas avoir l'habitude ni le caractère nécessaires pour guider une femme dans le moment d'une retraite précipitée. Il venait s'offrir pour escorter la reine et la défendre en cas de danger. J'allai dire à la reine l'objet de sa visite : elle en fut touchée, mais elle me dit : « Je ne puis accepter ses services, il ap-
» partient à une famille à laquelle notre dé-
» part doit donner de grandes espérances; je
» n'ignore pas les vœux, le mouvement du
» faubourg Saint-Germain ; je ne veux pas
» nuire à M. de Labédoyère en lui faisant per-
» dre les avantages qu'il peut retrouver en ne
» s'attachant pas à notre fortune. Je ne lui
» dirai pas cela, mais je vais le recevoir pour

» le remercier, et le refuser. » En effet, la reine n'accepta pas son offre; mais lorsqu'il entendit parler des Bourbons, malgré tout ce que pouvait en attendre sa famille, ce fut à Fontainebleau, près de l'empereur, qu'il courut se rallier et qu'il resta jusqu'au dernier moment.

Paris était dans un mouvement incroyable : toute peur des Cosaques avait disparu; peut-être était-ce la peur qui donnait à chacun le besoin de se défendre; mais on voyait les hommes, les femmes s'animer au courage. Des domestiques de la reine partirent sans y être provoqués, dans l'espoir de concourir à la défense générale; plusieurs ne revinrent plus.

Le comte Regnault de Saint-Jean d'Angely, qui était colonel de la garde nationale, demanda à parler à la reine et lui exprima le découragement inspiré par le départ de l'impératrice et du roi de Rome. La reine lui dit : « Malheu-
» reusement je ne puis les remplacer; mais je
» ne mets pas en doute que l'empereur n'exé-
» cute des manœuvres qui nous le ramènent
» bientôt ici; il faut que Paris tienne, et si la
» garde nationale veut défendre la capitale,
» dites-lui que je m'engage à y rester avec mes
» enfants. »

Le comte Regnault courut rendre compte

de cette détermination, et la reine, après cet engagement pris, ne pensa plus qu'à rester tranquille à Paris.

Les princes revinrent de chez leur père. La gouvernante avait dit au roi Louis que tous les apprêts se faisaient pour partir, comme elle le croyait : et en effet, au premier signal on pouvait se mettre en route ; le roi était donc rassuré, car il ne voulait pas que ses enfants tombassent au pouvoir de l'ennemi, et trop jeunes tous deux pour n'avoir pas besoin de leur mère, il les renvoyait, croyant les revoir bientôt au lieu de sa retraite.

Le roi, trop souffrant pour combattre, avait été désigné pour accompagner l'impératrice Marie-Louise ; mais il laissait des objets trop chers derrière lui pour partir sans savoir ce que ses enfants deviendraient. C'est pourquoi sa préoccupation paternelle l'avait fait rester à Paris jusqu'à ce qu'il fût certain que la reine, qui devait manquer d'expérience, s'était enfin décidée à emmener ses enfants hors des dangers. Il était loin d'imaginer qu'elle venait de s'engager à y rester. Pour elle, une seule chose l'occupait : « L'Empereur va venir, » disait-elle ; « il est impossible qu'il n'arrive » pas ; si l'on quitte Paris, il faudra donc que

» lui et l'armée française viennent se faire tuer
» sous les murs de la capitale pour la reprendre;
» tandis que si l'on a du courage, si l'on tient,
» les dangers sont moins grands, même pour
» nous, femmes, de rester enfermées dans une
» grande ville, que d'être prises peut-être au
» milieu de la campagne. »

Son raisonnement paraissait bien juste; mais elle n'était pas la maîtresse, et tout concourait à la forcer d'agir d'une façon contraire à sa volonté.

Ma pauvre mère, qui venait d'apprendre que nous restions à Paris, accourut chez la reine lui apporter les nouvelles qu'on venait de lui donner. Elle eût voulu nous voir hors de danger; et, dans ce moment où les cosaques se montraient partout, elle faisait des vœux pour notre éloignement.

On les apercevait déjà dans la plaine des Vertus, et notre armée avait été obligée de se replier sur Paris. Elle nous suppliait de partir s'il en était encore temps. La reine, qui avait pris une détermination toute contraire, lui dit avec le plus grand calme : « Mais je
» m'attendais bien à voir l'ennemi entourer
» Paris; l'essentiel est d'empêcher qu'il y
» entre. »

Un garde national, que je connaissais, demanda à me voir dans l'après-midi; il me dit sur la reine les choses les plus touchantes; la résolution qu'elle avait prise de rester à Paris pour encourager la défense avait circulé de rang en rang, et inspirait pour elle le plus vif enthousiasme. « Quel dommage, » ajoutait-il d'un air ému, « que l'impératrice Marie-
» Louise n'ait pas su déployer le même carac-
» tère ! » Effectivement, dans ce moment, chacun parla avec éloge de la fermeté que la reine venait de montrer.

Il est sûr que lorsque son jugement lui indiquait un devoir à remplir, elle était capable de tout; la crise passée, elle savait mieux que personne se résigner aux événements, et rentrer dans la vie tranquille et occupée qui convenait à ses goûts. C'est sans doute le souvenir de cette circonstance qui, plus tard, la fit passer pour une femme politique, si dangereuse à ses ennemis, tandis qu'elle se sentait devenue étrangère à toutes les choses de ce monde. Que de fois ai-je entendu dire à la reine, lorsqu'on la calomniait : « Ceux qui
» me craignent me connaissent bien peu; je
» suis si convaincue que les besoins des peu-
» ples décident seuls des grands événements,

» et que les intrigues ne font que salir le ca-
» ractère des individus, que je suis incapable
» de me mêler des choses qui ne me regardent
» plus. »

La nuit approchait; le comte Regnault demanda à être introduit : j'étais présente. « Madame, dit-il à la reine, je viens vous rendre votre parole ; la garde nationale a beau être bien disposée, il est impossible de défendre Paris. Je viens d'en acquérir la certitude. Vous ne devez pas vous exposer, vous et vos enfans à être pris ; et, je vous le répète, Paris ne peut pas tenir : tous les généraux l'assurent. «—Mais, » dit la reine, « est-il croya-
» ble qu'avec la bonne volonté que montrent
» les Parisiens, on ne puisse arrêter quelques
» jours l'armée ennemie ? — J'ai tout lieu de penser, dit le comte Regnault, que demain nous serons en son pouvoir. Croyez-moi, partez à l'instant; c'est moi qui réponds de vous, puisque c'est moi qui vous ai engagée ce matin à rester, et Dieu veuille que vous puissiez passer librement. »

Il partit. La reine balançait encore ; elle se promenait dans sa chambre, et disait : « Une
» armée prendre si facilement une capitale,
» est-ce possible ? et avoir l'empereur tout

» près d'ici! Mais je me souviens que Madrid
» s'est maintenu quelques jours contre nos
» armées; il y a mille exemples semblables, et
» nous sommes des Français ! »

Les dames et les officiers qui l'entouraient n'osaient lui donner un conseil, et pourtant le temps pressait, lorsqu'un message du roi vint lever toute incertitude. Il allait se mettre en voiture, lorsqu'il apprit que la reine n'était pas encore partie. Il demandait ses fils à l'instant pour les emmener avec lui, et faisait dire à la reine qu'elle oubliait donc que Paris pris, on pourrait s'en saisir comme d'otages.

La reine ne balança plus. « Qu'on fasse
» mettre mes chevaux, » dit-elle, « et dites au
» roi que je pars à l'instant avec mes en-
» fants. »

En effet, tout fut en mouvement; je descendis chez moi pour me préparer, et j'y trouvai cette excellente amie madame Doumerc; c'est dans les moments de danger ou de malheur qu'on reconnaît les amis véritables. Son affection pour moi ne s'est jamais démentie en dépit du temps, de l'absence et de tous les événements qui nous ont séparées depuis.

Je lui appris que nous allions coucher à Versailles; sa mère avait à Glatigny une très-jolie campagne : elle me pria d'aller l'offrir à la reine, qui l'accepta, plutôt que de coucher dans une auberge, encombrée sans doute par tous les fuyards de Paris.

Madame Doumerc eut le courage de partir seule à l'instant même, se faisant un honneur d'aller recevoir la reine, et un bonheur de lui prouver dans cette pénible circonstance le dévouement qu'elle lui avait toujours montré.

Nous nous mîmes en route à neuf heures du soir; la reine était seule dans sa voiture avec ses deux enfants; Madame Mailly, sous-gouvernante des princes, M. et madame d'Arjuzon et la nourrice du plus jeune prince, qui ne l'a jamais quitté, étaient dans la seconde; j'étais dans la troisième voiture avec ma femme de chambre, emportant avec moi toute la fortune de la reine, ses diamants. La voiture des femmes fermait la marche.

Les Cosaques ayant déjà été aperçus non loin de Paris, la reine, dans la crainte de les rencontrer, avait donné l'ordre à son courrier d'aller bien en avant des voitures et de tirer un coup de pistolet en l'air s'il apercevait un ennemi. C'était le signal qui, dans ce cas, devait faire retourner les voitures.

XV.

Une nuit d'angoisses. — Nous entendons le canon de Paris. — La reine à Trianon. — Le général Préval. — Attachement de la reine pour les Parisiens. — Nous trouvons les rois à Rambouillet. — Le sort de Paris nous est connu. — Un aide-de-camp du duc de Feltre arrive près de la reine. — Nous partons pour Navarre. — Mesdames de Raguse, de Reggio et de Sainte-Aulaire rejoignent la reine. — Cruelles incertitudes. — Nous voyons un Cosaque. — On nous prend pour des ennemis. — Nous sommes enfin à Navarre.

Nous arrivâmes pourtant à Glatigny sans embarras; il était déjà tard. La reine présida au coucher de ses enfants; elle les vit s'endormir avec cette anxiété d'une mère qui voit la plus belle cause, les plus belles couronnes, les plus brillantes destinées s'anéantir pour ses enfants, trop jeunes pour sentir l'amertume de pareilles pertes.

Ces deux pauvres enfants s'endormirent sans soucis et se faisaient peut-être un plaisir secret d'apercevoir des Cosaques, parce qu'ils nous entendaient sans cesse manifester la crainte de les rencontrer.

Madame Doumerc me fit partager sa chambre, et nous passâmes une partie de la nuit à causer de nos craintes, des chances de salut qui restaient, et nous pensions aux amis qui allaient encore périr inutilement!...

A peine endormies, nous fûmes réveillées par le canon de Paris qu'on attaquait, et nous ne pensâmes plus qu'à la nécessité de nous éloigner promptement. J'entrai chez la reine; elle se levait déjà en entendant ces détonations dont le bruit la faisait tressaillir. « Madame, » vous allez partir à l'instant, » lui dis-je. — « Je » veux, » me dit-elle, « que M. Doumerc retourne » promptement à Paris et qu'un de mes cour- » riers l'accompagne; pour moi, je ne puis res- » ter maintenant dans une maison particu- » lière; mais je ne puis penser non plus à » m'éloigner de Paris sans connaître le sort ré- » servé à cette ville qui m'est si chère ; cette » incertitude serait affreuse, et je vais me ren- » dre à Trianon. Je serai là à portée des nou- » velles, et si je ne puis être utile aux

» Parisiens, je connaîtrai au moins leur desti-
» née. — Mais, madame, » lui dis-je, « vous
» pouvez courir des dangers à Trianon, dans
» un lieu si isolé. — Certainement, » me répondit-elle, « je ne veux pas exposer mes en-
» fants, et je vais envoyer prévenir le général
» Préval qui commande à Versailles pour qu'il
» réponde de nous et qu'il me prévienne de
» tous les événements. »

La reine avait emporté avec elle une carte
des environs de Paris ; en la regardant elle me
dit : « Je sais bien que les Cosaques pourraient
» par Bougival venir m'enlever à Trianon ;
» mais le général Préval, qui est un bon mili-
» taire, enverra sans doute de ce côté pour évi-
» ter toute surprise, et je ne puis m'éloigner
» quand j'entends le canon qui tue peut-être
» dans cet instant une partie de mes compa-
» triotes, de mes amis !... »

Puis elle ajouta les larmes aux yeux : « Hé-
» las ! jusqu'à présent je n'avais jamais en-
» tendu le canon que pour des fêtes ou pour
» se réjouir des succès de nos armées ! Il faut
» donc se soumettre maintenant à nos revers !
» mais je ne puis être tranquille que lorsqu'on
» aura cessé de se battre ! »

Nous partîmes en effet pour le petit Trianon, où le général Préval vint voir la reine. Il faisait très-beau ; nous étions dans le jardin, d'où l'on entendait distinctement tous les coups, et nous attendions avec la plus grande émotion la fin de cette bataille qui allait décider de nos destinées. La reine avait donné l'ordre qu'aucun domestique ne s'éloignât ; le général devait d'ailleurs lui donner des nouvelles.

Le bruit du canon avait déjà cessé, et nous n'apprenions rien ; seulement la reine était plus gaie. « On ne se bat plus, » disait-elle ; » n'importe ce qui est arrivé, nous pouvons » respirer, puisqu'il n'y a plus à craindre de » voir tuer nos chers Parisiens. »

J'admirais combien il y avait peu de sentiments égoïstes dans tout ce qu'elle éprouvait ; car en quittant Paris elle avait dit à l'impératrice sa sœur : « Si vous abandonnez la capi- » tale vous perdez votre couronne. » Elle ignorait donc entièrement le sort qui venait de se décider pour elle et ses enfants, et c'était pour la vie des Français qu'elle avait senti toute son anxiété. Voyant qu'elle n'avait plus à craindre pour eux, puisque le combat avait cessé, elle avait repris son courage et attendait des nouvelles avec résignation.

J'aperçus la première, de loin, dans l'avenue, un militaire qui arrivait fort tranquillement à pied de Versailles. Je courus au devant de lui : « Quelle nouvelle nous apportez-vous ? » lui, dis-je avec vivacité. « Je viens parler à la reine, » me répondit-il froidement, « de la part du général Préval, et j'ai l'ordre de lui parler seule. » Je vins annoncer ce sous-officier à la reine, et je me retirai. Quand il fut parti, elle fit appeler M. d'Arjuzon, et avec une tranquillité qui aurait pu me faire prendre le change, mais qui venait sans doute de la crainte de faire perdre la tête à chacun :

« Je veux me mettre en route sur-le-champ, » nous dit-elle, « qu'on fasse avancer mes voitures. — Mais, madame, répondit M. d'Arjuzon, malgré mes ordres, les gens de votre majesté ont été à Versailles, et tout le monde a cru que vous couchiez ici.

» — J'avais pourtant donné l'ordre qu'on ne s'éloignât pas, » dit-elle avec douceur ; « qu'on réunisse le monde qui reste à l'instant ; car j'ai toujours eu l'idée d'aller coucher à Rambouillet. »

La reine nous dit ensuite que le général lui faisait dire de quitter à l'instant Trianon, qu'il n'était plus sûr pour elle d'y rester. Lorsque nous traversâmes Versailles, nous apprîmes que les troupes avaient déjà évacué la ville, que les rois Joseph et Jérôme y étaient passés pour rejoindre l'impératrice, que la retraite se faisait en toute hâte et qu'on y attendait l'ennemi. Ainsi nous nous trouvions former l'arrière-garde.

Nous arrivâmes fort tard à Rambouillet. Les rois y étaient à souper, leur chevaux y avaient rafraîchi et ils s'apprêtaient à repartir. La reine fut introduite près d'eux, et elle apprit là les événements et la capitulation de Paris. Pour nous, nous restâmes dans le premier salon, où se trouvaient tous les ministres ; chacun avait sa contenance particulière. Je me souviens seulement du général Clarke, ministre de la guerre, qui avait l'air très préoccupé et d'un découragement qui me paraissait inouï. Au lieu de donner des ordres pour les régiments qui faisaient leur retraite, il semblait endormi sur sa chaise. Le comte Daru se promenait en réfléchissant ; le duc de Gaëte, toujours si bien poudré, semblait avoir été aidé par ses ailes de pigeon, mieux frisées encore que de coutume, à arriver frais et dispos ; le comte Decrès, gros et gras, prenait un air dégagé, comme pour nous chanter un air de vaudeville. C'était sans doute pour nous montrer son courage. Mais nous, nous n'avions pas envie de rire. Tous ces messieurs n'en revenaient pas de nous voir arriver si tard. Nous ne pouvions aller plus loin, puisque tous les chevaux de poste étaient pris par les rois et les ministres, et que ceux de la reine, qui nous avaient amenés, avaient besoin de repos pour aller plus loin. Aussi ces messieurs ajoutaient-ils à cet embarras en nous disait que, si nous ne trouvions pas le moyen de partir en même temps qu'eux, nous pouvions nous attendre à voir cette nuit même arriver les cosaques.

Je voyais avec étonnement tous ces ministres si démoralisés, ne pensant à rien qu'à fuir, ne s'inquiétant pas des autres, ni des mesures à prendre pour rendre cette catastrophe moins cruelle; et j'éprouvais plus de sécurité à me trouver à la suite de la reine qu'avec ceux qui me semblaient avoir entièrement abandonné la partie.

J'allai voir madame Dillon, qui était là avec les enfants de sa fille, madame Bertrand, et qui l'attendait avec une vive impatience. Elle n'avait pas encore voulu quitter Paris, espérant toujours y voir arriver son mari à la suite de l'empereur.

Personne ne songea à nous offrir à souper ; nous n'avions aucunes provisions avec nous, et la reine, qui vivait presque sans manger, ne s'en apercevait pas. J'étais si morte de fatigue et de faim, que je priai madame Dillon de me donner quelque chose ; elle n'avait plus qu'un gros morceau de pain, dont je m'emparai et que j'emportai dans ma chambre.

Je vis partir tout ce monde sans effroi, et quoique nous restassions seules à Rambouillet, je me sentais plus tranquille avec la reine que si nous eussions suivi la retraite au milieu de tout ce *boulvari*. On lui avait conseillé de ne pas passer la nuit à Rambouillet ; on lui avait assuré que les Cosaques pouvaient y arriver d'une minute à l'autre ; mais comment partir, il n'y avait plus de chevaux ?

La reine était livrée à la plus grande incertitude ; elle nous parlait de la probabilité de voir arriver l'ennemi, ce qui, à elle, lui paraissait impossible. Les enfants étaient couchés, déjà endormis ; elle tenait à les laisser reposer. D'un autre côté, tous les hommes qui venaient de partir devaient, disait-elle, mieux savoir qu'elle les dangers de la guerre : devait-elle les croire aveuglément? Puis elle se rassurait, elle les avait vus si peu occupés de réunir des forces pour se défendre, qu'elle ne pouvait les croire infaillibles. « Pourquoi ne se retire-t-on pas en ordre? » disait-elle. « Pourquoi » le ministre de la guerre est-il parti? les frères » de l'empereur doivent rejoindre le roi de Rome » pour l'entourer et guider l'impératrice ; mais » les ministres devaient rester ici. Est-ce qu'on » cède la France sans la disputer à l'ennemi? »

L'idée que Paris serait rendu au moment où l'empereur allait arriver pour le défendre, la mettait dans une exaspération et une méfiance qui, naturellement, lui faisait accuser les hommes de faiblesse. Alors elle répétait qu'elle ne faisait plus de cas de leurs conseils et qu'elle restait avec sécurité, les Cosaques ne pouvant pas être si près de nous atteindre.

Nous causions ainsi avec la reine et madame d'Arjuzon, lorsque nous entendîmes des voix parler très-haut et avec véhémence. M. d'Arjuzon vint dire à la reine que c'était un colonel qui demandait le ministre de la guerre. La reine sortit précipitamment de sa chambre; je la suivis et nous vîmes le colonel Carignan, qui s'emportait contre le duc de Feltre, qu'il croyait trouver à Rambouillet, et qui était

parti sans lui donner aucun ordre sur la retraite que son régiment devait protéger. La reine lui dit : « Calmez-vous, colonel ; sans
» contredit le ministre de la guerre aurait dû
» rester ici, mais puisque c'est vous qui pro-
» tégez la retraite, c'est moi qui vais vous
» donner des ordres ; je reste ici avec mes en-
» fants, je vous en confie la garde ; veillez à
» ce que les Cosaques ne nous surprennent
» pas. Demain je partirai de bonne heure avec
» eux. » Le lendemain, le régiment était parti avant nous.

J'invitai la reine à se reposer ; mais il était dit qu'elle devait avoir tous les genres de tourment. Le roi Louis, qui craignait pour ses enfants, envoya un officier à la reine avec l'ordre exprès de la régente même, pour qu'elle eût à venir au plus tôt se réunir à eux à Blois. La reine, en lisant cette lettre, s'écria : « Est-il possible qu'au milieu de si
» cruels événements j'aie encore à redouter
» des persécutions particulières, au lieu de
» l'intérêt et de la protection que j'aurais droit
» d'attendre ! »

Alors, comme si ce surcroît de tourment l'eût révoltée : « J'allais à Blois, dit-elle ; mais
» maintenant je vais me rendre près de ma

» mère à Navarre. » Elle me demanda ce qu'il fallait pour écrire, et de son lit, où elle était déjà, elle écrivit trois lettres, une à son mari, une à l'impératrice Marie-Louise, et une à l'empereur. Je remis ces lettres à l'officier qui avait l'ordre d'accompagner S. M., mais qui partit cependant sans elle pour remplir ses ordres.

Je laissai enfin la reine se reposer, résolue à me jeter tout habillée sur mon lit, ayant à peine le temps de sommeiller deux heures; mais, loin de là, je vis entrer dans ma chambre mesdames de Raguse, de Reggio et de Sainte-Aulaire; elles avaient pris le parti de quitter Paris avant l'entrée des troupes; par des détours et avec des chevaux qu'elles avaient pu trouver à des postes intermédiaires, elles arrivaient à Rambouillet. Leur désolation de la reddition de Paris était aussi grande que la nôtre. Dans son désespoir, la duchesse de Raguse s'écriait : « L'empereur va revenir sur Paris; tout sera mis à feu et à sang! » La duchesse de Reggio ajoutait : « Nos maris n'abandonneront pas l'empereur, leur protecteur, leur général, et je les vois se faisant tuer à ses côtés sous les murs de Paris. » Madame de Sainte-Aulaire, dont le mari n'était que chambellan, s'affligeait de tous les maux qu'on redoutait. Au milieu de ces lamentations, qui n'étaient que trop justifiées par la position où elles se trouvaient, elles criaient la faim, et ces femmes si recherchées, si gâtées par toutes les habitudes du luxe, furent trop heureuses de se partager les débris de mon fameux morceau de pain.

Elles voulaient toutes voir la reine; je me faisais une conscience d'aller encore interrompre ce moment de repos; mais ces dames insistaient; il semblait qu'elles dussent se laisser guider par elle dans ce qu'elles avaient à faire; d'ailleurs le moment fixé pour le départ approchait.

J'entrai chez la reine, qui reçut ces dames pendant qu'elle s'habillait.

Les doléances recommencèrent; la reine leur conseilla d'aller à Blois se réunir à l'impératrice Marie-Louise, et surtout de partir en même temps qu'elle; car si elle n'avait pas craint les Cosaques dans la nuit, elle pensait bien qu'ils ne pouvaient pas tarder à arriver.

La reine leur fit part de son projet d'aller à Navarre, et nous nous séparâmes toutes la mort dans l'âme : où et quand nous reverrions-nous?...

Les voitures arrivées, nous nous mîmes en marche à la surprise de chacun qui nous vit passer par la forêt de Rambouillet, au lieu de longer les bois, en suivant la route de Maintenon. Toujours prévoyante, même dans son imprudence, la reine avait fait demander un garde de la forêt pour connaître la route. M. d'Arjuzon, seul homme que nous eussions avec nous, ne connaissait nullement la guerre, et nous ignorions tous que par la route que nous prenions nous allions nous trouver au milieu des Cosaques; mais, par bonheur, au moment où nous entrions dans le bois, une voiture de la reine, qui n'avait pu suivre, arrivait à Rambouillet avec son valet de chambre, qui l'escortait à cheval. Il vint à la portière de sa voiture lui rendre compte de ce qu'il avait vu, et entre autres choses il lui dit que dans une plaine, qu'il lui nomma, il avait aperçu de loin les Cosaques. La reine regarde sa carte et voit que si à quatre heures du matin les Cosaques étaient dans cette plaine, ils devaient nécessairement être dans la forêt où elle allait entrer.

Elle changea à l'instant de plan, fit retourner ses voitures, et nous nous trouvâmes sur la grande route de Rambouillet à Maintenon.

M. et madame d'Arjuzon de leur portière, et moi de la mienne, nous ne concevions rien à ce changement de route, et nous nous demandions réciproquement ce que cela voulait dire. M. d'Arjuzon qui avait offert sa terre de Louis à la reine pour y passer la nuit avant de se rendre à Navarre, et qui voyait qu'on abandonnait la vraie route qui y conduisait, voulait faire arrêter, et ne comprenait rien à ce nouveau projet.

Mais nous ne fûmes pas longtemps dans l'incertitude. Après avoir fait un quart de lieue, nous vîmes sortir du bois et galoper dans la plaine un Cosaque avec son grand fouet à la main. Le piqueur de la reine mit son cheval au galop de ce côté; le Cosaque rentra dans le bois, un instant après, il reparut avec un autre, mais pourtant ils ne nous atteignirent pas.

Il y avait d'ailleurs avec nous sur la grande route beaucoup de fuyards, de voitures qui leur représentaient sans doute une force assez considérable pour leur imposer.

Quand nous fûmes à Maintenon, la reine fi

demander une escorte à un régiment de cavalerie qui se trouvait là, et nous reprîmes avec sécurité une route de traverse qui devait nous conduire à Louis. Un courrier de l'empereur que nous rencontrâmes, dit à la reine qu'il avait laissé l'empereur allant à Paris. La reine s'écria : « J'avais donc raison de vouloir qu'on se défendît » à Paris ; j'étais sûre que l'empereur viendrait » au secours de la capitale. A présent que » va-t-il devenir ainsi que notre armée ? »

Quand nous fûmes au premier village, le curé, avec le Saint-Sacrement, vint au devant de nous ; notre escorte avait fait supposer que nous étions l'ennemi qu'on redoutait tant, et si, en nous voyant, le village fut rassuré, peu de moments après il a dû voir réellement ceux qui lui causaient de si justes craintes.

Nous traversâmes des vallées si calmes et si paisibles que c'était un contraste bien pénible avec notre agitation.

Nous parvînmes enfin à Louis un peu avant la nuit : ce lieu, qui n'avait jamais été témoin que d'un bonheur parfait, recueillait pour la première fois celle qu'on aurait voulu y fêter jadis ; mais que le cœur recevait avec autant de dévouement.

La reine congédia son escorte ; restée seule avec nous, je la vis un moment anéantie. « Je pleure, » nous dit-elle, « sur tous les » malheurs que je prévois ; nous sommes tran- » quilles ici, mais que se passe-t-il à Paris ? on » s'y bat sans doute ; l'empereur, à la tête de » son armée, voudra reprendre sa capitale, et » l'ennemi en est le maître ; comment ne pas » prévoir une lutte affreuse d'extermination ? » tout ce calme qui nous environne me fait » plus de mal que l'agitation d'où je sors ! »

Nous pensions tous de même, et jamais soirée ne fut plus triste que celle que nous passâmes à Louis, malgré toute l'obligeance et les soins des maîtres de la maison. Le lendemain à cinq heures du matin nous nous remîmes en route pour Navarre, par un temps épouvantable et des chemins affreux.

A quatre lieues de Navarre nous trouvâmes M. Fritz Pourtalès, premier écuyer de l'impératrice, qui venait au-devant de la reine avec les chevaux de sa mère. Bientôt elle eut le bonheur de se trouver près d'elle.

Le plaisir d'embrasser sa fille et ses petits enfants fut une grande consolation pour l'impératrice Joséphine, qui ignorait complétement tout ce qui se passait, et qui se tourmentait outre mesure du sort de l'empereur.

Sa fille lui cacha même ce qu'elle avait appris en route de sa marche sur Paris, pour ne pas augmenter ses inquiétudes. Nous ne tardâmes pas à apprendre tous les détails de cette catastrophe, l'entrée des alliés à Paris, les rubans blancs, etc. Mais la chose qui me surprenait le plus, c'était de voir dans le salon même de l'impératrice une sorte de joie sur des visages qui auraient dû exprimer la tristesse.

Beaucoup de ceux qui composaient la maison d'honneur avaient l'air de nous souffrir avec peine; car, eux, si empressés autrefois, nous disaient d'un air contraint: « Restez-vous? partez-vous? où irez-vous? Quant à nous nous sommes bien tranquilles, il ne nous arrivera rien. »

Mme d'O..... avait perdu toute sa fortune par la révolution. Son fils était écuyer de l'empereur; elle-même était soutenue par l'impératrice qui la logeait, et l'avait nommée une de ses dames. Elle croyait probablement que le retour des Bourbons allait lui rendre sa jeunesse, sa beauté, et elle souriait sans doute à ces souvenirs du bon vieux temps.

M. de Pourtalès avait épousé Mlle de Castellane, élevée, dotée par l'impératrice; elle les regardait comme ses enfants; aussi avait-elle emmené toute la famille avec elle à Navarre, quoiqu'ils ne fussent pas de service au moment du départ; la bonne et les petits enfants avaient été du voyage.

Sa maison était remplie de tous ceux qui eussent craint de rester à Paris. Hors, madame la comtesse d'Arberg (qui était dame d'honneur de l'impératrice et de plus son amie, et M. et Mme Vanberg qui partageaient avec elle toutes ses impressions), on aurait pu la croire déjà au milieu des étrangers; aussi l'arrivée de sa fille lui fut-elle d'un grand secours.

Quelles journées que ce samedi, ce dimanche! Tout ce que nous avions de brillant à Paris était à Navarre: la duchesse de Bassano y arriva avec ses enfants et ses sœurs, se dirigeant sur Alençon; madame Mollien, si tendrement attachée à la reine, et qui, de chez elle, était passée à l'impératrice Marie-Louise, revenait déjà de Blois, où elle avait laissé son mari; madame Gazani, près d'accoucher, éplorée et toujours belle. Tout cela sans hommes, sans plan arrêté, tandis que des ordres arrivaient de l'empereur pour que l'on mît tout sur le pied de défense dans les départements.

XVI.

Le château de Navarre. — M. de Maussion nous apprend la capitulation. — Ignorance de la position de l'empereur. — On lui accorde l'île d'Elbe. — Angoisses de l'impératrice Joséphine. — Récit de M. de Maussion. — Projet de départ de la reine pour la Martinique. — La reine dégage de tous serments sa maison d'honneur. — Madame de Caulincourt. — M. de Turpin. — M. de Montulé. — Conduite opposée. — Dévouement d'un émigré. — Projet de suivre la reine. — La princesse Sophie Wolkonski. — M. de Nesselerode. — Diamants confiés par des Russes au moment de l'invasion. — Les Bourbons vont régner. — Paris silencieux. — Joie des dames du faubourg Saint-Germain.

Le château de Navarre ne comprend qu'une grande salle et un appartement. L'impératrice avait logé sa fille dans le petit château qui n'est qu'à deux pas du grand. La santé de l'impératrice était alors parfaite, tandis que sa fille était très-délicate, même assez dangereusement malade de la poitrine : aussi la moindre impression lui était-elle funeste.

Une nuit on vint m'éveiller pour me dire qu'un jeune homme demandait à me parler à l'instant; qu'il arrivait de Fontainebleau, et était envoyé par le duc de Bassano près de sa femme, qu'il allait rejoindre. Je me levai à la hâte, et je fus trouver M. de Maussion, auditeur au conseil-d'état, qui m'apprit le premier la capitulation de Paris et la position où se trouvait l'empereur, avec lequel pourtant on allait négocier et auquel on accordait l'île d'Elbe en toute souveraineté.

Je me décidai à aller réveiller l'impératrice plutôt que la reine, et je traversai la cour; sa femme de chambre m'introduisit près d'elle, et rien ne saurait exprimer son angoisse: « L'empereur vit, » me dit-elle, en me prenant les mains, « en êtes-vous bien sûre? Que M. de » Maussion m'en répète l'assurance. » Ensuite elle pensa à aller réveiller sa fille pour trouver près d'elle les consolations dont elle avait tant besoin.

Alors elle passa un manteau de percale, je pris le bougeoir à la main et je la suivis; elle nous fit entrer tous deux dans la chambre de la reine. M. de Maussion nous donna tous les détails dont ces princesses étaient si avides.

L'impératrice était assise au pied du lit de

sa fille; M. de Maussion et moi nous étion debout. Je n'oublierai jamais l'exclamation de l'impératrice, quand M. de Maussion raconta que l'empereur irait à l'île d'Elbe.

« Ah! Hortense, » s'écria-t-elle en se penchant vers sa fille, « le voilà donc malheureux! » Comment, il est confiné à l'île d'Elbe? Ah! » sans sa femme, j'irais m'y enfermer avec lui! » Nous avions tous les larmes aux yeux en voyant la douleur de cette femme excellente qui en avait déjà tant éprouvé.

Nous apprîmes encore que l'empereur avait voulu défendre Paris; mais qu'étant arrivé trop tard, le duc de Raguse, qui avait capitulé pour son corps d'armée, avait livré l'empereur sans défense à Fontainebleau, où il était revenu et où chaque jour il voyait une défection nouvelle.

M. de Maussion promit de rester pour déjeuner, et quand je fus seule avec la reine elle me dit : « J'ai un projet arrêté; ma position » particulière me rend isolée sur la terre; ma » mère peut rester en France, puisque le di- » vorce la rend libre; mais je porte un nom » qui ne peut plus y demeurer, puisque les » Bourbons reviennent. Je n'ai aucune fortune » que mes diamants, je les vendrai et j'irai

» vivre à la Martinique, sur l'habitation qui
» appartient à ma mère. J'ai été là fort jeune
» et j'en conserve un souvenir agréable. Ce
» sera sans doute un grand sacrifice que de
» quitter la France, ma mère, mes amis; mais
» là je serai tranquille, et il faut, dans les
» grands événements, avoir un grand courage.
» J'élèverai bien mes enfants, et ce sera ma
» consolation. »

Je l'avais laissé parler sans rien dire, tant j'étais attendrie à la pensée de tout ce qu'elle abandonnait et de la force qu'il lui fallait pour le faire avec tant de résignation. Je ne pouvais songer sans une vive émotion à cette destinée si élevée et qui tout à coup se trouvait tombée si bas! C'était dans une île éloignée de toutes les jouissances de la vie que la fille de l'empereur Napoléon pensait avec calme à aller enfouir son existence et tant de dons précieux dont elle embellissait la plus brillante cour du monde. Elle qui protégeait les arts, encourageait les talents, et qui était si Française par le cœur et par l'esprit!...

Je lui pris la main, que je baisai avec une émotion profonde de respect et d'admiration. « Permettez-moi de vous suivre, » lui dis-je; « je serai trop heureuse de partager vos mal-

» heurs.—Mais ta mère, tes frères, » me répondit-elle. «—Ils pourront se passer de moi, » lui dis-je, « je sens que vous aurez besoin de mon » dévouement, et que je ne pourrai me déci- » der à m'éloigner de vous.—Hé bien, si telle » est ta résolution, j'accepte. »

Alors nous convînmes que j'irais à Paris avec M. de Maussion pour préparer ma mère à cette séparation, et que là j'arrangerais mes affaires et celles de la reine; que je ne parlerais à personne de ses projets et que je ne me montrerais même pas à mes amis de Paris.

La reine pensa ensuite à rendre libre sa maison d'honneur. L'image de celle de l'impératrice lui faisait craindre les mêmes sentiments dans la sienne et lui faisait désirer, en leur rendant leurs serments promptement, de leur donner la possibilité de se placer ailleurs.

Mais madame de Caulaincourt était une personne qui n'avait pas besoin qu'on lui rendît ses serments; elle n'a jamais cessé d'être attachée à la reine, elle a toujours dit hautement qu'elle se faisait gloire d'avoir été sa dame d'honneur et qu'on ne la verrait jamais à une autre cour. D'autres lui sont restés aussi attachés, mais quelques-uns se sont manqué à eux mêmes. Un ancien colonel, M. de M..., oncle de

M. de Turpin, désira beaucoup avoir une place à la cour de la reine, mais il n'avait aucun titre pour cela; il avait émigré et servi dans les rangs étrangers, ainsi jamais l'empereur ne l'eût nommé près de sa fille.

M. de Turpin, qui s'était acquis la bienveillance générale par son courage pendant la révolution, en faisant vivre sa mère de son travail comme peintre, avait intéressé la reine qui était la protectrice de tous les talents. Elle le recommanda à l'impératrice Joséphine qui le fit nommer par l'empereur son chambellan.

Ce fut lui qui, en 1812, apprenant que la reine avait à nommer un chef des écuries, vint la conjurer de donner cette place à M. de M… « C'est la place d'un simple piqueur en chef, » disait-elle, « qui doit recevoir les ordres de mes » écuyers, nommés par l'empereur, je ne puis » la donner à un ancien colonel, votre parent; » sa position serait désagréable et peu conve- » nable pour lui. » M. de Turpin insista, avoua que son cousin était dans la plus pénible situation, trop âgé pour recommencer une carrière; qu'il s'entendait parfaitement aux soins des chevaux et que cette place lui conviendrait, au point qu'il conjurait la reine de ne pas la donner à un autre. La reine céda.

M. de M..... se trouva à la tête d'une écurie de soixante chevaux, logé, ayant un cabriolet à ses ordres et trois mille francs de traitement. Il paraissait très-reconnaissant de ce que la reine avait fait pour lui ; et quoiqu'il ne vînt jamais dans sa société, il trouvait le moyen, en se mettant sur son passage, de recevoir directement ses ordres, sans les attendre des écuyers, qui souvent se trouvaient ainsi frustrés de leurs prérogatives, et en murmuraient.

Aussitôt que la révolution en faveur des Bourbons eut lieu, M. de M......., sans rien dire à personne, sans envoyer même un mot de remerciement à la reine, abandonna tout, en disant : « Enfin je vais retrouver une place digne de moi, et je ne serai plus avec cette livrée qui me pesait tant. » La reine, en apprenant cette ingratitude, dit : « Il aurait dû
» y mettre plus de procédés ; car j'aurais très-
» bien compris qu'il se trouvât heureux de
» changer de position, et je ne pouvais atten-
» dre de lui qu'un remerciement. » Depuis, il présida les cours prévôtales de Paris.

Ce manque de convenance et de gratitude ne fut point imité par un homme qui avait été encore plus malheureux que lui, et qui se conduisit avec plus de délicatesse. En Hollande, lorsque M. de Broc (1) forma la maison du roi, un ancien colonel français, nommé G......, plongé dans la plus affreuse misère, vint le trouver pour lui demander un emploi. Le grand-maréchal n'avait plus qu'une place de valet de pied à donner, et lui en exprima tous ses regrets. « Eh bien ! je l'accepte, dit le malheureux émigré : je sais que je n'ai aucun droit à réclamer de cette famille qu'elle me fasse vivre ; mais je la servirai avec probité, et, comme Français, j'ai le droit d'obtenir la préférence. » M. de Broc n'eut pas le courage de repousser un homme si infortuné, et il l'accepta. Mais pour lui rendre sa position moins pénible, on le nomma valet de pied du prince Napoléon, qui était alors en Hollande. Il le suivit à Paris, lorsque le roi abdiqua, et resta toujours avec les princes ; il portait dans ses bras le plus jeune, qui l'avait pris dans une grande tendresse ; tous les deux savaient qu'il avait été militaire, et le traitaient avec beaucoup d'amitié. Il restait toujours dans leur antichambre, et dînait seul de leur desserte.

(1) Grand-maréchal du palais en Hollande.

Il suivit à Navarre. En apprenant que les Bourbons étaient revenus, il demanda à parler à la reine. « Madame, lui dit-il, vous savez que j'ai servi les princes émigrés ; je pense que les événements qui viennent de se passer doivent me faire retrouver une place élevée près des Bourbons. Je vous dois la vie, c'est à vous à juger de ce que je dois faire. » — « Allez, lui dit la reine, vous m'avez servi
» fidèlement ; mais vous devez rechercher
» votre plus grand avantage, et je serai bien
» aise de vous savoir plus heureux, car vous
» le méritez. »

Il partit pour Paris ; la reine lui donna une gratification et tout ce qui lui était nécessaire pour son voyage. Les enfants seuls ne pouvaient se consoler de voir leur bon G.... les quitter. Leur mère, qui leur expliquait toujours elle-même tout ce que leur âge les empêchait de comprendre, leur dit qu'il s'éloignait pour être plus heureux ; qu'il allait retrouver une position meilleure que celle qu'il avait près d'eux, et qu'ils devaient s'en réjouir ; ils ne dirent plus rien.

Il était impossible d'avoir un meilleur cœur que ces deux jeunes enfants ; aussi tout le monde les adorait. Leur grand'mère, l'impératrice Joséphine, ne pouvait se passer d'eux, surtout du cadet, qui était son favori, parce qu'il lui rappelait l'enfance de sa fille, à laquelle il ressemblait beaucoup. Elle était bien tentée de gâter ses petits-fils ; mais elle redoutait les reproches de la reine, qui, d'une indulgence parfaite pour tout le monde, ne pouvait supporter l'idée de voir que l'on gâtât ses enfants, et se montrait très-sévère sur ce point.

« Leur position élevée ne les gâtera que
» trop, » disait-elle, « si l'on n'y prenait garde;
» je veux en faire des hommes distingués, je
» ne veux pas qu'on leur donne les défauts
» de la grandeur; je veux au contraire que
» l'idée de leur élévation les oblige à devenir
» meilleurs, et le moyen de se rendre toujours
» supérieurs aux autres, c'est de s'oublier con-
» stamment pour eux. » Avec de tels principes, il était impossible que ces jeunes princes ne devinssent pas ce qu'ils promettaient d'être un jour.

Mon projet était bien arrêté d'accompagner la reine, n'importe où elle se retirerait; j'avais bien des choses à régler à Paris avant de penser à m'embarquer; je m'arrangeai donc pour partir sur-le-champ, le 3 avril, avec M. de Maussion et un valet de chambre de la reine.

Comme je l'ai déjà dit, j'étais liée d'une tendre amitié avec la duchesse de Bassano, et pendant que son mari était ministre des affaires étrangères, j'allais presque tous les jours passer la soirée chez elle. La reine était alors chez l'empereur, chez l'impératrice, ou chez elle avec ses dames d'honneur; elle n'avait nul besoin de moi, et je préférais profiter le soir de ma liberté pour voir mes amis.

Je rencontrais journellement chez la duchesse de Bassano tout le corps diplomatique, qui ne venait jamais chez la reine qu'en grande cérémonie. J'étais choyée, accueillie par tout le monde; il suffisait alors d'être seulement attaché à sa maison pour être recherché de tous ces illustres étrangers. Je m'étais liée plus particulièrement avec la princesse Sophie Wolkonsky; elle venait souvent me voir dans mon petit appartement chez la reine.

Lorsqu'elle retournait à Saint-Pétersbourg, une correspondance suivie remplaçait ces longues causeries où il est si doux de s'épancher avec ceux qu'on aime.

M. de Nesselrode, si longtemps premier secrétaire d'ambassade à Paris, était souvent en tiers dans nos entretiens, et c'était à lui que je remettais toutes mes lettres pour la Russie.

Cela m'avait mise en grande intimité avec tous les Russes qui venaient à Paris, et qui souvent m'étaient adressés.

Avant de m'embarquer j'avais à remettre à plusieurs d'entre eux des diamants qu'ils m'avaient confiés, dans la crainte de les perdre en Russie, si nos armées en faisaient la conquête. J'avais demandé à la reine la permission de me charger de ces dépôts, et elle m'avait autorisée à les mettre en sûreté dans son palais.

J'étais fort impatiente de remettre ces objets précieux à ceux auxquels ils appartenaient. Presque tous venaient d'arriver à Paris, étonnés, sans doute autant que moi, d'y paraître en vainqueurs; car nous avions été loin d'imaginer qu'il reviendraient eux-mêmes rechercher à Paris ce qu'ils y avaient laissé.

Il était convenu avec la reine que je ne verrais personne de sa maison, que je ne me montrerais même pas, et que, toutes mes affaires personnelles achevées, je viendrais la rejoindre à Navarre.

Je voyageai dans la voiture de M. Maussion. Arrivée à la barrière, je fondis en larmes, en voyant les portes de Paris gardées par des Russes; car il était affreux de penser que l'empereur était venu trop tard défendre cette capitale qu'on avait livrée si vite, et qu'en si peu d'instants une puissance si colossale avait été renversée! Quelle allait être la position de la reine et de ses enfants?

Voilà ce qui m'avait occupée pendant toute la route. Je savais qu'elle n'avait aucune fortune à elle; son mari lui laissait son traitement de prince Français, pour tenir sa maison lorsqu'ils étaient séparés, et depuis qu'il avait abdiqué la couronne de Hollande. L'empereur, qui se reposait sur la reine pour faire les honneurs de Paris, à cette fin, et depuis deux ans seulement, lui avait assuré des revenus considérables. Mais loin d'économiser, elle dépensait tout; de même que sa mère, elle donnait tout ce qu'elle avait. La seule différence, c'est que l'impératrice Joséphine donnait plus qu'elle n'avait; tandis que la reine, qui ne savait jamais refuser quand on lui demandait de l'argent, et qui avait vu souvent sa mère tourmentée par des créanciers, s'était fait une loi de se passer de tout ce qui lui aurait fait le plus de plaisir, plutôt que de contracter la plus petite dette. Je lui ai donc vu souvent, malgré toutes ses richesses, se refuser une chose qu'elle désirait, parce qu'elle n'avait pas d'argent pour cela, et qu'elle dépensait tout pour la tenue de sa maison et pour les dons qu'elle faisait.

A présent, avec quoi vivrait-elle? Elle ne s'était jamais occupée des détails d'une maison; parce qu'elle savait se priver, elle croyait qu'on pouvait vivre avec rien, et l'argent était la dernière chose à laquelle elle eût pensé. Elle imaginait qu'avec ses diamants (seule chose qui allait lui rester), il y en aurait assez pour une vie tranquille comme celle qu'elle allait mener.

Mais moi je m'inquiétais pour elle, et aussi pour sa mère, qui allait encore avoir plus qu'elle des tourments de ce genre; car toute la vie de l'impératrice s'était passée au milieu du luxe et de toutes les délicatesses de la plus grande aisance. Ses bienfaits étaient si considérables et si peu calculés, même sur sa fortune, qu'elle allait se trouver en face de dettes énormes, et n'ayant qu'une campagne comme la Malmaison pour toute fortune. Je pensais à tout cela en roulant vers Paris, lorsque l'aspect des uniformes étrangers me rappela ces tristes réalités qui avaient enfanté toutes mes craintes.

Ma mère fut très-affligée de mon projet de m'exiler avec la reine; mais comme elle connaissait mon attachement, mon dévouement pour elle, elle ne s'en étonna pas, et n'essaya pas, pour m'en détourner, des instances qu'elle savait inutiles : « Va, ma fille, suis ta destinée; fais ce que ton cœur et ton devoir t'appelleront à faire. Mais, tu le sais, je ne puis vivre loin de toi ; je ne te laisserais pas partir si je ne me sentais le courage de te suivre. Lorsque vous serez arrivés et fixés quelque part j'irai m'y réunir à toi, fusse au bout de l'univers. » Les malheurs, l'exil sont arrivés, et ma digne mère a tenu sa promesse!...

Il était décidé que les Bourbons allaient régner de nouveau; on en redoutait de funestes réactions; Paris était silencieux et morne; les dames du faubourg Saint-Germain ne se sentaient pas d'aise; elles allaient, elles couraient avec les étrangers; il semblait qu'elles retrouvaient des frères, et leur joie ne se communiquait pourtant pas à tout ce peuple qui attendait avec crainte ce qu'on allait faire de lui.

La reine m'avait permis d'aller voir madame de Caulaincourt; son fils, le duc de Vicence, étant auprès de l'empereur à Fontainebleau, je devais savoir là des nouvelles que je lui transmettrais. L'impératrice Joséphine m'avait bien fait promettre de lui écrire tout de suite ce que devenait l'empereur Napoléon.

XVII.

L'hôtel de la reine envahi par des Suédois. — Madame de Caulincourt. — Dévouement de M. de Nesselrode. — Lettre à la reine. — On s'occupe du sort de la reine. — Incertitude sur le sort de Marie-Louise. — On veut me présenter à l'empereur de Russie. — La reine ne veut rien pour elle. — Lettre de la reine. — Cruelle résolution. — Lettre de M. de Nesselrode.

A mon arrivée, je trouvai l'hôtel de la reine envahi par les Suédois ; on n'avait pas osé habiter son appartement. Elle avait laissé dans la bibliothèque de son cabinet tous ses papiers, toutes ses correspondances ; par habitude, elle ne fermait jamais rien à clef : elle avait de grands cartons où elle déposait toutes les lettres de sa famille. Les étrangers auraient donc pu s'emparer de tous ses papiers ; mais, précisément parce qu'il n'y avait rien de fermé à clef, ils n'y pensèrent pas ; cette pièce fut habitée, et l'on ne toucha à rien, seulement on se servit des livres, et il y en eut peu de perdus.

Madame de Caulaincourt dit à son fils que j'étais à Paris ; il venait pour traiter avec M. de Nesselrode et d'autres ambassadeurs sur le sort de l'empereur et de sa famille. Il désira me voir, et mon incognito fut ainsi découvert.

Tous mes amis accoururent chez moi : les uns, inquiets de leur sort, venaient m'interroger sur le mien ; d'autres, amèrement blessés dans leurs opinions, dans leurs sentiments, dans leurs intérêts, se sentaient en hostilité contre tout ce qui arriverait ; d'autres fondaient déjà des espérances sur les nouvelles combinaisons qui allaient régir la France, ou recherchaient dans de vieux souvenirs des droits à une bienveillance nouvelle, et l'intérêt qu'on prenait aux plus frappés n'était déjà plus qu'un sentiment de convenance assez froid.

J'en faisais la remarque avec mes plus intimes, avec mes frères, dont la noblesse de sentiment me faisait apprécier à leur juste valeur toutes ces nuances de l'égoïsme et de l'intérêt personnel mal déguisé. Ils avaient, comme moi, dû leur sort aux bontés de la reine dans ses temps de prospérités, et ils comprenaient mieux que personne mon dévouement et mes projets; ils venaient chaque soir se réunir au cercle d'amis qui, d'ordinaire, m'apportaient les nouvelles du jour, les bruits vrais ou faux qui occupaient le public, et dont nous cherchions ensemble les conséquences présumables, fâcheuses ou consolantes. A l'âge que nous avions alors il reste toujours assez de gaieté lorsque les malheurs qui vous frappent ne touchent pas au cœur; nous trouvions encore moyen de rire des ridicules qui, au milieu de tout cela, nous apparaissaient : c'était moins amer que de s'appesantir sur les sentiments bas que les circonstances dévoilaient.

J'appris que l'empereur Napoléon, forcé d'abdiquer à Fontainebleau (par l'abandon du duc de Raguse et de plusieurs autres généraux qui s'empressèrent de faire leur paix), avait jusqu'à la fin montré le plus grand courage. M. de Nesselrode accourut un des premiers chez moi aussitôt qu'il eût reçu l'annonce de

mon arrivée ; il me montra un si grand dévouement pour les intérêts de la reine et de ses enfants, que je sentis renaître mes espérances et que je conçus l'idée que la reine ne serait pas forcée de s'expatrier, comme elle en avait le projet. J'avouai à M. de Nesselrode le but de mon voyage, qu'il traita de folie. Je m'informai à lui de tout ce qui pouvait intéresser la reine et l'impératrice, et de ce que je pouvais savoir sur le sort de l'empereur Napoléon, et j'écrivis en détail à Navarre tout ce qu'on me disait. J'avais, depuis bien des années, contracté l'habitude d'écrire tous les soirs ce que j'avais fait dans la journée. Mes lettres à la reine remplacèrent dans ce moment cet espèce de journal ; elles renferment à peu près tout ce que j'ai fait à Paris pendant le temps que j'y ai passé. Elles sont écrites avec toute la précipitation inévitable dans de pareilles circonstances. Je les ai sous les yeux ; je copierai exactement les phrases essentielles avec tout leur décousu, telles que je les écrivais alors, pour ne rien changer à tout ce qui m'était dit : ce sera plus exact que de chercher de mémoire tous les détails de ces terribles moments. Dans ma première lettre, voici ce que je lui disais :
« Madame, je viens de voir M. de Nesselrode,

et je m'empresse de vous conter mot à mot tout ce qu'il m'a dit. « Écrivez à l'instant à la reine pour qu'elle vienne ici : que peut-elle redouter ? qui n'est pas rempli d'affection pour elle, pour sa mère, pour son frère ? La voix publique est tout en leur faveur. Qu'elle décide elle-même de son sort. Nous pouvons tout dans ce moment. La destinée de l'Europe et de chacun est entre nos mains, et nous tenons à être juste envers elle, qui a toujours été parfaite pour nous et qui a toujours cherché à adoucir les malheurs de tant d'autres !... Que possède-t-elle ? — Ses diamants, » ai-je répondu. « — Rien de plus ? — Non, rien de plus. Son fils aîné est grand-duc de Berg, mais l'empereur est son tuteur ; et elle jouit de l'apanage institué pour son fils cadet, qui se compose de bois autour de Saint-Leu : je crois que cela peut valoir cinq cent mille francs. — C'est trop peu pour elle, a-t-il repris ; veut-elle être quelque chose, ou veut-elle vivre tranquille près de sa mère ? — J'ignore ses désirs, « ai-je dit, » puisqu'en ce moment elle ne pense qu'à s'expatrier.—Écrivez-lui qu'elle reste encore où elle est, avec ses enfants et sa mère, et qu'elle fixe elle-même son sort. Tout ce qu'elle voudra sera fait. » Il me parla ensuite de l'admiration qu'inspirait généralement la conduite du vice-roi; il croit même qu'il restera souverain de l'Italie. » J'ajoutais ici une phrase à ma lettre à la reine, qui dut lui faire mal; mais c'étaient les propres expressions de M. de Nesselrode. « Ah! que d'hommes plats et vils viennent de se montrer à moi, m'avait-il dit. C'est un mal nécessaire; mais il m'est pénible de faire une si triste connaissance de l'espèce humaine. » C'était pourtant de quelques Français qu'il parlait ainsi! « Quant à l'impératrice Marie-Louise, rien n'est encore décidé pour elle, avait-il ajouté; on attend son père, et elle sera maîtresse d'aller avec son époux. » M. de Nesselrode me proposa de me présenter à l'empereur de Russie; je n'acceptai pas, dans la crainte de déplaire à la reine, car je connaissais son caractère. Toute démarche qui n'aurait pas été d'accord avec ses idées de noble fierté m'aurait attiré des reproches de sa part, et moi-même je m'identifiais trop avec sa position pour vouloir faire autre chose que ce qu'elle aurait fait elle-même. D'après toutes ces assurances que je venais de recevoir, je repris de la tranquillité; l'avenir de la reine me paraissait assuré d'une manière même plus conforme à ses goûts que la destinée brillante dont elle avait à peine joui, je me remis de toutes les agitations que j'avais eues. J'attendis sa réponse avec impatience, mais avec cette confiance qu'elle allait elle-même décider du sort qui lui conviendrait le mieux, puisqu'on mettait tout à sa disposition. Mon étonnement fut grand lorsque je reçus une lettre de la reine qui me disait qu'elle ne voulait pas séparer sa cause de celle de la famille à laquelle elle était liée, et que plus leur malheur était grand, plus elle voulait le partager. Je peindrais mal tout le chagrin que me fit éprouver cette lettre! Comment? lorsqu'on lui offrait tout ce qu'elle pourrait désirer, lorsqu'elle redoutait de se trouver avec son mari, avec lequel elle avait été si malheureuse, elle oubliait qu'elle était mère, que ses enfants ne possédaient rien dans le monde, qu'ils pouvaient par elle avoir une existence honorable, rester dans leur patrie; et elle rejetait tout cela par une exaltation que la raison ne pouvait approuver!

Voici une des lettres de la reine :

« Ma chère Louise, tout le monde m'écrit,
» ainsi que toi, pour me dire : que voulez-
» vous? que demandez-vous? A tous je ré-
» ponds : *rien du tout*. Que puis-je désirer?

» mon sort n'est-il pas fixé? et lorsqu'on a la
» force de prendre un grand parti, et qu'on a
» pu envisager de sang-froid le voyage des
» Indes ou de l'Amérique, il est inutile de
» rien demander à personne. Je t'en prie, ne
» fais aucune démarche que je pourrais désap-
» prouver : je sais que tu m'aimes, et cela
» pourrait t'entraîner ; mais réellement, je ne
» suis personnellement pas trop à plaindre :
» j'ai tant souffert au milieu des grandeurs !
» je vais peut-être connaître la tranquillité et
» la trouver préférable à tout ce brillant
» agité qui m'entourait. Je ne crois pas pou-
» voir rester en France : le vif intérêt qu'on
» me montre pourrait par la suite donner de
» l'ombrage. Cette idée est accablante, je le
» sens ; mais je ne veux causer d'inquiétude
» à personne. Mon frère sera heureux, ma
» mère doit conserver sa patrie et ses biens,
» et moi j'irai loin avec mes enfants ; et puis-
» que la vie, la fortune de ceux que j'aime
» est assurée, je puis toujours supporter le
» malheur qui ne touche que mon existence,
» et non pas mon cœur. Je suis encore toute
» troublée du sort que l'on destine à l'empe-
» reur Napoléon et à sa famille : est-il vrai ?
» tout est-il arrêté ? donne-m'en des détails.

» Si je n'étais venue près de ma mère, je suis
» sûre que je n'aurais pas pu m'éloigner d'eux
» dans ces moments malheureux. Ah! j'espère
» qu'on ne me redemandera pas mes enfants,
» c'est alors que je n'aurais plus de courage !
» Élevés par mes soins, ils se trouveront heu-
» reux dans toutes les positions. Je leur appren-
» drai à être dignes de la bonne et de la mauvaise
» fortune, et à mettre leur bonheur dans la
» satisfaction de soi-même : cela vaut bien
» des couronnes. Ils se portent bien, voilà
» mon bonheur à moi! Remercie beaucoup
» M. de N..... de tout son intérêt. Je t'assure
» qu'il est des positions qu'on appelle avec
» raison malheureuses, et qui ne sont pas sans
» charme, ce sont celles qui nous mettent à
» même de juger des véritables sentiments
» qu'on nous porte. Je jouis de l'affection que
» tu me montres, et il me sera toujours
» doux de t'assurer de toute celle que je t'ai
» vouée.

HORTENSE. »

» Navarre, le 9 avril 1814. »

J'envoyai cette lettre à M. de Nesselrode, qui, dans ce moment, négociait le traité du 11 avril. Il me répondit par le billet suivant :

LETTRE DU COMTE DE NESSELRODE A MADEMOISELLE COCHELET.

« Ne m'attendez pas aujourd'hui; il est impossible que je sorte. Nous nous occupons beaucoup de vous. Tout le monde est bien pour votre amie, même ceux ou celui dont vous le supposeriez le moins, et je suis presque fâché d'avoir moins de difficultés à vaincre. Je n'aurai aucune espèce de mérite dans tous ces arrangemens, qui répondent complétement à vos vœux dans toute leur étendue. Vous n'avez besoin de ne rien faire enlever de la rue Cerutti (1). Je vous renvoie la lettre ; si tout cela finit bien, il faudra que vous m'en fassiez le cadeau. Restez ici, et voyez qui vous voudrez ; il n'y a à cela pas le moindre inconvénient.

« N. »

(1) Palais de la reine à Paris.

XVIII.

M. de Nesselrode me demande une lettre de la reine. — Son opinion sur la reine. — Nouvelles de l'empereur Napoléon. — Il demande l'île d'Elbe. — Le duc de Vicence et le prince de Neufchâtel. — M. de Metternich. — Le prince Léopold dévoué à la reine. — L'ancienne noblesse et la nouvelle. — Je presse le retour de la reine. — L'avenir de ses enfants. — Fureur du faubourg Saint-Germain. — Une lettre de la reine à l'empereur. — Une nouvelle lettre à la reine. — Fureur des alliés contre le duc de Bassano. — Scène entre Marie-Louise et les rois ses beaux-frères. — La reine de Westphalie. — Dévouement du prince Léopold. — Madame de Tascher. — Quinze jours passés à Fontainebleau.

Lorsque je revis M. de Nesselrode, il me dit encore : « Vous devriez me donner une lettre de la reine, ce serait ma récompense de ce que je veux faire pour lui être utile. Au reste, l'estime qu'on lui porte est générale ; il n'est pas jusqu'au prince de Bénévent qui, dans un conseil où l'on discutait ce que l'on ferait pour la famille de l'empereur, s'est écrié : Je plaide pour la reine Hortense seule, c'est la seule que j'estime. » M. de Nesselrode ajouta : « Qui ne serait glorieux de l'avoir dans sa nation? c'est une belle perle de votre France ».

J'écrivis encore à la reine, qui demandait, de la part de sa mère, des nouvelles de l'empereur Napoléon : elles se tourmentaient beaucoup toutes les deux de ne savoir quel serait son sort. Je lui racontai ce que j'avais appris par M. de Nesselrode, que l'empereur Napoléon était sur le point d'abdiquer; que lui-même avait fixé l'île d'Elbe pour sa retraite avec toute sa famille, et que l'empereur de Russie mettait sa gloire à rendre sa destinée aussi heureuse que possible; c'était le duc de Vicence qui était chargé de traiter de ses intérêts. J'appris aussi que le prince de Neufchâtel avait quitté Fontainebleau pour venir faire sa soumission, tandis que le sort de celui qui le regardait comme un ami était encore aussi incertain. Il fut bien reçu par tout le monde; mais il lui eût été cruel de savoir ce que chacun pensait de lui en le voyant ainsi à genoux.

Dans une autre lettre que j'écrivais à la reine, je lui disais : « Les Bourbons sont décidément accueillis. J'ai dit à M. de Nesselrode que je viens de voir : Est-ce que vous pensez que la France puisse être habitée par la reine? les nouveaux venus le trouveront-ils bon? — Certes, j'en suis sûr, car nous leur faisons une une belle part; *sans nous, auraient-ils jamais régné?* c'est nous, c'est l'Europe qui règle tout cela : ainsi j'espère qu'ils ne violeront jamais les traités. Allez, l'empereur Alexandre soutiendra toujours les bonnes causes. »

« Tous ces étrangers parlent de vous, madame, avec un grand enthousiasme. M. de Metternich, qui se rappelle sans doute combien vous avez eu de bonté pour sa femme et pour ses enfants, s'est beaucoup informé de vous. Le prince Léopold est parfait pour vous et pour l'impératrice Joséphine; tout ce qu'il désire, c'est de pouvoir vous être utile à l'une et à l'autre. M. de Nesselrode pense que vous feriez bien d'écrire à l'empereur Alexandre, qui s'occupe avec tant de sollicitude de vos affaires particulières.

» L'ancienne noblesse est déjà très mécontente; elle se dit encanaillée de se trouver mêlée avec la nouvelle. »

M. de Nesselrode avait vu chez moi un livre de romances de la reine; il me l'avait demandé avec tant d'instances, que je n'avais pu refuser de le lui prêter; il me le renvoya par M. Boutikim, avec le billet suivant, d'après lequel j'écrivis à la reine.

« Je vous envoie Boutikim ; je doute que je puisse aller vous voir ce soir. Engagez votre amie à venir à la Malmaison, elle sera toujours bien lorsqu'elle se trouvera avec sa mère. Dans deux ou trois jours, on ira la voir. Je vous enverrai demain les lettres ; il n'y a au monde rien de plus joli que le livre. Ma femme sera ici dans une couple de jours.   N. »

J'écrivis encore à la reine : « Venez à la Malmaison avec l'impératrice, l'empereur Alexandre ira tout de suite vous y voir ; il a un grand désir de vous connaître, et vous lui devez déjà de la reconnaissance, puisqu'il sert vos intérêts comme s'ils étaient les siens. Le duc de Vicence, qui se conduit si bien pour l'empereur Napoléon, me charge de vous dire de venir à la Malmaison, que l'avenir de vos enfants en dépend. »

L'empereur Napoléon a signé un traité qui assure le sort de tous les membres de sa famille ; il peuvent rester en France et conservent tous leurs titres ; vous avez 400,000 fr. de rente pour vous et vos enfants.

» Enfin on dit : le faubourg Saint-Germain est furieux du sort qu'on vient d'assurer à la famille impériale, ainsi que de celui qu'on fait à l'impératrice. Ne sont-ils pas bien reconnaissants du bien qu'elle leur a fait!...

» Vous désirez la Suisse pour résidence : M. de Nesselrode trouve que vous avez raison d'y penser ; c'est conserver là une retraite ; mais, pour cela, il ne faut pourtant pas abandonner celle que vous avez en France, et surtout vos droits d'y revenir.

» Croirez-vous que M. de Nesselrode veut me faire voir son empereur? Je m'en défends; je ne veux rien faire sans votre assentiment; mais, pour cela, il me faut du courage, car je serais bien curieuse de le connaître. On leur dit tant de bien de vous, que cela me fait plaisir à entendre.

» M. de Nesselrode me disait encore hier : « Dites-bien à la reine combien je serai heureux de faire tout ce qu'elle voudra, et que je puis le faire; j'en ai le pouvoir. » Il voudrait, pour plus de sûreté, que vous ayez encore un sort indépendant du traité qui vient d'être signé. Je ne sais que dire; guidez-moi; mais au moins, je vous en conjure, veuillez quelque chose.

» La reine ne répondit à toutes ces offres

de service qu'en m'envoyant une lettre pour l'empereur Napoléon ; elle oubliait son propre sort pour ne s'occuper que de celui de son protecteur. Je lui répondis :

« Votre lettre pour l'empereur Napoléon sera envoyée par le duc de Vicence : il est curieux que toutes mes demandes pour vous servir n'aient abouti qu'à donner à M. de Nesselrode la commission d'envoyer une lettre pour l'empereur Napoléon à Fontainebleau ; il croyait au premier moment que c'était celle qu'il réclamait pour son empereur ; mais il sait apprécier tout ce qui est noble et bien ; et, comme il a une loyauté et un tact admirables, il trouve que cette lettre ne peut arriver par son canal ; il va l'envoyer à Fontainebleau, au duc de Vicence, qui n'est plus ici. »

AUTRE LETTRE.

« Je viens, madame, de voir encore M. de Nesselrode ; il s'est beaucoup informé de vous ; l'empereur de Russie occupe l'Élysée-Napoléon. Le comte m'a raconté une histoire qui circule d'une scène entre l'impératrice Marie-Louise et les rois ses beaux-frères. Ils voulaient la mettre de force dans une voiture, pour la faire aller plus loin; mais, comme elle s'y refusait, on va même jusqu'à dire que le roi de Westphalie l'a un peu battue. Elle a appelé à son secours : c'est le général Caffarelli, qui commandait la garde, qui l'a sauvée (1). Le lendemain elle a été prise, ainsi que son fils, avec tous les diamants de la couronne; mais il paraît que c'était ce qu'elle désirait...

» Les alliés sont en fureur contre le duc de Bassano; j'ai pris vivement sa défense; car vous savez combien j'aime sa femme.

» La reine de Westphalie est à Paris; l'empereur Alexandre, qui est son cousin, a été de suite la voir. On suppose qu'elle va retourner près de son père.

» Le sort de votre frère sera très-beau; mais il n'est pas encore fixé. Il y a, m'a dit M. de Nesselrode, bien des intrigues dans tout cela. Pour le royaume de Naples, on n'en parle pas. Dans les particularités qu'il me raconte sur

---

(1) D'après les ordres de l'empereur Napoléon, ses frères voulaient empêcher l'impératrice et le roi de Rome de tomber au pouvoir de l'ennemi. M. de Bausset, dans ses mémoires, raconte cette scène. Elle donna lieu au récit exagéré qu'on fit alors à Paris, et que je répète ici comme on l'avait donné.

cette dernière guerre avec nous, je vois qu'il y a bien des ministres et des maréchaux qu'il méprise et qui sont bien coupables; mais il m'a dit que huit jours avant nos malheurs ils ne se croyaient guère nos maîtres; le 10 mars encore on croyait la paix faite, surtout avec la Prusse.

» Ne vous affligez pas sur le séjour de l'île d'Elbe, c'est l'empereur Napoléon qui l'a choisi : les alliés eussent préféré tout autre lieu.

« Ils ont pris tous les derniers courriers qui partaient de Paris. Il y avait une lettre de l'impératrice Marie-Louise à l'empereur : elle disait que son fils allait bien, qu'il avait bien dormi, mais qu'en s'éveillant il avait dit en pleurant avoir rêvé à son papa, et qu'après toutes les promesses de joujoux qu'on avait pu lui faire il n'avait jamais voulu dire ce qu'il avait rêvé, et que malgré elle cela l'inquiétait beaucoup.

» On assure qu'un maréchal a demandé à l'empereur Alexandre quel rang sa femme aurait à la nouvelle cour, et ensuite qu'il lui avait témoigné son étonnement de ce que l'armée n'avait pas été consultée pour la constitution. L'empereur Alexandre lui a répondu qu'il donnait ses ordres aux armées, mais qu'il n'en recevait jamais d'elles.

» Le prince Léopold loge dans la même maison que la comtesse Tascher ; il est sans cesse occupé de vous, de votre mère : il n'est pas ingrat, lui, des bons procédés que vous avez eu toutes deux pour lui ! Je sais qu'il veut parler à l'empereur de Russie et vous écrire. Tous vos amis disent que vous devez penser à vos enfants et accepter le sort qu'on vous offre. M. de Lavalette, M. de Vicence, sont de cet avis. Vous perdez assez de choses, et l'on peut bien accepter de ses vainqueurs qu'ils vous cèdent une faible partie de ce qu'ils vous prennent et de ce qui vous appartient.

» Enfin vos amis veulent absolument que vous vous rendiez à la Malmaison aussitôt que l'empereur Napoléon sera parti de Fontainebleau. On assure que l'empereur de Russie veut aller vous voir même à Navarre, si vous ne venez pas à la Malmaison. Ainsi vous ne pouvez l'éviter, et songez qu'il a entre ses mains la destinée de vos enfants. Dans le traité de Fontainebleau on a placé vos enfants avec vous ; c'est un grand point de sécurité pour vous, et cela prouve toute l'estime qu'on vous porte ; car chacun s'occupe des détails qui peuvent toucher votre cœur maternel. C'est cependant à l'empereur de Russie que vous devez tous ces soins, et le duc de Vicence, en montrant cet article du traité à signer à l'empereur Napoléon, a été approuvé par lui : c'est donc vous reconnaître tous vos droits sur vos enfants et prouver qu'on compte sur vous seule pour leur être utile. Vous ne pouvez donc pas refuser le bien qu'on vous offre pour eux. Je crois que bien d'autres, si on leur en offrait autant, ne se feraient pas tant prier.

» Madame Tascher, qui se montre pour vous une si bonne parente, a été pour la première fois chez le duc de Dalberg, qui est membre du gouvernement provisoire ; elle a amené la conversation sur vous. Voici mot à mot ce que le duc a dit : » On la regarde comme étrangère à la famille Bonaparte, puisqu'elle est séparée de son mari ; elle devient l'arbitre de ses enfants, on les lui a laissés ; elle peut être fort heureuse ; elle est si aimée, si estimée ! elle peut rester en France, faire tout ce qu'elle voudra ; il faut qu'elle revienne ici. » En le quittant, la comtesse Tascher est venue tout de suite me répéter cette conversation.

» Amis et ennemis, voici ce que chacun répète sur vous : ceux qui ne sont pas charmés du sort qu'on fait à la reine, sont de mauvaises gens! Pour elle, que regrette-t-elle dans tout ceci? le bien énorme qu'elle faisait! mais à présent on osera l'aimer, le lui dire ; elle a des goûts si simples, elle est si parfaite.

» Enfin on a presque l'air d'être content de vos malheurs, pour faire ressortir votre personne, et l'on dit : Elle vaut bien mieux par elle-même qu'entourée de tout le clinquant d'une cour.

» Hier j'ai vu les arrivants de Fontainebleau, M. de Lascour, M. de Lavoestine. Ils venaient pour savoir où vous étiez, soit à Navarre, soit à la Malmaison ; ils veulent aller vous y voir. Vous avez là de vrais chevaliers.

« N'importe ce qu'elle sera, me disaient-ils, nous pourrons à présent lui témoigner notre attachement, sans être accusés de flatterie.

» Ces quinze jours passés à Fontainebleau sont remplis d'intérêt. Tous ces jeunes gens voulaient accompagner l'empereur : M. de Flahaut, M. de Labédoyère, M. Anatole de Montesquiou. C'est l'empereur même qui les en a empêchés et qui les a congédiés, en leur recommandant de servir toujours avec zèle leur patrie. Lavoestine a été admirable dans tout cela ; il parle de chacun en peignant leurs ridicules d'une manière si vraie, qu'on voudrait écrire tout ce qu'il dit. Ils veulent tous m'accompagner à Navarre, mais ils espèrent que vous allez venir à la Malmaison.

» Lascours et Lavoestine, ainsi que beaucoup d'officiers de l'armée sont fort mécontents des généraux qui sont partis de Fontainebleau sans faire d'adieux!

» On assure que l'empereur a dit, en parlant de l'impératrice Joséphine : « Elle avait raison; de l'avoir quittée m'a porté malheur.

» On dit que la duchesse de Montebello quitte l'impératrice Marie-Louise. » Pendant que j'écrivais toutes ces lettres à la reine, j'en reçus une d'elle qui explique trop bien ses intentions pour que je ne la mette pas ici :

« Ma chère Louise, tu es affligée de ma ré-
» solution! vous me taxez tous d'enfantillage!
» vous êtes injustes! Le conseil du duc de Vi-
» cence peut être suivi par ma mère, elle ira
» à la Malmaison, mais moi *je reste*, je n'ai
» que de trop bonnes raisons, je ne dois pas
» séparer ma cause de celle de mes enfants.
» C'est eux, c'est leurs parents, qui sont sacri-
» fiés dans tout ce qui se fait, je ne veux donc
» pas me rapprocher de ceux qui renversent
» leur destinée. Plus je sais supporter avec

» calme ces coups de la fortune qui chan-
» gent mon existence, pour la rendre peut-être
» plus tranquille, moins je dois montrer cette
» impression qui m'est trop personnelle. Je
» dois être vivement affligée de notre si grande
» infortune, et je veux le paraître sans me
» rapprocher de ceux qui me verraient en
» suppliante, quand je ne veux rien leur de-
» mander. Je ne doute pas que l'empereur de
» Russie ne soit excellent pour moi ; j'en ai en-
» tendu dire beaucoup de bien, même par
» l'empereur Napoléon; mais, si j'ai été au-
» trefois curieuse de le connaître, dans ce mo-
» ment, je ne veux pas le voir; n'est-ce pas no-
» tre vainqueur? Tous tes amis, quoi, qu'ils en
» disent, sauront approuver ma résolution.
» La retraite, le calme, voilà ce qui me con-
» vient : quand tu auras assez vu tes amis, tu
» viendras me rejoindre; j'irai peut-être aux
» eaux, car je souffre beaucoup de la poitrine.
» Je ne sais pas si c'est l'air de Navarre, mais
» depuis que j'y suis, je ne puis pas respirer.
» On veut croire ici que cela vient des émo-
» tions causées par ces grands événements;
» on se trompe, la mort nous a épargnés tous,
» et la perte d'une position brillante n'est pas
» ce qui afflige le plus la vie; d'ailleurs, per-

» sonnellement, quel est le bonheur que je
» perds? Mon frère sera bien traité, je l'es-
» père, et il ne s'exposera plus. Il doit être in-
» quiet de nous; je n'ose lui écrire, mes let-
» tres n'arriveraient pas; si tu en trouvais
» l'occasion profite-s-en pour lui dire que nous
» ne sommes plus environnées de dangers.
» Adieu, je te recommande encore de ne pas
» te remuer pour moi, je crains ta vivacité et
» ton amitié, et pourtant j'aime à y compter.
» Mes enfants se portent bien; ma mère com-
» bat tous mes projets, elle me dit avoir be-
» soin de moi; mais je n'en irai pas moins près
» de celle qui doit encore être la plus mal-
» heureuse.

» HORTENSE.

» Navarre, le 12 avril 1814. »

Ainsi, malgré toutes nos instances, la reine partit pour aller rejoindre l'impératrice Marie-Louise à Rambouillet; j'avoue que j'en fus anéantie. Lorsque nous l'apprîmes, M. de Marmold, son écuyer, partit à l'instant pour aller la rejoindre à Louis où elle devait coucher, lui portant toutes nos lettres et nos instances verbales. Voici ce que je lui écrivis :

« M. de Marmold vous porte ma lettre, madame, s'il en est temps encore, il vous trouvera à Louis. Si vous allez à Rambouillet vous perdez toute votre position, l'avenir de vos enfants : c'est le cri de tous vos amis. J'étais dans le délire de la joie; le prince Léopold vous avait écrit de la part de son souverain (1), il vous engageait à venir à la Malmaison; vous ne pouviez vous refuser à cette invitation, puisqu'il voulait aller jusqu'à Navarre; et, au lieu de revenir avec l'impératrice Joséphine, vous allez vous réunir à une famille qui ne vous a jamais aimée; vous n'avez éprouvé là que du malheur, et vous croyez remplir un devoir dont on ne vous saura aucun gré; vous regretterez cette démarche, et il ne sera plus temps. Je vous en supplie en grâce, n'allez pas à Rambouillet!

» Votre démarche touchera peu ceux que vous allez trouver et mécontentera les alliés qui vous portent de l'intérêt.

» L'impératrice est tout-à-fait à l'Autriche et on tient beaucoup à ce qu'elle ne voie personne de la famille. Je vous dis cela de la part du prince Léopold et de madame de Caulain-

---

(1) L'empereur de Russie dans l'armée duquel le prince Léopold servait.

court. Cette dernière, malgré ses vieilles années, vous veut aller chercher si vous n'arrivez pas bientôt; elle me charge de vous répéter de ne point aller à Rambouillet; elle vous le *défend* comme votre dame d'honneur et comme vieille amie de votre mère.

» Quant au prince Léopold, en apprenant votre projet d'aller vous réunir à l'impératrice Marie-Louise il en avait les larmes aux yeux. « C'est bien d'être fière, me répétait-il, mais elle ne peut reculer; elle a déjà des obligations à l'empereur de Russie, qui a fait le traité du 11 avril; j'attends sa réponse pour la porter à mon souverain, elle lui en doit une.

» J'ai passé aussi une heure ce matin avec ce bon Lavalette. Cet excellent homme ignorait toutes les démarches qu'on fait près de vous, et il me disait : « Que ce serait heureux pour elle et ses enfants si l'empereur Alexandre désirait la voir! » Arrivez, arrivez en grâce, vous nous mettez tous au désespoir si vous allez à Rambouillet.

» Le prince Léopold vous écrit un mot. Vous et l'impératrice vous auriez été ses sœurs qu'il aurait été moins bien, je crois. Le comte Tschernischeff est venu me voir. L'empereur d'Autriche arrive demain, et bientôt les nouveaux princes français et le roi ; quelle différence ! Pour vous, vous devez voir l'empereur de Russie avant puisqu'il le désire tant ; je suis à vos genoux pour vous en supplier ; vous ne pouvez imaginer combien la lettre où vous m'annoncez votre projet de ne pas venir m'a fait de mal. Cet empereur de Russie se conduit si bien ici qu'il inspire à chacun de l'estime et qu'on oublie le vainqueur pour ne voir qu'un protecteur ; il semble être le recours de ceux qui perdent tout et qui craignent pour leur tranquillité. Sa conduite est admirable, il ne voit du monde que l'indispensable et pour ses affaires. Les belles ne pourront pas le taxer de trop les rechercher, et il a du mérite, car il les aime beaucoup, dit-on. Il a dit au prince Léopold qu'il voulait aller à Navarre, et a ajouté : « Vous savez que j'aime et que je respecte cette famille ; le prince Eugène est le prince des chevaliers ; j'estime d'autant plus l'impératrice Joséphine, le prince Eugène et la reine Hortense que leur conduite envers l'empereur Napoléon est supérieure à celle de bien d'autres qui auraient dû montrer plus de dévouement. »

» Comment ne pas apprécier un homme qui

a un tel caractère, et qui distingue avec tant de noblesse ce qui est bien? J'espère que vous en jugerez bientôt vous-même. En grâce, revenez, etc. »

On peut juger de mon chagrin, lorsque, malgré mes instances et l'avis de ses amis, au lieu de venir à la Malmaison, comme son intérêt l'exigeait, la reine nous renvoya M. de Marmold qui me donna la nouvelle qu'il l'avait en effet trouvée à Louis, qu'il lui avait remis nos lettres, qu'il y avait ajouté toutes les raisons qui devaient la décider à ne pas aller à Rambouillet, et qu'à tout cela elle avait répondu avec sa douceur ordinaire : « Vous avez raison, cela peut être vrai, mais je n'en irai pas moins voir l'impératrice Marie-Louise, c'est un devoir; dût-il y avoir des inconvénients pour moi, peu m'importe, je le remplirai.» La reine avait ajouté: «L'impératrice Marie-Louise doit être la plus malheureuse, elle a besoin de consolations; c'est là que je dois être le plus nécessaire, et rien ne changera ma détermination. »

En effet, elle était partie pour Rambouillet malgré toutes nos prières. Ma douleur était grande, car en un instant je voyais tous mes rêves de bonheur pour elle évanouis. Je m'attendais à trouver M. de Nesselrode, le prince Léopold, et enfin tous ceux qui voulaient être utiles à la reine, irrités contre elle, et ne voulant plus se mêler en rien de ce qui la regardait. Mais lorsque je les vis, je m'aperçus du pouvoir qu'exerce un noble caractère, et l'abnégation de soi pour un noble motif. Ils en gémirent avec moi, mais ils n'osèrent la blâmer.

J'appris pourtant, par un billet de M. de Nesselrode, que l'empereur de Russie allait à la Malmaison.

LE COMTE DE NESSELRODE A MADEMOISELLE COCHELET.

« L'empereur va aujourd'hui à la Malmaison, il part à une heure; je suis sûr qu'il y retournera pour voir la reine; il y a envoyé hier Tshernischeff : ainsi l'impératrice Joséphine est prévenue. Je vous annnoce de plus l'arrivée de la princesse Sophie (1) qui a débarqué cette nuit, et sera sûrement fort impatiente de vous voir.   N. »

Je vis par là que quoique, l'empereur Alexandre se fît un plaisir de voir la mère et la

(1) La princesse Sophie Wolkonski, femme du grand maréchal de la cour de Russie.

fille réunies, il n'en avait pas moins été faire une visite à l'impératrice Joséphine, aussitôt qu'il l'avait sue à la Malmaison. A son grand étonnement, à celui de l'impératrice et de tout le monde, au moment où il partait, la reine, avec ses enfants, était arrivée à Rambouillet.

Je me rendis à la Malmaison enchantée de cette nouvelle. La reine m'apprit qu'elle avait été en effet près de l'impératrice Marie-Louise, ne pensant qu'à elle, cherchant comment elle pourrait lui être utile et lui prouver son attachement; mais que l'impératrice Marie-Louise l'avait reçue avec un air embarrassé, et ne lui avait pas caché qu'elle attendait son père l'empereur d'Autriche, et qu'elle craignait qu'il ne se trouvât gêné par sa présence. La reine avait ajouté que le peu de temps qu'elle était restée là avait suffi pour la convaincre que l'impératrice Marie-Louise, quoiqu'affligée, était loin d'avoir le cœur aussi blessé de la position de l'empereur Napoléon que l'impératrice Joséphine. « J'ai pensé que j'étais encore plus nécessaire à ma mère qui partage si vivement les malheurs de l'empereur; et puisqu'au lieu de consoler l'impératrice Marie-Louise je la gênais, je l'ai quittée.

Son père allait arriver; je l'ai en effet rencontré en route, dans une petite calèche, avec M. de Metternich. »

» J'avoue que je fus enchantée de cette fin, que j'étais loin d'attendre, et que je sus gré à l'impératrice Marie-Louise de n'avoir pas eu besoin des consolations qu'une sœur lui portait en sacrifiant pour elle ses intérêts les plus chers. »

X.

L'empereur Alexandre mécontent de la reine Hortense. — Répugnance inspirée par les vainqueurs. — Opinion de la reine Hortense sur l'empereur Alexandre. — Lettre que m'adresse M. de Nesselrode. — Arrivée du prince Eugène à Paris. — Nouvelle entrevue de la reine et de l'empereur Alexandre. — La couronne donnée aux Bourbons. — — Soirée chez la reine. — Le prince Eugène, le duc de Vicence, madame du Cayla et l'empereur Alexandre. — Mon frère Adrien. — Mes amis. — Politesse des vainqueurs.

J'étais charmée que l'empereur de Russie eût vu la reine, et j'attendais avec impatience que M. de Nesselrode vînt me raconter comment il l'avait trouvée; mais je fus bien étonnée lorsqu'il me dit : « Votre reine, qui est si aimable ordinairement, ne l'a guère été, à ce qu'il paraît, avec notre souverain; il en a été très-peiné, lui qui a tant le désir de lui être utile, ainsi qu'au prince Eugène. Il a trouvé la reine très-froide, très-digne; elle n'a rien répondu aux offres qu'il lui a faites pour ses enfants; il est difficile qu'il l'oblige si elle s'y refuse si obstinément. Quant à l'impératrice Joséphine, sa douceur, sa bonté, son abandon l'ont charmé; mais je l'ai vu piqué contre la reine; il en a même témoigné quelque chose au duc de Vicence, qui lui avait tant parlé de la mère et de la fille. »

Je répétai ces plaintes à la reine, qui me dit : « J'ai reçu comme je l'ai dû les vain-
» queurs de mon pays; je sais que l'empereur
» Alexandre a été ennemi généreux envers
» l'empereur Napoléon, et je lui montrerai
» que j'ai su l'apprécier et que je ne suis pas
» insensible à sa noble conduite; mais, dans
» le premier moment, je n'ai pensé qu'à mon
» pays. »

Le prince Léopold, qui désirait tant voir le sort de l'impératrice et de la reine assuré, se lamentait avec moi de ce contre-temps. Ce qu'il y a de singulier, c'est qu'avec le caractère de l'empereur Alexandre cela fit l'effet tout contraire de ce que nous craignions. Il avait à un point extrême le désir de plaire par lui-même et d'être apprécié par les personnes

dont il faisait cas. C'était plutôt ceux qui se jetaient à sa tête dont il commençait d'abord par se méfier et qu'il fuyait. Aussi ce petit mécompte fit qu'il retourna à la Malmaison, qu'il fit de grands frais auprès de la reine, qu'il déploya les sentiments les plus nobles et ne ménagea rien au moins pour forcer la reine à concevoir bonne opinion de lui, et il y réussit. La reine me dit un jour : « Je trouve
» que l'empereur de Russie a une délicatesse
» de sentiments vraiment féminine; il com-
» prend toute notre position, même notre
» fierté et notre réserve vis-à-vis de lui, et il
» est impossible de ne pas lui en savoir gré.
» Tout le monde se jette à sa tête, tandis que
» nous refusons toutes les offres de services
» qu'il nous fait. Loin de nous en vouloir, de
» s'en piquer peut-être, il s'attache davan-
» tage à nous et veut, en dépit de nous, s'oc-
» cuper de notre sort. Il se désole d'être venu
» renverser nos destinées et nous demande,
» comme une grâce, de lui permettre d'y tra-
» vailler, comme une juste réparation. Pour
» moi, je ne désire rien ; mais ma mère se
» tourmente du sort de son fils, et pourtant
» j'aurais aimé que nous n'eussions rien à de-
» mander à personne. »

Un matin que j'étais à la Malmaison, je trouvai la reine et sa mère très-préoccupées d'une nouvelle qu'on venait de leur apprendre. On leur avait dit que le prince Eugène avait conclu un traité avec le général Bellegarde; qu'il s'était séparé du peu de troupes françaises qui étaient encore avec les siennes, et que le peuple italien venait d'envoyer une députation près des souverains alliés pour demander de conserver leur indépendance comme royaume d'Italie. On ajoutait que, les souverains ne voulant pas faire droit à leur demande, l'empereur Alexandre venait d'envoyer un courrier au-devant de cette députation pour lui dire de ne pas avancer davantage, qu'on ne la recevrait pas.

L'impératrice ne pardonnait pas à l'empereur de Russie l'action qu'on lui prêtait, la reine en doutait et répétait à sa mère que ce serait agir d'une manière si contraire aux sentiments qu'il montrait habituellement, qu'elle ne pouvait l'en croire capable, lui qui ne parlait que du bonheur des nations et qui affectait de répéter qu'il ne voulait que ce qui convenait aux peuples et qu'il fallait toujours les consulter. Comment s'opposerait-il le premier, non-seulement à ce que les vœux d'une nation fussent entendus, mais même à ce qu'ils fussent écoutés? « Non-seulement je partageais l'incrédulité de la reine, mais j'étais indignée qu'on pût mettre en doute la bonne foi et la noblesse de sentiment de cet empereur, que les Russes, mes amis, m'avaient appris à admirer et à vénérer. D'un autre côté je voulais aussi dissiper l'inquiétude de cette bonne impératrice que je voyais si tourmentée de ce qui se passait près de son fils. N'écoutant que mon cœur et mettant à tout ma vivacité, j'écrivis à M. de Nesselrode pour savoir ce qu'il en était, je lui dis les nouvelles qui circulaient et ce qu'elles donnaient à penser de son empereur. Il me répondit par le billet suivant qui dissipait toutes mes craintes :

LE COMTE DE NESSELRODE A MADEMOISELLE COCHELET.

« Je vous écris quelques mots à la hâte pour vous rassurer. Tout ce que l'on vous débite n'a pas le sens commun. Rien n'est décidé sur le sort du vice-roi et ne pourra l'être de sitôt puisque cela doit entrer dans des arrangements généraux. Je vous conjure seulement d'inspirer du calme à tout le monde. La première fois que vous viendrez à Paris je vous parlerai avec plus de détail. Je suis au désespoir de ne point aller à la Malmaison, mais je n'ai vraiment pas une minute à moi. Comptez sur tout mon attachement.

» Nesselrode. »

Je courus toute joyeuse porter cette lettre à la reine, qui, après l'avoir lue, me dit : « A quel propos avais-tu donc écrit à M. de » Nesselrode sur tout cela. » Je lui expliquai de mon mieux les motifs qui m'avaient décidée à le faire. « Tu as eu tort, » me dit-elle, « les gens habitués à la diplomatie croient » toujours qu'on en fait avec eux; et d'ailleurs » étant placée aussi près de moi, on peut croire » que tu ne fais pas de démarches sans me » consulter, et la plus petite chose n'est pas » sans conséquence à présent dans notre po- » sition. »

Je me le tins pour dit; d'ailleurs ne devais-je pas craindre de fatiguer ce bon M. de Nesselrode en abusant sans cesse de son temps et de son amitié : ma raison me le disait bien; mais lorsque ma tête se montait et que mon cœur me parlait pour ceux que j'aimais, je n'écoutais plus que lui.

Peu de temps après le prince Eugène arriva ; ce qui soulagea beaucoup la reine, ce fut de voir que son frère arrangerait sans elle sa position. Mais le prince Eugène reçut tant d'avances et de bonnes grâces de l'empereur Alexandre, qu'il s'en remit à lui de son sort et ne voulut pas l'en ennuyer. Aux malheurs qui les atteignaient tous se joignait, pour le prince Eugène, un chagrin de plus, celui que lui avaient causé les derniers événements d'Italie. Après tant d'années d'une administration si sage, d'un si grand zèle pour le bien du pays qu'il gouvernait, quel était le prix d'un dévouement de tous les jours, de tous les moments? L'assassinat de son ministre! La mort de Prina l'avait blessé au cœur; il avait encore des moyens de défense ; il pouvait, en tenant plus longtemps, en disputant, les armes à la main, et pied à pied, la possession de l'Italie, traiter avec les alliés à de meilleures conditions pour le pays, pour lui aussi ; car on ménage toujours ceux dont on a quelque chose à craindre; mais quand les événements furent connus à Milan, il y vit une manifestation de l'opinion publique en faveur des Autrichiens et contre lui. Il s'éloigna le cœur navré, répétant le mot de François Ier : « Tout est perdu fors l'honneur. »

Le frère et la sœur, lorsqu'il s'agissait de leurs intérêts particuliers, y mettaient autant d'indifférence qu'ils avaient mis de ténacité et de courage à soutenir la cause des peuples auxquels ils appartenaient. Ces nobles sentiments sont très-louables assurément; mais ce n'est pas ainsi qu'on arrange ses affaires. Dans sa position, le prince Eugène, par sa belle conduite, par ses talents, par sa grande réputation, pouvait encore obtenir tout ce qu'il aurait voulu. On le craignait beaucoup tant qu'il était en Italie; mais quand il arriva à Paris et lorsqu'on le vit aussi désintéressé, on lui fit de belles promesses et l'on ne s'occupa plus de lui, tout absorbé qu'on était de partager les dépouilles des vaincus.

La reine vint un jour à Paris. L'empereur de Russie, en l'apprenant, envoya demander si elle voulait le recevoir. La reine n'avait plus que fort peu de domestiques, toute la livrée avait été congédiée. Elle vint au devant de l'empereur et lui dit : « Vous trouvez mon
» appartement désert aujourd'hui ; je n'ai
» plus personne pour vous recevoir en céré-
» monie. » La reine s'apercevant de la pénible impression que l'empereur en éprouvait, car les larmes lui vinrent aux yeux, s'empressa

d'ajouter : « Qu'importe! croyez-vous que
» des antichambres remplies de livrées dorées
» fassent le bonheur de ceux qui viendront
» me voir maintenant? ce sera plus heureux
» pour moi; j'y gagnerai. »

«— Hélas! dit l'empereur, c'est en partie
moi qui suis cause de ce si brusque changement dans votre fortune et je ne m'en con-
sole pas; mais au moins laissez-moi arranger
votre existence de manière à ce qu'elle vous
plaise. Vous aimez la France, vous y avez
des amis, vous devez désirer d'y rester ;
laissez-moi disposer les choses de façon que
cela puisse se faire. » — « Ne parlons pas
» de cela, » dit la reine, « il faut suivre sa
» destinée dans toute ses conséquences. » —
« Certainement, » reprit l'empereur, « ce ne
sont plus des couronnes que je vous offre,
mais je veux que vous ayez une position de
fortune indépendante dans votre patrie,
près de votre mère. »

La reine l'interrompit. «Je ne puis rester en
» France convenablement à présent, il faut avoir
» le courage d'envisager tout de suite le côté
» le plus pénible de sa position.»—«Non, s'écria
l'empereur, vous vous devez à votre mère, et
d'ailleurs, croyez-vous que nous, qui donnons

la couronne aux Bourbons, nous n'exigions pas d'eux qu'ils respectent ceux avec lesquels nous avons formé alliance, et que nous respectons nous-mêmes. Avec l'empereur Napoléon il n'y avait plus d'espoir de paix; mais en le mettant dans l'impuissance de nous faire du mal, nous ne reconnaissons pas moins que c'est un grand homme, que j'ai aimé comme un ami, et qui m'a touché au cœur en rompant nos traités; mais je ne désire pas moins le savoir heureux ainsi que sa famille. J'étais pour la régence, et surtout pour qu'on consultât le pays; mais on s'est empressé, sans aucune garantie d'appeler les Bourbons. Tant pis pour les Français s'ils s'en trouvent mal; ce sont eux qui l'ont voulu et non pas moi. Je ferai toujours respecter votre famille. Vous voyez, par les traités, qu'elle pourra vivre en France et partout où elle voudra. Si la Russie vous convenait, je serais trop heureux de vous offrir un palais; mais vous trouveriez notre climat trop rigoureux pour votre santé délicate et ce ne serait pas penser assez à vous en vous l'offrant. Vous êtes si aimée en France! pourquoi n'y resteriez vous pas? Je n'entends partout que votre éloge, même parmi ceux qui paraissent ennemis de votre famille ; restez donc où vous vous trouvez bien ; c'est là qu'il faut arranger votre existence ; elle ne sera jamais digne de vous ; mais vous vivrez tranquille au milieu de vos amis, avec vos enfants ; je sais que c'est là tout ce que vous ambitionnez ; réglons donc la manière dont il faut arranger votre position. Mademoiselle Cochelet, allons, venez persuader à la reine qu'elle me dise ce que je puis faire pour elle. »

Pendant tout le temps que dura cette conversation, la reine resta assise sur une petite causeuse auprès de la cheminée ; l'empereur s'était assis sur une chaise auprès d'elle, et moi j'étais demeurée dans la pièce à côté. Les portes étant ouvertes, et la conversation ayant eu lieu à voix très-haute, à cause de la surdité de l'empereur, je n'avais pas perdu un mot de tout ce qui avait été dit. L'empereur, en m'appelant, me força à dire mon avis, et je plaidai aussi devant lui l'intérêt des enfants de la reine : je savais que c'était toucher son côté sensible. Je lui mis sous les yeux leur sort en Europe, sans protection. Je lui dis qu'elle devait songer à eux ; qu'en les laissant dans leur patrie, c'était les laisser au milieu de

leurs amis ; tandis que leur nom serait peut-être regardé partout comme ennemi ; j'ajoutai qu'elle ne pouvait pas, dans leur intérêt, refuser les bontés de l'empereur; que, puisque par elle ils pouvaient avoir un sort, une fortune, une patrie, elle serait coupable de s'y opposer en refusant avec autant d'obstination. La reine fit un gros soupir ; je vis des larmes dans ses yeux ; puis elle surmonta son émotion qui était visible, et dit à l'empereur : « Je suis
» réellement touchée, sire, de l'intérêt que
» vous me témoignez; vous voulez me forcer
» à vous avoir des obligations; ne vous en
» dois-je pas déjà pour tant d'obligeance. Jus-
» qu'à présent j'avais pris mon parti sur le
» malheur, j'y étais résignée, et je n'ai nulle-
» ment pensé à rien d'heureux qui pût m'ar-
» river, je ne saurais donc que vouloir ; seule-
» ment, je suis décidée à n'accepter pour moi,
» comme pour mes enfants, que ce qui sera
» convenable, et j'ignore ce qui peut l'être. »
» — Hé bien, fiez-vous à moi, » dit l'empereur, et peu de temps après il nous quitta.

Le soir la reine resta chez elle avec le prince Eugène; le duc de Vicence y vint ainsi que madame Ducayla (1). L'empereur Alexandre,

(1) Madame Ducayla avait été élevée à Saint-Germain avec la reine

qui savait que la reine ne retournait que le lendemain matin à la Malmaison, vint à l'heure du thé se réunir à eux. Il paraissait assez gêné de trouver là madame Ducayla ; il s'était enfui au plus vite d'une brillante soirée où on avait tout fait pour le retenir, et il n'était pas content de rencontrer une personne qui pouvait aller raconter le peu de cas qu'il avait fait de sa propre société, puisque, au lieu des affaires qu'il avait prétextées, c'était auprès du frère et de la sœur, que cette société redoutait tant, qu'il venait se reposer du monde et qu'il paraissait se plaire davantage. Aussi ne dit-il rien à madame Ducayla et causa-t-il avec la reine et le duc de Vicence. D'un autre côté, le prince Eugène, avec ce ton modéré et franc qui rend toute discussion possible, entreprit madame Ducayla d'une manière qui l'embarrassa cruellement ; malgré tout son esprit elle ne savait que répondre. « Je conçois, » disait le prince, « qu'on préfère une dynastie à une autre; les femmes surtout ne cherchent pas lequel est le plus utile au pays de tel ou tel

et avec moi ; elle avait toujours montré un grand attachement pour la reine. Pendant l'absence qu'elle venait de faire, elle était venue souvent à sa porte s'informer d'elle. La reine disait souvent que madame Ducayla était une des personnes les plus agréables par son esprit, et dont les manières étaient les plus distinguées.

système, elles jugent d'après leurs affections; mais, devant l'ennemi, s'oublier comme femmes bien élevées, comme Françaises; aller au-devant d'une armée étrangère, la fêter, l'embrasser, toute couverte encore du sang français. Ah! madame, dites-moi que vous aviez perdu la tête, pour que je puisse vous comprendre!» — Mais, » disait madame Ducayla, « nous n'allions pas au devant des ennemis, ils devenaient nos amis en nous ramenant les souverains que nous avions toujours chéris. — Ils étaient les ennemis de la France, » répliquait le prince Eugène; « vos souverains ne doivent pas souhaiter de se séparer du pays qu'ils sont appelés de nouveau à gouverner; et vous les compromettiez, même en cherchant un soutien dans les vainqueurs, tandis que les vaincus sont vos frères. — Mais » dit madame Ducayla en souriant, « nous n'aurions peut-être pas réussi à ravoir nos rois sans cela: la réussite excuse les moyens; je vous les livre pourtant ces moyens; croyez bien que sans nous, sans ces démonstrations que le peuple ne voulait pas faire et que nous avons faites pour lui en nous faisant peuple un instant, les souverains ne se déclaraient pas; nous avons gagné notre procès en payant de nos personnes. — Il m'est doux, » dit le prince à son tour, «devous entendre m'assurer que le peuple n'était pour rien dans ces acclamations, et que c'est à vous seules, toutes jeunes et jolies dames, que les Bourbons sont redevables de leurs couronnes. »

Le thé qu'on servit mit fin à ces conversations particulières. La reine retourna le lendemain matin avec son frère à la Malmaison ; moi je restai à Paris. J'avais souvent chez moi cet excellent prince Léopold, qui s'informait avec tant d'intérêt des affaires de la reine et de l'impératrice ! La comtesse Tascher et mes frères y venaient aussi ; ces derniers perdaient beaucoup, et leur position m'occupait sans cesse. Tous deux méritaient un sort meilleur que celui qui semblait les menacer. Carli, par sa bonne grâce, son esprit fin et cultivé, avait toujours eu des succès dans le monde ; il avait été payeur de l'armée de Catalogne, pendant cette guerre d'Espagne, la plus difficile et la plus malheureuse des guerres de l'empire. Placé sous les ordres du duc d'Albufera, il en avait été bientôt estimé et aimé, comme il l'était de tous ceux qui le connaissaient. Les fatigues et un climat contraire avaient éprouvé sa constitution, et il revenait avec une santé détruite, pour toute récompen de ses travaux et de son dévouement à son pays.

Adrien avait été, à la demande de la reine, nommé auditeur au conseil d'état. Bon, consciencieux jusqu'au scrupule, esclave de ses devoirs et de sa parole, il avait fait, en qualité d'intendant, la désastreuse campagne de Russie, et administra comme tel Goritz, puis Bialistock. Les souvenirs qu'il a laissés dans ces deux villes sont les plus honorables et les plus consolants qui puissent se retrouver dans la vie d'un homme; et pourtant qu'allaient-ils devenir tous deux!

J'avais eu le bonheur de recevoir la princesse Wolkonski, que j'aimais si tendrement; cette personne si bonne, si parfaite pour toute chose, et qui savait si bien comprendre toutes les émotions qui m'agitaient. Elle courut porter ses hommages à l'impératrice et à la reine. Pour une femme comme elle, le malheur était un titre de plus à son dévouement et à son affection. Souvent, quand je me trouvais ainsi entourée de ces amis, qui me témoignaient tant d'intérêt, on m'annonçait M. de Lawoestine, M. de Lascours, ou enfin quelques-uns de nos compagnons d'infortune, malheureux comme nous. On se toisait à m'en faire trembler. Les vainqueurs, je dois le dire, étaient polis, bienveillants; mais les vaincus ne déguisaient pas leur irritation, et j'étais dans les angoisses de voir des marques d'animosité aller trop loin. Le colonel Lawoestine était un des plus exaltés, et toujours prêt à faire une scène.

XX.

L'empereur Alexandre chez moi. — Bonté de ce prince pour la reine. — Projet de duché de Saint-Leu. — Conversation de l'auteur avec l'Empereur. — Opinion d'Alexandre sur le faubourg Saint-Germain. — Un petit meuble russe. — Visite de M. de Nesselrode. — Titre de duchesse accordé par Louis XVIII à Mademoiselle de Beauharnais. — La dix-neuvième année d'un règne. — Tout comme autrefois. — Négociations et difficultés sur des titres. — Malveillance et bienveillance. — Lettre de l'empereur Alexandre. — Visite du prince Eugène au duc d'Orléans.

Je fus fort étonnée, un soir que j'étais seule, de recevoir dans mon petit salon la visite de l'empereur Alexandre. J'étais si embarrassée, que je ne savais ce que je devais dire. « Je viens, dit l'empereur, causer avec vous sur ce qui peut convenir à la reine. Je ne puis rien tirer d'elle. On en ferait par trop une héroïne de roman, si on la croyait.

Je suis persuadé qu'elle pense qu'on peut vivre avec l'air du temps, sans argent. » Je me mis à rire.—« En effet, » lui dis-je, «sire, elle n'en a jamais senti le prix que pour le donner; réellement elle ignore tout ce qu'il en faut pour vivre décemment après une si grande existence. — Eh bien! je viens exprès, » dit l'empereur, « pour causer avec vous sur tout cela. Je n'ai jamais vu une femme aussi intéressante. Elle mérite d'être heureuse. Elle serait ma sœur, que je ne mettrais pas plus de prix à l'obliger; mais elle est bien entêtée, votre reine! Pourtant je la comprends. Elle trouve plus digne de ne rien accepter de personne. Elle ne veut pas voir en moi un ami, et je le suis sincèrement. Je sens pour elle les sentiments d'un frère. Je ne lui conseillerai jamais d'accepter rien qui soit indigne d'elle. Mais, dites-moi, ces bois qu'elle possède près de Saint-Leu sont à elle comme apanage princier, n'est-ce pas? Eh bien! il faut qu'elle les ait en toute propriété; et, pour qu'on ne puisse jamais en frustrer ses enfants, il faut y établir un duché. J'en ai parlé à Nesselrode; il va rédiger un projet que nous forcerons Blacas de faire signer au roi, et vous vous chargerez de le faire accepter à la reine.

Quant au prince Eugène, c'est plus facile, ainsi que pour sa mère; leur sort est décidé, et leur fortune leur sera rendue (1). Mais pour la reine, il y a plus de difficultés, à cause du nom de ses enfants; si l'on n'établit pas pour eux quelque chose de stable et de positif, on serait capable de lui enlever tout ce qu'elle possède, tandis qu'en formant un duché, dont je ferai signer la concession au roi, il faudra bien qu'on respecte un engagement pris avec moi et tous les alliés, et qu'il ne sera plus au pouvoir de personne d'annuler. »

« — Sire, lui dis-je, permettez-moi de vous faire observer que la reine n'a peut-être pas tort de redouter, malgré son amour pour la France, d'y voir son existence établie. On a beau l'aimer beaucoup, je sais que déjà on est jaloux de votre empressement auprès d'elle; je vous dirai même que M. de Nesselrode m'en a parlé avec chagrin. Notre empereur, m'a-t-il dit, va beaucoup trop à la Malmaison; toute la diplomatie s'en effarouche ainsi que la haute société; on craint auprès de lui une

---

(1) Les alliés avaient fait mettre le séquestre en Italie sur les biens du vice-roi; on avait laissé à l'impératrice ses bois autour de Navarre, pour en jouir sa vie durante.

influence qui ne serait pas dans la politique qu'il doit suivre. »

» — Bah ! » me dit l'empereur, « je reconnais bien là Nesselrode, il s'inquiète facilement. Que m'importe le faubourg Saint-Germain ! tant pis pour ces dames si elles n'ont pas fait ma conquête! Je préfère à tout les nobles qualités de l'âme. Je trouve dans l'impératrice, la reine Hortense et le prince Eugène tout ce qu'on admire et tout ce qui attache ; je me plais beaucoup plus avec eux, dans la douceur d'une société intime, qu'avec des personnes qui sont comme des énergumènes, et qui, au lieu de jouir du triomphe que nous leur avons fait, ne pensent qu'à anéantir leurs ennemis, en commençant encore par ceux qui les ont protégés si longtemps; elles sont fatigantes par leur exaspération. » Il me conta alors plusieurs détails qui me prouvèrent qu'il était bien instruit des sentiments de certaines dames de Paris; il ajouta : « Les Françaises sont coquettes; je suis arrivé ici avec une grande crainte d'elles; je sais à quel point elles sont aimables ; mais sans doute leur cœur ne leur appartient déjà plus; aussi je prends leur bienveillance comme je le dois, sans que cela me touche nullement, et je les soupçonne d'aimer à plaire au point d'en vouloir un peu à ceux qui ne reçoivent qu'avec galanterie les attentions dont elles sont prodigues. »

Je dis à l'empereur qu'il ne devait pas juger les Françaises sur la manière dont elles étaient vis-à-vis de lui ; qu'il était assez naturel de se monter la tête pour un jeune empereur qui se faisait voir sous un jour aussi favorable, et que, sans être coquette, on pouvait désirer d'en être remarquée. « Mais, » me répondit l'empereur, « est-ce qu'elles m'attendaient pour sentir leur cœur? Je recherche de l'esprit, de la conversation ; mais je fuis tout ce qui voudrait prendre une sorte d'empire d'affection sur moi ; je vois alors l'amour-propre, et je me retire. » Cela dit, il changea de conversation.

« Je viens de dîner chez le roi, » me dit-il; « on mange là de bien bon appétit, et le dîner est assez long. Savez-vous ce qui est arrivé à la duchesse d'Angoulême? A ce qu'on m'a raconté, elle a demandé au prince de Bavière, en désignant le grand-duc de Bade : *N'est-ce pas là le prince qui a épousé une de ces princesses de Bonaparte? Quelle faiblesse de s'être alliée à lui!* Le prince de Bavière ne répondit rien ; mais c'était assez maladroit de ne pas savoir que lui-même y était aussi allié que le prince de Bade, et tous deux encore moins que l'empereur d'Autriche, qui n'était pas éloigné, et qui aurait pu entendre l'apostrophe. »

J'offris du thé à l'empereur, qui l'accepta ; je ne pouvais m'empêcher d'avoir un peu d'orgueil en le voyant ainsi établi chez moi, sans façon, causant sans contrainte ; je ne pouvais me figurer que c'était un de ces conquérants dont l'approche nous avait causé tant d'effroi. Certes, ses alliés ne se doutaient guère qu'il était seul dans un petit salon de lectrice, à la consulter sur le sort qu'il voulait faire à ceux qu'il venait de détrôner.

Au moment où il se levait pour partir, il jeta un coup d'œil sur mon petit salon, dont l'arrangement lui plut : ses yeux tombèrent sur un petit meuble russe qui était habituellement sur ma table ; il le prit, l'examina d'un air à moitié distrait, et me demanda de qui je le tenais : la réponse était facile ; mes relations avec des Russes étaient assez nombreuses et assez intimes pour qu'il se trouvât chez moi un souvenir de leur pays ; mais une pensée toute relative à l'empereur lui-même causait mon hésitation ; il la remarqua, répéta sa question, et ce fut en balbutiant que je nommai le prince ***. A ce nom il se troubla, me regarda fixement; puis, après un moment de silence, presque embarrassant pour tous deux, il me quitta en me répétant qu'il allait charger M. de Nesselrode de régler toutes choses, et qu'on m'enverrait la copie de la convention qui serait faite entre M. de Blacas et lui.

Deux jours après, M. de Nesselrode vint en effet me remettre un écrit, que je m'empressai de porter à la Malmaison. Il y était dit que le roi accordait le titre de duchesse à mademoiselle de Beauharnais.

« Est-il possible », me dit la reine après l'avoir lu et en se levant vivement, « que
» M. de Nesselrode ait cru que je consentirais
» à adopter une pareille formule! Louis XVIII,
» puisqu'il est reconnu roi de France, a le pou-
» voir de sanctionner, n'importe par quel acte,
» la possession de mes biens autour de Saint-
» Leu; mais je ne puis consentir à ce qu'il y
» ajoute, de cette façon, un titre que j'ai le
» droit de prendre et qui, accepté de cette ma-
» nière me donnerait l'air de renier la validité
» de celui qui m'a appartenu. Je l'ai reçu sans
» le désirer, ce titre de reine; il ne m'a pas

» rendue heureuse, et je le perds sans regrets.
» Que m'importe d'ailleurs le titre qu'on me
» donne! mais lorsqu'il s'agit de s'abaisser de-
» vant un parti vainqueur, je ne dois faire au-
» cune concession »; puis se promenant avec
une agitation croissante, elle ajouta :

« Le roi vient de signer son premier acte
» de la dix neuvième année de son règne; c'est
» manifester la volonté de ne pas reconnaître
» le passé. Il en est bien le maître si la nation
» le trouve bon; mais nous, nous devons aux
» peuples qui nous ont placés si haut de ne
» jamais désavouer ce qu'ils firent pour nous;
» ainsi je crois de mon devoir de ne pas per-
» mettre qu'on oublie que j'ai été reine, bien
» que je ne tienne pas à me faire nommer
» ainsi; je n'accepterai cette compensation
» offerte à tout ce que perdent mes enfants
» que de ceux qui reconnaîtront ce qu'ils
» furent ainsi que moi. Ne croyez pas, »
continua la reine en se rapprochant de moi,
« que ce manque de forme soit de peu d'im-
» portance. N'a-t-on pas composé dans les
» journaux l'histoire que mon frère, en arri-
» vant ici, a été se faire annoncer chez le roi
» comme marquis de Beauharnais. Il a trouvé
» au-dessous de lui de les faire démentir, et il a

» eu tort ; mais ceux qui l'ont imaginé savent
» bien que cela n'est pas vrai ; on aurait voulu
» persuader aux nations que ceux mêmes
» qu'elles avaient placés à leur tête reconnais-
» saient le peu de validité de leurs droits, et
» venaient sans plus de façon les déposer aux
» pieds des Bourbons; c'est la conséquence
» d'un système qui veut anéantir toutes les
» gloires du passé, et auquel je ne puis m'as-
» socier sans faire injure à la France et à l'em-
» pereur. Les peuples sont aussi fiers que les
» rois, ils ne souffrent pas qu'on abaisse ce
» qu'ils ont élevé, et ils tiennent à ce qui est
» leur création, jusqu'à ce qu'il leur con-
» vienne de le détruire de nouveau. Que
» les besoins changent, que les Bourbons re-
» deviennent souverains de la France, que le
» pays le trouve bon et nous renvoie, nous
» n'avons rien à dire ; mais notre dignité est
» trop liée à la dignité de la France pour
» consentir à la compromettre ainsi. »

Au moment où la reine achevait ces mots, le prince Eugène entra ; sa sœur lui fit lire la pièce dont je m'étais chargée, et il en fut aussi scandalisé qu'elle. Tous deux me recommandèrent de dire à M. de Nesselrode ce qu'ils en pensaient, et que la reine ne voulait plus rien.

Je revins à Paris, et j'aurais été un peu embarrassée de la commission dont j'étais chargée si j'avais dû la faire auprès de tout autre que M. de Nesselrode ; mais je connaissais si bien la bonté de son âme et la supériorité de son esprit, que je ne craignis pas de lui conter tout ce que je venais d'entendre. J'étais sûre d'avance qu'il saurait comprendre tous les sentiments élevés. « Que voulez-vous que je fasse? » me répondit-il après m'avoir écoutée d'un air assez contrarié, «on ne peut rien tirer de M. de Blacas; il semble qu'ils reviennent tous de l'autre monde; je crois en vérité qu'ils sont surpris de retrouver grandis les enfants qu'ils ont laissés à la mamelle. Je n'ai pu rien obtenir de mieux du ministre du roi. Certainement Louis XVIII est disposé à ménager le prince Eugène, la reine et l'impératrice; mais il voudrait, je crois, n'avoir à les traiter que comme il l'aurait fait en 1789; car ils ne veulent entendre parler de rien de nouveau, et les titres de reine et d'impératrice les choqueront toujours.

« Mais vous savez bien, dis-je à M. de Nesselrode en l'interrompant, que ces princesses ont le projet de se faire appeler d'un titre plus modeste, puisque l'impératrice compte prendre celui de duchesse de Navarre (1), et la reine celui de duchesse de Saint-Leu. — Aussi, reprit M. de Nesselrode, si elles n'avaient simplement qu'à prendre les titres qui leur conviennent, personne n'y trouverait à redire; mais ici il s'agit pour la reine d'établir un duché qui lui conserve une fortune indépendante, qu'elle puisse transmettre à ses enfants; et pour cela, il faut un acte du nouveau souverain. »

« Ecoutez, lui dis-je, je ne suis point en état de résoudre de pareilles questions; envoyons chercher le duc de Vicence, il est l'ami de la reine, c'est lui qui a stipulé les intérêts de l'empereur et de sa famille. Je suis sûre que ce qu'il décidera aura un grand poids auprès d'elle et qu'il n'indiquera que ce qu'elle pourra accepter avec dignité. »

« Hé bien, chargez-vous de le prévenir, et s'il veut venir demain chez vous, je m'y trouverai pour en causer avec lui. » En disant ces mots, il me quitta pour aller discuter de plus grands intérêts encore que ceux qui me touchaient tant au cœur. Combien je savais gré à cet excellent ami de prendre tant de soin du

(1) Navarre était une terre à l'impératrice, et la campagne de Saint-Leu la seule propriété de la reine.

sort de ceux qui m'étaient si chers, lorsque lui-même était accablé d'affaires et chargé d'une si grande responsabilité! Je m'en voulais quelquefois d'ajouter de petits tourments aux grandes difficultés que la position de la France lui donnait à résoudre, car il m'avoua plus tard, en riant, que son empereur l'avait grondé de m'avoir remis cette première proposition sans la lui avoir montrée ; qu'il n'aurait pas souffert qu'on communiquât à la reine une chose qu'elle devait trouver choquante, et qu'il l'approuvait beaucoup d'avoir refusée; il ajouta aussi que ce malheureux duché lui avait donné plus de peine que le traité de Paris.

La malveillance, qui se mêle à tout, avait voulu trouver une interprétation politique à cette bienveillance si soigneuse dont on entourait l'impératrice et ses enfants. On était si bien pour eux, disait-on, parce qu'on avait craint que ces trois personnes, qui étaient si aimées en France, ne profitassent de l'ascendant qu'elles avaient sur les esprits pour se faire un parti, et que, se réunissant aux débris de l'armée, elles ne pussent par là prolonger la lutte et augmenter les embarras des arrivants et des alliés. Les premiers moments passés, on avait prétendu que l'on voulait se montrer bien pour eux, pour se faire bien voir du peuple, et profiter ainsi de leur popularité.

Qu'y a-t-il donc de si étonnant dans la bienveillance et les hommages que les princes étrangers venaient témoigner à la Malmaison ? n'imitaient-ils pas en cela la magnanimité dont l'empereur Napoléon leur avait tant de fois donné l'exemple?

N'est-ce pas aux supplications de la reine de Prusse que ce royaume dut quelques ménagements? et lorsque l'empereur Napoléon arrivait dans tant de capitales qu'il avait conquises, n'y montrait-il pas des égards aux familles de ceux que les événements le forçaient à frapper? Quant à l'empereur Alexandre et à M. de Nesselrode, je les ai vus de trop près pour ne pas savoir que c'était de cœur qu'ils se dévouaient à obliger cette famille, et que la bonté de leur âme et l'élévation de leurs sentiments n'avaient pas besoin d'aller chercher dans la politique des inspirations à leurs mouvements généreux.

J'attendais le lendemain matin M. de Nesselrode ; mais il m'écrivit le billet joint ici :

« Je ne vois vraiment pas la possibilité de

vous aller trouver dans la journée. Ne pourriez-vous pas venir dans la soirée chez Émélie, qui est tout près d'ici, et me faire prévenir? j'irai là vous rejoindre quand je pourrai.

» Je n'ai pas besoin de vous dire combien vous et les vôtres pouvez compter sur mon dévouement.   N. »

Nous nous revîmes le soir, et ce fut peu de jours après que M. de Nesselrode et le duc de Vicence se trouvèrent chez moi. Le dernier comprit très-bien le refus de la reine, et en même temps il trouva que ce qui pouvait être le plus avantageux pour elle pouvait l'être aussi à toute la famille de l'empereur, en établissant ce duché de Saint-Leu comme résultat du traité du 11 avril. Ainsi donc, en mettant *Hortense-Eugénie, désignée dans le traité du 11 avril,* c'était forcer Louis XVIII à la reconnaître comme reine, puisqu'il était dit dans ce traité que chacun conservait ses titres, et en même temps ce nom de reine, qui leur paraissait si dur à digérer, ne leur offusquait pas les yeux.

L'expédient parut admirable à ces messieurs, et ce fut ainsi que l'on établit les lettres-patentes.

L'empereur Alexandre s'était montré si bon

à moi dans la visite qu'il m'avait faite que je sentis le besoin de lui parler directement de tout ce qui nous avait occupés ensemble ; je me rappelai que, parmi les dessins qui ornaient mon salon il avait loué beaucoup une vue de Saint-Leu faite par moi. Je pris ce prétexte de la lui offrir, j'y joignis des assiettes qu'il avait trouvées jolies en prenant le thé et je lui écrivis. Il me répondit la lettre suivante :

L'EMPEREUR ALEXANDRE A MADEMOISELLE COCHELET.

« J'ai reçu les assiettes, mademoiselle, avec un surcroît de reconnaissance, puisqu'un charmant dessin les accompagnait. Le tout m'a paru encore plus joli de jour qu'à la lumière et je vous en offre mes plus vifs remercîments. C'est à moi à vous rendre grâce pour cette soirée de même que pour toute l'amitié que vous voulez bien me témoigner.

» Je ne désire rien tant que d'être dans le cas de vous prouver la sincérité de la mienne.

» Je me suis beaucoup occupé des affaires de ceux que vous aimez, et j'espère que nous avons trouvé, avec le duc de Vicence, la bonne manière de faire la chose. Il va venir demain matin à la Malmaison.

» Si j'étais plus égoïste, je pourrais désirer que le tout manquât, et que vous soyez réduites toutes à chercher asile en Russie ; avec quel empressement vous y seriez reçues ! Mais je ne suis pas assez mauvais pour cela, et sais au contraire plier mes vœux personnels au bien-être véritable de ceux que j'aime. J'espère que vous êtes assez juste pour vous classer dans ce nombre, et assez bonne pour recevoir l'assurance de tous les sentiments que je vous ai voués.

» ALEXANDRE.

» Lundi, 23 mai, année 1814. »

Le lendemain, M. le duc de Vicence alla à la Malmaison pour en causer avec la reine et le prince Eugène ; il leur répéta combien cet acte était essentiel, comme première exécution du traité du 11 avril. Ce traité, pour lequel il apercevait déjà de l'hésitation et de la mauvaise volonté, ce traité pourtant avait été signé par tous les ministres étrangers et par M. de Talleyrand, au nom du roi de

France; mais le roi n'avait pas encore apposé sa signature, et le duc y attachait d'autant plus d'importance, que l'existence pécuniaire de l'empereur Napoléon tenait à l'entière exécution de ce traité. Un courrier devait partir pour l'instruire au moment où le roi l'aurait définitivement ratifié, et ce qui allait être fait pour la reine était un acheminement à la réussite de ce qui concernait l'empereur et sa famille.

Le prince Eugène, dans ce moment de discussion, avait vu le duc d'Orléans et lui avait témoigné son mécontentement sur la petitesse qui se montrait dans de pareilles tracasseries, qui donnaient bien peu de sécurité pour l'observation des traités. J'étais le soir à la Malmaison, lorsque le prince Eugène reçut une lettre du duc d'Orléans; comme nous étions en petit comité, il la lut tout haut. Le duc d'Orléans avait, disait-il, parlé au duc de Berri, dont il vantait la bienveillance et la bonne foi; il ajoutait qu'ils se réunissaient tous les deux pour blâmer les misérables difficultés que l'on apportait à des choses aussi sacrées, et il conseillait au prince Eugène de compter toujours sur le duc de Berri, qui était rempli de loyauté et auquel il pouvait exprimer franchement ce qu'il désirait. Le prince, heureusement, n'avait rien à attendre pour lui du nouveau souverain de la France.

Il était décidé qu'il y allait avoir un congrès à Vienne, où se discuteraient les intérêts de l'Allemagne et où le prince irait réclamer la principauté qui lui était promise, ainsi que ses biens d'Italie, qui étaient sous le séquestre.

XXI.

Seconde visite de l'empereur Alexandre. — Portrait de l'empereur. — Conversation sur les intérêts de la reine. — Explication à l'égard du prince de ***. Je défends un ami. — L'empereur s'attendrit. — Heureux résultat pour le disgracié. — L'impératrice Joséphine inconsolable du sort de l'empereur Napoléon. — Nouvelles difficultés. — L'empereur Alexandre veut voir Saint-Leu. — Mademoiselle Élisa de Courtin. — Le comte Zchernicheff. — Le château de la chasse. — Beaux plans de la reine. — Longue conversation avec l'impératrice Joséphine. — Noirs pressentiments. — Le comte de Tancarville. — L'empereur Alexandre à la Malmaison. — Le camée du pape Pie VI. — La machine de Marly. — La reine Hortense sauve la vie à l'empereur Alexandre. — Dîner à la maison. — Grand succès de la reine auprès des princes étrangers. — Jugement sur la famille d'Orléans. — Opinion de l'empereur sur la reine.

Peu de jours s'étaient écoulés depuis la première visite de l'empereur Alexandre, lorsqu'un matin où j'étais seule chez moi, je le vis arriver avec cette dignité gracieuse et élégante qu'il joignait toujours au ton respectueux qu'il avait avec toutes les femmes; il avait une belle taille, une tournure qu'on eût trouvée distinguée lors même qu'il n'eût pas été empereur, et un visage plus expressif que régulier.

« Hé bien, mademoiselle Cochelet, » me dit-il en entrant, « où en sont nos affaires? — C'est à vous que je le le demanderai, sire; si votre majesté n'en est pas instruite, comment pourrai-je en savoir quelque chose? — Elles ne vont pas aussi vite que je le voudrais. » Il s'arrêta comme quelqu'un occupé d'une autre pensée que celle que ses paroles expriment. Ses yeux se portèrent sur ma table, puis il les en détourna en poussant un profond soupir; après un moment de silence, il reprit:

« Vous êtes bonne et franche, mademoiselle Cochelet, vos manières, votre physionomie, tout ce que je connais de vous me l'annonce; répondez-moi avec sincérité : pourquoi l'autre jour avez vous hésité à me nommer le prince *** ? »

La question était précise, ma réponse devait l'être aussi, et réveillait en moi un monde de pensées; elles se succédaient avec rapidité; une seule domina bientôt toutes les autres, le désir d'obliger un ami, et je répondis : « Parce que je savais, sire, que son nom ne vous est point agréable à entendre, parce que je sais, pardonnez-moi l'expression, que vous êtes injuste envers lui, et que, ne pouvant vous le dire, je craignais, en le nommant devant vous, de vous rappeler la prévention que vous avez contre lui, et qui, j'en suis sûre, se dissiperait si vous vouliez m'écouter. »

A mes premiers mots il avait rougi, s'était mordu les lèvres; aux derniers il s'était assis comme quelqu'un qui fait un effort sur lui-même pour se résigner à entendre des choses qu'il est sûr qui lui déplairont.

L'empereur Alexandre n'était pas un homme ordinaire, et sous le rapport de ses sentiments il était à part de tous les autres hommes. Il était, ce que beaucoup de gens appellent par décision, *sentimental*; il mettait le bonheur dans les affections et toute son ambition aurait été d'être aimé passionnément et pour lui-même; on peut s'imaginer combien une pareille disposition avait dû lui être pénible dans la position élevée où le sort l'avait placé; il avait été souvent dupe de la coquetterie, de l'intrigue, ou de l'ambition des femmes de sa cour. Une seule lui avait apparu alors comme l'objet le plus digne de toute sa tendresse; il s'y était attaché de toutes les puissances de son ame ardente; mais plus l'amour est immense plus il est difficile à satisfaire. L'empereur était devenu jaloux, soupçonneux, et chacune de ces susceptibilités lui avait paru un indice de l'indifférence ou de la perfidie de celle qu'il aimait. Il crut enfin être sûr d'être trompé, et parmi les rivaux qu'il se supposait, le prince *** se présenta à son esprit comme celui qui avait eu le plus de chance de réussite; de ce moment la disgrâce la plus complète lui fit payer cher les succès que probablement il n'avait pas eus.

J'avais connu le prince *** à Paris pendant de longues années, le voyant souvent chez une de mes amies; je m'étais liée avec lui et depuis qu'il s'était éloigné de nous, une correspondance suivie avait prolongé des relations que nous aurions trop regretté de voir rompre entièrement. Je contai à l'empereur avec quelle admiration le prince *** parlait de lui, quel dévouement il lui portait, et je tâchai en lui communiquant mille détails qui étaient à ma connaissance de lui prouver que le prince *** n'aurait jamais eu la pensée de se mettre en rivalité avec un maître qu'il adorait, lors même que d'autres sentiments ne l'en eussent pas empêché. Je montrai à l'empereur des lettres où il était question de lui et où le chagrin de sa disgrâce était peint avec de vives couleurs.

Je ne sais si je le convainquis, mais je sais que depuis il a rendu toute sa faveur au prince***.

L'impératrice Joséphine, qui avait supporté avec beaucoup de courage tous les malheurs de la révolution, était sans force contre ceux qui l'accablaient en ce moment ; elle nous disait souvent : « Je ne puis me consoler du sort de l'empereur Napoléon et de celui qui semble menacer mes enfants : les voilà sans appui, sans fortune, et n'ayant plus à espérer de protection que de l'empereur de Russie, et encore peut-on y compter ! Il promet beaucoup et il ne fait rien. »

En effet tous ces pourparlers n'avançaient pas à grand'chose. Lorsque tout était réglé pour la reine et ses enfants, et qu'on était parvenu à la faire consentir à fixer son séjour en France, à rester près de sa mère, à jouir d'un faible débris de sa haute fortune, il semblait que toutes les difficultés venaient du gouvernement du roi. L'empereur Alexandre dit à la reine qu'il aurait grand plaisir à voir Saint-Leu ; la reine consentit à lui donner à dîner dans cette campagne avec l'impératrice et le prince Eugène. Les seuls invités furent le duc de Vicence et la maréchale Ney.

Depuis que la reine avait congédié sa maison d'honneur, je faisais le service de dame près d'elle. Madame de Boubers ne l'avait jamais quittée depuis le consulat; elle logeait comme moi dans la maison. Elle avait été gouvernante de ses enfants. L'empereur avait été si satisfait de la manière dont elle élevait ses neveux qu'il avait voulu l'avoir comme sous-gouvernante du roi de Rome; et en effet, c'était une personne parfaite, elle avait conservé son logement chez la reine, et à présent elle était en quelque sorte sa dame d'honneur et ne la quittait pas.

Ce fut à cette époque que la reine fit sortir d'Ecouen une jeune personne qu'elle y faisait élever avec soin et dont elle s'était chargée depuis longtemps. Elle se nommait Élisa de Courtin. Dès ce moment elle la garda toujours près d'elle (1). En hommes elle avait conservé son écuyer, M. de Marmold, M. Devaux son intendant; l'abbé Bertrand son aumônier restait aussi, et donnait des leçons à ses enfants; toute sa maison et celle de l'impératrice se réunirent à Saint-Leu, le 14 mai, pour y recevoir l'empereur qui y vint sans cé-

(1) Elle a épousé depuis M. Casimir Delavigne.

rémonie, dans une petite calèche, avec le comte Tchernischeff.

Après le déjeuner on fit avancer le grand char-à-bancs de la reine, où l'on pouvait tenir dix personnes : l'empereur y monta avec les princesses, le prince Eugène, la maréchale Ney, le duc de Vicence, et deux dames; on alla visiter les bois de Montmorency, où la reine avait fait percer de si jolies routes, et où elle faisait un plan pour le château de la Chasse dont elle comptait relever les tourelles; elle faisait nettoyer le lac qui l'entoure, et comme elle était elle-même son architecte, elle expliquait à l'empereur combien tout cela eût été joli si elle eût pu l'achever. Il l'écoutait avec une expression de tristesse profonde, et lui demanda : « Ceci vous reste-t-il ? — Non, « répondit la reine, « c'est déjà rendu au prince de » Condé. » — Mais sur quoi le duché sera-t-il donc placé ? demandait l'empereur. — Sur des » biens qui sont plus loin et qui sont aussi » fort beaux. »

Elle se mit avec gaîté à les faire valoir pour ôter à l'empereur l'espèce de regret qu'il manifestait de ne plus la voir en possession de ceux qu'elle avait embellis avec tant de soin et qu'elle devait croire posséder toujours. Au retour, l'impératrice se trouva un peu fatiguée, et rentra dans son appartement en me disant de la suivre. La reine resta avec le reste de la société à se promener sous les grands arbres près de la maison. « Mademoiselle Cochelet, me dit l'impératrice, je ne puis vaincre une tristesse affreuse qui s'empare de moi, je fais tous mes efforts pour la cacher à mes enfants, mais j'en souffre davantage. Je commence à perdre courage. L'empereur de Russie est certainement rempli d'égards et d'affection pour nous, mais tout cela ce sont des paroles. Que décide-t-il pour mon fils, pour ma fille et ses enfants? n'est-il pas dans la position de vouloir quelque chose pour eux? Savez-vous ce qui arrivera lorsqu'il sera parti? On ne fera rien de ce qu'on lui promettra; je verrai mes enfants malheureux, et je ne puis supporter cette idée, elle me fait un mal affreux, je souffre déjà assez du sort de l'empereur Napoléon, qui se trouve déchu de tant de grandeurs, relégué dans une île loin de la France qui l'abandonne; faut-il encore voir mes enfants errants, sans fortune! je sens que cette idée me tue.

» — Mais, madame, voyez au contraire toute l'amitié de l'empereur de Russie. Il vous vénère; il est rempli de soins pour vous. Il cherche à assurer le sort de vos enfants, même en dépit d'eux; car vous savez combien la reine a mis de difficultés à lui avoir des obligations.

» — Oui, sans contredit, il a pour nous des soins qu'on était loin d'attendre; mais malgré toutes ces démonstrations, je ne vois rien de positif. Vous êtes liée avec M. de Nesselrode; sachez de lui s'il y a lieu d'espérer. Est-ce l'Autriche qui s'oppose au sort de mon fils? cela ne peut être. Sont-ce les Bourbons? ils m'ont pourtant assez d'obligations pour les reconnaître dans mes enfants. N'ai-je pas été assez bonne pour tous les malheureux de leur parti? Certes, je n'imaginais pas qu'ils rentreraient jamais en France; mais il m'était doux d'être utile à leurs amis : c'était des Français qui avaient souffert; c'était de mes anciennes connaissances, et la position de ces princes, que j'avais vus jeunes, me touchait. Enfin n'ai-je pas demandé vingt fois à Bonaparte de faire rentrer la duchesse d'Orléans, la duchesse de Bourbon. C'est par moi qu'il a secouru leur détresse, qu'il leur a accordé une pension qu'elles recevaient en pays étrangers.

» Je ne doute pas qu'elles ne viennent me

voir celles-là, et je suis étonnée de n'avoir encore reçu que la visite de M. de Grammont; car M. de Polignac me doit bien la vie, et il n'a pas encore paru à la Malmaison. »

L'impératrice me disait tout cela, couchée sur une chaise longue où elle paraissait affaiblie. J'étais debout, près d'elle; je cherchais, en l'interrompant quelquefois, à rompre le cours de ses tristes pensées, et à ranimer un peu son courage, lorsque sa fille entra. Elle s'informa avec intérêt du motif qui lui avait fait quitter la société. L'impératrice alors se leva et retourna au salon, où elle eut une longue conversation avec l'empereur. La reine me questionna sur sa mère. « Je la vois » toujours courageuse et aimable avec tous » ceux qu'elle reçoit, » me dit-elle; « mais » je m'aperçois qu'aussitôt qu'elle est seule, » elle se livre à une tristesse qui me déses- » père. J'ai peur qu'elle ne s'affecte trop de » tous les événements qui nous ont frappés, » et que sa santé ne s'en ressente. »

Je rassurais la reine de mon mieux, mais je partageais ses craintes; car la conversation que je venais d'avoir avec l'impératrice me prouvait qu'elle était blessée au cœur. L'impératrice et la reine retournèrent le lendemain à la Malmaison. L'empereur Alexandre était revenu le soir même à Paris.

Un jour que je dînais à la Malmaison je remarquai parmi les étrangers qui s'y trouvaient une jeune et jolie personne avec laquelle la reine causa beaucoup pendant toute la soirée, je lui demendai qui elle était, et elle me dit que c'était la fille du duc de Grammont mariée avec lord Olsseston, depuis comte de Tancarville, son père n'étant pas revenu lors de la rentrée des émigrés, sa jeunesse s'était écoulée à l'étranger : elle avait été élevée en Angleterre à Hartwell, où son père avait suivi les Bourbons, et il venait de rentrer avec eux. On était très-curieux de voir les nouveaux princes, de connaître sur eux quelques détails ; ils avaient été si complétement oubliés de la nation pendant vingt ans d'absence, qu'excepté quelques grands seigneurs de leur parti qui, pendant ce temps, avaient intrigué pour eux, on s'en souvenait à peine. Combien étaient-ils ? de qui étaient-ils pères ou fils ? On n'avait d'idées précises que sur l'intérêt qu'inspiraient les malheurs de madame la duchesse d'Angoulême. C'était près d'elle que lady Olsseston avait passé sa vie et la reine était très-empressée d'en entendre parler par quelqu'un qui avait vécu si près d'elle. La reine me dit que lady Olsseston ne cessait de vanter sa piété, sa bienfaisance pour tout ce qui l'entourait et le courage avec lequel elle avait supporté ses malheurs; elle ajouta: « Tant mieux » si elle est bonne, elle fera du bien, et ces chan- » gements politiques seront moins malheureux » pour la France. »

Mais une chose qui paraissait singulière alors, c'était la ferme espérance qu'avoient conservée tous ces princes de revenir en France. Les splendeurs, la puissance colossale de l'empire, n'avaient pu leur ôter cette confiance dans des droits qu'ils croyaient imprescriptibles: l'annonce de chaque bataille leur semblait l'approche du moment décisif, et la nouvelle de chaque succès un revers momentané qui ajournait leurs projets. Il n'y a qu'au moment du mariage de l'empereur avec une archiduchesse d'Autriche, qu'ils commencèrent à se décourager. Ils voyaient là le gage certain de la consolidation de la nouvelle dynastie, et leur douleur fut profonde; mais les trahisons intérieures vinrent bientôt réveiller leurs espérances que nos désastres en Russie avaient semblé préparer et que la coalition étrangère venait de réaliser.

L'empereur de Russie ne tarda pas longtemps à revenir à la Malmaison. Il paraissait ne se trouver bien qu'avec l'impératrice et sa fille; et, malgré le chagrin de ses ministres qui craignaient l'influence de ces principes et qui, par leurs mines allongées, lui laissaient assez voir que ses visites si fréquentes inquiétaient la coalition, il n'en continuait pas moins ses courses à la Malmaison. Il ne connaissait pas la machine de Marly; il fut convenu que le prince Eugène et la reine le mèneraient la voir. Ce jour-là, le 21 mai, l'impératrice se sentant du malaise fut engagée à rester. L'impératrice fit à l'empereur un très-beau cadeau. « J'ai, lui dit-elle, un camée qui m'a été donné par le pape Pie VII; je veux vous le donner, Sire, pour que vous vous souveniez de moi. » L'empereur se fit un peu prier pour accepter; il désigna à la place du camée une tasse sur laquelle était peint le portrait de sa majesté, et le demanda comme souvenir. Il l'obtint, mais il fallut néanmoins qu'il acceptât le beau camée: c'était probablement le plus beau que l'on connût. Il représentait, je crois, le portrait d'Alexandre et de sa mère, ou de Philippe de Macédoine, je ne me le rappelle pas positivement; mais c'était deux têtes placées à côté l'une de l'autre, du plus beau travail et d'une très-grande dimension.

J'accompagnai leurs majestés à la machine de Marly; la reine donnait la main à son fils aîné. L'empereur Alexandre s'était chargé du cadet, que le prince Eugène tenait de l'autre côté. Les précautions que l'on prenait pour les enfants empêchaient d'en prendre beaucoup pour soi-même, et l'habit de l'empereur passa si près de l'une des roues, qu'il eût couru risque d'être entraîné, si la reine, qui s'en aperçut, ne l'avait détourné en le poussant vivement et en jetant un cri qui nous fit tous tressaillir. Par ce mouvement, il eut le temps de dégager le pan de son habit, sans cela il eût été entraîné par la roue. Cet effroi nous causa à tous une vive émotion; celle de la reine fut doublée par un triste souvenir, et il lui fallut longtemps pour se remettre. Il y avait si peu de temps que son amie, madame de Broc, avait été engloutie dans les flots, sous ses yeux, et dans ce moment, sans elle, un aussi fatal accident aurait pu se renouveler.

L'empereur revint dîner à la Malmaison; on venait d'apporter à la reine un cahier original des romances dont elle avait fait la musique; on avait beaucoup désiré posséder tou-

tes ses compositions, qu'elle cachait avec soin ; on parvenait à les voler, à les faire graver en les changeant même. Enfin elle s'était décidée à les faire graver et en avait donné, au jour de l'an, un exemplaire à chacune de ses connaissances intimes ; elle destinait celui qui contenait les dessins originaux à sa mère. Aussitôt que l'empereur vit ce livre, il pria en grâce l'impératrice de le lui donner ; elle ne le lui refusa pas, ce qui fâcha un peu la reine, le lendemain, elle dit devant moi : « J'estime
» beaucoup l'empereur de Russie ; mais c'est
» cependant l'un de nos vainqueurs, et je ne
» me soucie pas qu'il emporte des trophées
» de ses victoires venant de nous. Mes roman-
» ces sont mes seules œuvres à moi, et je ne
» veux pas avoir l'air d'en faire un hommage
» particulier. Un exemplaire gravé à la bonne
» heure, mais l'original devait appartenir à
» ma mère. »

Comme c'était déjà donné, elle fut forcée d'en passer par là. Malgré sa contrariété, ce fut le grand-duc Constantin qui eut le livre gravé ; il l'avait désiré beaucoup et le faisait chercher partout à Paris, croyant qu'on le vendait ; mais, n'ayant pu se le procurer, il s'était décidé à le demander à la reine, et il l'obtint un jour qu'il vint dîner à la Malmaison.

Tous ces princes étrangers étaient enchantés de l'impératrice, de la reine et du prince Eugène, dont tout le monde estimait la noble conduite; il se mêlait à leur empressement pour eux une sorte de respect pour la dignité de leur tenue, qui en imposait. L'impératrice était gracieuse par nature; tout ce qu'elle disait était convenable; son ton avait de l'aisance, et ces étrangers qui, tous, se connaissaient parfaitement au ton de la cour, admiraient dans la mère et dans la fille ces nobles manières qu'ils ne rencontraient pas toujours à la nouvelle cour des Bourbons; le comte d'Artois seul était cité par eux comme sachant dire des choses gracieuses avec dignité. On accordait de l'esprit, de la finesse à Louis XVIII; mais sa tournure le rendait ridicule, et tout le reste leur paraissait bourgeois. Cependant ils en exceptaient la famille d'Orléans, dont les manières affables, réunies à un air de distinction, leur plaisaient infiniment.

L'empereur de Russie répétait partout et à tout le monde que la reine était charmante, qu'elle était remplie d'esprit, d'amabilité; chacun se croyait obligé, d'après lui, à le crier encore plus haut, et cela me revenait de tous les côtés ; j'en étais fière pour elle, et lorsque je lui racontais combien on la trouvait aimable, elle me disait en souriant : « C'est la » mode du moment qui le fait dire ; mais, qu'en » savent-ils ? je leur dis si peu de chose. » Effectivement, il était impossible d'avoir plus de mesure dans toute sa conduite ; loin de se laisser entraîner par des succès dont elle aurait pu jouir, puisqu'ils étaient tout personnels, elle redoublait de réserve et de retenue, et ne faisait de frais que ceux exigés par la politesse et par la bienveillance, qui lui étaient si naturelles pour tout ce qui l'approchait

XXI.

Le roi de Prusse dîne à la Malmaison. — Espiégleries des jeunes princes de Prusse. — L'Anglais prisonnier. — Les enfants de la reine altesses impériales. — Le petit Napoléon. — Les soldats et les bouquets de violette. — Instruction puisée des événements. — La privation de dessert. — Estime d'Alexandre pour le duc de Vicence. — Dîner avec le comte d'Artois. — Calomnies détruites à l'occasion de la mort du duc d'Enghien. — Chagrins de l'impératrice Joséphine lors de cet événement. — Une victime de Moskou. — Les frères d'Alexandre confiés à la reine. — Violation de tombeaux. — Lettre que m'écrit l'empereur Alexandre.

Le 23 mai le roi de Prusse vint avec toute sa famille dîner à la Malmaison où j'étais revenue de Paris la veille avec le vice-roi. L'impératrice, dont la santé m'avait inquiétée les jours précédents, savait si bien prendre sur elle et dissimuler ses souffrances, qu'en la voyait si aimable et si brillante je fus entièrement rassurée. Les deux jeunes fils du roi de Prusse nous parurent fort gentils, même un peu espiègles. J'étais placée près d'eux à table, et je m'égayais beaucoup de ce voisinage. Le dîner était déjà un peu avancé, lorsqu'on s'aperçut qu'il manquait un convive : c'était un Anglais de marque. « Où peut-il être ? » disait l'impératrice; « qu'on le cherche, car je suis sûre qu'il était dans le salon et qu'il m'a saluée en arrivant. » Les deux jeunes princes de Prusse riaient de tout leur cœur, si bien que leur gaîté me gagna sans que je susse de quoi je riais.

Enfin, après bien des recherches, l'Anglais reparut avec un valet de chambre qui venait de lui ouvrir sa prison. Pendant que tout le monde était dans le salon, il s'était enfoncé seul dans la grande galerie, où il s'était oublié à voir les tableaux. Une main espiègle avait sans doute tourné la clef; j'osai supposer que c'était celle des jeunes princes mes voisins. Ce qu'il y a de sûr c'est que le pauvre Anglais mourait de faim, il avait beau appeler pour qu'on lui ouvrît, personne ne l'entendait plus, et il courut grand risque de se passer de dîner. Cette petite aventure mit entre nous la conversation sur le chapitre des tours dont on avait autrefois l'habitude d'égayer le séjour de la compagne. J'eus beaucoup de succès auprès des jeunes princes en leur apprenant tous ceux que je savais et que j'avais faits ou vu faire autrefois. Ils s'amusèrent si bien de mes récits que nous restâmes ainsi tous trois en conférence jusqu'au moment de leur départ. D'un autre côté leur gouverneur, qui était, disait-on, un homme fort distingué, s'était beaucoup occupé du jeune prince Napoléon dont l'intelligence l'avait frappé; il ne cessait après dîner de conter à chacun toutes les répliques fines et spirituelles qu'il en avait reçues.

J'aimais tant ces chers enfants, que je ne saurais trop parler d'eux. Ils étaient vraiment au-dessus de leur âge pour mille choses; et cela venait du soin que leur mère se donnait elle-même pour former leur caractère et développer leurs facultés. Ils étaient trop jeunes pourtant pour bien comprendre tout ce qu'ils voyaient de nouveau autour d'eux et tout ce qui se passait. Comme ils avaient l'habitude de voir toujours des rois de leur famille, lorsqu'on annonça le roi de Prusse et l'empereur de Russie, ils demandèrent de suite à leur gouvernante s'ils étaient aussi leurs oncles, et s'ils devaient les appeler ainsi. « Non, leur dit-on, vous leur direz simplement, sire. —

Mais, » répétait le plus jeune, « est-ce que les rois ne sont pas nos oncles? » On leur apprit que tous les rois qu'ils voyaient à présent, bien loin d'être leurs *oncles*, étaient venus à leur tour en vainqueurs. « Mais alors, reprenait le prince Napoléon, ils sont donc les ennemis de mon oncle l'empereur? Pourquoi nous embrassent-ils? — Parce que cet empereur de Russie, que vous voyez, est un ennemi généreux qui, dans votre malheur, veut vous être utile, ainsi qu'à votre maman. Sans lui, vous n'auriez plus rien au monde, et le sort de votre oncle l'empereur serait encore bien plus malheureux. — Ainsi il faut donc que nous l'aimions, celui-là? — Oui, certainement, car vous lui devez de la reconnaissance. » Le petit prince Louis, qui d'ordinaire parlait très-peu, avait écouté en silence fort attentivement toute cette conversation. La première fois que revint l'empereur Alexandre, et qu'il le revit, il prit une petite bague que son oncle Eugène lui avait donnée, il s'avança sur la pointe des pieds près de l'empereur, et, tout doucement, pour que personne ne s'en aperçût, il lui glissa la bague dans la main, puis il s'enfuit à toutes jambes. Sa mère le rappela, et lui demanda ce qu'il venait de faire. « Je n'ai que cette bague, répondit l'enfant en rougissant et en baissant la tête avec embarras ; c'est mon oncle Eugène qui m'en a fait cadeau, et j'ai voulu la donner à l'empereur, puisqu'il est bon pour maman. » L'empereur Alexandre l'embrassa, mit la petite bague à sa montre, et dit avec émotion qu'il la porterait toujours (1).

L'empereur Alexandre et tous les souverains étrangers qu'ils voyaient journellement à la Malmaison, leur disaient toujours lorsqu'ils s'adressaient à eux : *Monseigneur et votre altesse impériale*, ce qui les étonnait beaucoup, leur mère ayant toujours voulu qu'on les traitât comme des enfants, avec amitié et sans cérémonie. Nous leur disions souvent : *mon petit Napoléon, mon petit Louis* ; elle voulait que tout autour d'eux servît à leur éducation, et, comme je l'ai déjà dit, je n'ai jamais vu de mère aussi occupée que la reine de la

(1) C'est une habitude que ce jeune prince a toujours conservée d'aimer à donner tout ce qu'il possède. J'entendis un jour sa mère, lorsqu'il était plus grand, lui reprocher de ne pas garder une chose dont elle lui avait fait cadeau. « Louis, » disait la reine, « je ne te donnerai plus rien.
» Comment! tu as donné encore ces jolis boutons que j'avais fait monter
» pour toi.—Mais, » dit le prince, « vous vouliez me procurer un plaisir
» en me les offrant, et vous m'en procurez deux, celui de recevoir de
» vous, ma mère, une jolie chose, et ensuite le plaisir de la donner à
» un autre. »

crainte de voir ses enfants gâtés par les grandeurs ; elle s'efforçait de leur persuader qu'ils n'étaient rien du tout, que par ce qu'ils vaudraient eux-mêmes. Je l'ai vue souvent les prendre tous les deux sur ses genoux, et causer avec eux pour former leurs idées sur toutes choses. La conversation était curieuse à entendre dans ce temps des splendeurs de l'empire, où ces deux charmants enfants étaient les seuls héritiers de tant de couronnes, que l'empereur distribuait à ses frères, à ses officiers, à ses alliés. Après les avoir interrogés sur ce qu'ils savaient déjà, elle passait en revue tout ce qu'ils avaient besoin de savoir encore pour se suffire à eux-mêmes, pour se créer des ressources qui pourraient assurer leur existence.

« Si tu ne possédais plus rien du tout, et que
» tu fusses seul au monde, que ferais-tu, Na-
» poléon, pour te tirer d'affaire ? — Je me fe-
» rais soldat, et je me battrais si bien qu'on me
» ferait officier. — Et toi, Louis, que ferais-
» tu pour gagner ta vie ? » Le petit prince, qui n'avait pas cinq ans, et qui avait écouté très-gravement tout ce qui venait d'être dit, sentait bien que le fusil et le sac, quelque petits qu'ils fussent, étaient encore au-dessus de ses

forces, répondit : « Moi, je vendrais des bouquets de violettes comme le petit garçon qui est à la porte des Tuileries, et auquel nous en achetons tous les jours. »

La conversation m'avait paru si plaisante, que je ne pus m'empêcher de l'interrompre d'un grand éclat de rire. « Ne ris pas, » me dit la reine « c'est une leçon que je donne. Le
» malheur des princes nés sur le trône, c'est
» qu'ils croient que tout leur est dû, qu'ils
» sont formés d'une autre nature que les au-
» tres hommes, et qu'ils ne contractent pas
» d'obligations envers eux ; ils ignorent les mi-
» sères humaines, et ne croient pas qu'elles
» puissent jamais les atteindre. Aussi, lorsque
» l'infortune arrive, ils sont surpris, terrifiés
» et restent toujours au-dessous de leurs des-
» tinées. » Je ne pus m'empêcher de trouver qu'elle avait raison ; elle embrassa ses fils et se leva en me disant : « Crois bien que dans la
» position où ils sont, je ne puis pas leur don-
» ner de leçons qui leurs soient plus utiles que
» de leur enseigner, que, malgré tout l'éclat
» qui les entoure, ils sont sujets à toutes les
» vicissitudes de la vie : cela leur apprend à ne
» pas trop compter sur la solidité de leur gran-
» deur, et cela les habitue à compter sur eux
» seuls. »

Au premier bruit de l'entrée d'une armée ennemie sur le sol français, elle avait voulu faire sentir à ses enfants combien ils devaient être sensibles à cette calamité publique. Elle leur peignit le pays dévasté, ravagé, les chaumières brûlées, les pauvres paysans errants, sans abri, sans nourriture; les enfants orphelins, etc. Elle leur dit que s'ils étaient plus grands ils iraient défendre le pays et prévenir tant de maux, avec leur oncle, l'empereur. Elle s'affligea avec eux de ce que l'âge et la force leur manquaient encore pour cela, et leur demanda s'ils ne voulaient pas partager avec les malheureux tout ce qu'ils avaient. Les enfants y consentirent avec joie, offrirent leurs joujoux, leur argent, tout ce qu'ils possédaient. La reine accepta leur sacrifice; mais le fit porter sur une chose qui leur serait sensible tous les jours et leur rappellerait les malheurs du pays auxquels ils devaient tout jeunes s'identifier. Il fut convenu que tant que la guerre serait sur le territoire français, ils se priveraient de dessert. Le prince Napoléon me l'apprit avec une sorte d'orgueil; il avait fait comprendre à son petit frère Louis, qui n'avait que six ans, que c'était les compter pour quelque chose, que de les associer au malheur commun.

La même sagesse, la même réflexion, la même mesure se retrouvaient dans toutes les actions de cette pauvre reine si calomniée. C'était avec cette même raison calme qu'elle envisageait sa position nouvelle, sans se laisser abattre par le malheur, ni étourdir par toutes les louanges, par toutes les flatteries personnelles dont elle était l'objet. Elle était aussi insensible aux succès de vanité qu'indifférente à l'attrait d'un plaisir lorsqu'il s'agissait de sa dignité. L'empereur de Russie manifestait une grande estime au duc de Vicence; il ne laissait échapper aucune occasion de lui témoigner l'amitié qu'il lui portait et en l'honorant de toutes les manières, de prouver à tous le cas qu'il faisait de lui, pour son dévouement et sa noble conduite envers l'empereur Napoléon, dont il était venu défendre les intérêts et ceux de sa famille lorsque tout le monde les abandonnait. Il l'avait invité à dîner chez lui, seul avec le comte d'Artois, à son arrivée à Paris. Celui-ci avait accepté, sentant bien tout ce qu'il devait de ménagements aux étrangers qui le ramenaient; mais, comme on détestait le duc de Vicence dans le faubourg Saint-Germain on en voulut beaucoup à l'empereur Alexandre d'avoir forcé le comte d'Artois à dîner à la même table que ce soi-disant ennemi.

L'empereur de Russie avait fait la sourde oreille à tous ces caquets ; et, pour témoigner encore mieux sa considération pour le duc, il avait été faire une visite à sa mère, à sa petite maison d'Auteuil où elle passait tous les étés, et il lui avait fait demander à déjeuner. Madame de Caulaincourt, sachant combien l'empereur était heureux de se rencontrer avec la reine, était venue l'engager ainsi que le prince Eugène à être de ce déjeuner. La reine aimait beaucoup madame de Caulaincourt, et certainement il lui en coûtait de ne pas faire une chose qu'elle savait devoir lui être agréable ; mais elle voulait refuser néanmoins d'être de cette partie, et voici les raisons qu'elle m'en donna : « J'irais avec grand plai-
» sir chez ma chère madame de Caulaincourt ;
» mais il ne me conviendrait pas d'accepter ce
» déjeuner avec l'empereur de Russie ; je le vois
» assez souvent chez ma mère et chez moi ;
» j'aurais l'air de le rechercher beaucoup trop ;
» malgré toute sa bonté, je veux me rappeler
» sans cesse que c'est l'ennemi de mon pays ;
» mais pour ne pas affliger madame d'honneur,
» j'irai la voir tard, lorsque tout sera fini, et

» je trouverai un prétexte pour éviter le dé-
» jeûner. »

Lorsque j'appris à la reine toutes les calomnies dont on accablait le duc de Vicence au sujet du duc d'Enghien, elle me dit : « Ah!
» c'est différent, j'irai certainement à ce dé-
» jeuner. Conçoit-on qu'on accuse Caulain-
» court, tandis que je l'ai vu si affligé de cette
» catastrophe! Sa pauvre mère sait comme
» moi à quel point tout cela est faux. Eh! mon
» Dieu, l'empereur lui même, instruit qu'une
» conspiration contre lui se tramait en Alle-
» magne et dont on croyait le duc d'Enghien
» le chef, avait bien donné l'ordre au gé-
» néral Ordener de l'amener, de le faire juger;
» mais je sais positivement que l'empereur avait
» l'intention de lui faire grâce et qu'il fut fu-
» sillé promptement sans qu'on vînt prendre
» les derniers ordres. Ma mère a pleuré cette
» mort, il est vrai; mais elle n'a pu demander sa
» grâce comme on l'a tant répété dans le monde,
» puisqu'elle ne l'a apprise, de même que
» l'empereur, que lorsqu'il n'était plus temps
» d'implorer pour sa vie. Quant à Caulain-
» court, il est étranger à toute cette affaire ;
» dans cette circonstance, je dois le soutenir
» et je ne ferai pas attention à de petites con-

» sidérations. Je serais désolée que mon refus
» pût lui causer, ainsi qu'à sa mère, la plus
» petite peine. J'irai. »

Une des choses qui avait le plus influencé
l'empereur de Russie en faveur de la reine,
c'était tout le bien qu'il avait entendu dire
d'elle à Écouen et à Saint-Denis, lorsqu'il avait
été visiter ces deux établissements, dont elle
était protectrice. La maréchale Ney qui l'avait
conduit à Écouen, lui présenta madame Campan
qui adorait la reine, et qui, en lui nommant
toutes ses filles, ne cessait de parler aussi de leur
princesse protectrice : ce nom revenait sans
cesse, et avec des éloges bien faits pour faire
apprécier celle qui les méritait si bien. Quand
l'empereur alla à Saint-Denis, il fut très-étonné
lorsque madame Dubouset lui présenta une
dame qui lui parla russe.

Par quel hasard une de mes sujettes est-elle
ici? demanda-t-il à madame Dubouset. On lui
raconta l'histoire tragique de madame Delaveau. Elle était en effet de Moskow, elle avait
épousé M. Delaveau, consul de France à Moskow ; son mari y resta avec les Français, après
l'incendie ; il fut obligé de suivre cette retraite
si malheureuse ; son infortunée femme suivit
aussi avec un fils de quatre ans, d'abord dans

un traîneau, puis à pied, sans secours, mourant de froid, de misère et de faim. Exposée à tout moment à tomber dans les mains des Cosaques, elle dut la vie, tantôt à M. de Brack, tantôt à M. de Cubières, qui se battirent pour la sauver ainsi que son enfant.

Après le passage de la Bérésina, on la déposa demi-morte de misère et de fatigue dans les équipages du général Sébastiani, qui la ramenèrent jusqu'à Paris. Son mari suivit à pied; mais arrivée dans cette grande ville, sans ressources, elle y serait morte sans doute, sans la protection de la reine, qui vint à son secours; elle plaça cette femme intéressante à Saint-Denis, jusqu'à ce que son mari eût un emploi qui pût fournir à son existence et à celle de sa famille. Ce fut donc de la bouche même de madame Delaveau que l'empereur apprit sa triste histoire, et qu'il entendit vanter d'une manière si inattendue toute la bienfaisance de la reine: « Aussi, me disait-il quelquefois, en la voyant j'avais deviné tout ce qu'elle valait, et je suis bien aise d'apprendre tous les jours, en la connaissant davantage, que je ne m'étais pas trompé. »

L'impératrice Joséphine était toujours un peu souffrante; elle avait pris beaucoup sur elle pour recevoir le roi de Prusse. Le lendemain 24, elle reçut les jeunes grands-ducs de Russie, Nicolas et Michel; mais elle vint de temps en temps se reposer sur sa chaise longue et laissa sa fille faire les honneurs du salon. Ces deux jeunes gens, quoi qu'à peu près du même âge que les princes de Prusse, étaient si grands de taille qu'on leur aurait donné quelques années de plus ; ils étaient si formés, leur ton et leur politesse étaient si nobles et si remplis de bienveillance, qu'ils eurent le plus grand succès à la Malmaison. Ils dirent des choses si gracieuses à l'impératrice et à la reine sur la noble conduite du vice-roi, qu'ils firent facilement la conquête des personnes auxquelles ils parlaient.

L'empereur Alexandre avait dit à la reine : « Je vous confie mes frères ; ils entrent pour la première fois dans le monde ; ma mère est dans les transes que les jolies Françaises ne leur tournent la tête, et la Malmaison est si remplie de charmantes personnes, que je tiens peu ma promesse en les laissant y aller. » « Rassurez-
» vous », avait répondu la reine, « je ferai le
» mentor, et je vous promets une surveillance
» toute maternelle. » Ce qui avait beaucoup fait rire l'empereur.

Les grands-ducs allèrent voir les environs avec le prince Eugène. La reine demeura près de sa mère, qui se plaignait d'un peu de rhume; elle voulait qu'elle restât couchée et ne descendît pas pour le dîner; mais l'impératrice dit qu'elle ne soignait jamais un rhume et descendit. C'était ce jour-là qu'avait eu lieu le déjeuner à Auteuil, chez madame de Caulaincourt, dont j'ai mentionné l'invitation ci-dessus.

Le 25, j'arrivai le matin à la Malmaison; je courus demander des nouvelles de l'impératrice; je la trouvai fondant en larmes, elle tenait un journal à la main, qu'elle me tendit en me disant :

« Ma fille lit-elle ce journal? Tâchez qu'elle ne le voie pas. Lisez l'article qu'on met sur le cercueil de son pauvre enfant. Cela est-il croyable? Voyez avec quels termes méprisants on dit qu'il doit être ôté de l'église de Notre-Dame pour être porté dans un cimetière ordinaire. On ose toucher aux tombeaux! c'est comme du temps de la révolution. Ah! qui m'eût dit que cela me viendrait de gens que j'ai tant obligés?

« —Mais, madame, » dis-je à l'impératrice, « votre majesté ne peut cacher ce fait à la reine ; elle voudra réclamer le corps de son fils, et vous savez qu'elle ne veut jamais qu'on ménage sa sensibilité lorsqu'il lui est nécessaire de savoir une chose qui l'intéresse.

—Vous avez raison, » dit l'impératrice;« c'est elle seule qui doit donner des ordres ; mais j'aurais voulu lui épargner ce chagrin, surtout avec sa faible santé, où tout frappe vivement, quoiqu'elle n'en témoigne rien. »

La reine avait été à Paris avec son frère ; elle avait lu l'article du journal, et, lorsqu'elle revint : « Tant mieux, » nous dit-elle froidement ; « je ferai placer le corps de mon
» fils dans l'église de Saint-Leu ; il sera là près
» de moi ; il ne sera plus au milieu de ceux
» qui se déclaraient nos ennemis. Si je suis at-
» tristée, c'est de voir par quelles passions hai-
» neuses mon pays va être gouverné ; ce n'est
» pas en couvrant de mépris tous nos souve-
» nirs que l'on fera le bonheur de la France.»

Ce nouvel incident n'était pas fait pour alléger les souffrances de l'impératrice et dissiper la tristesse qui la minait. Je restai longtemps avec elle ; elle me parla encore de ses inquiétudes pour ses enfants, de la lenteur qu'on mettait à leur assurer un sort, et de ses craintes que toute cette bienveillance de l'empereur de Russie ne se manifestât que par de belles paroles. Je la laissai si agitée, que je m'inquiétais malgré moi de son état. Je vis, le soir, à Paris, M. de Nesselrode; il me parla de l'article du journal, dont il avait été indigné comme nous. Il me dit que M. de Blacas lui avait assuré que le roi était tout à fait étranger à cette affaire; que c'était l'officialité de Notre-Dame qui avait cru devoir prendre cette mesure (1), et que l'article du journal avait été généralement blâmé, surtout par l'empereur Alexandre. Encouragée par le ton tout confidentiel de notre entretien, à la seconde visite que l'empereur m'avait faite chez moi, je me hasardai à lui écrire quelques mots le lendemain matin, sous l'inspiration profondément mélancolique que m'avaient laissée les confidences de l'impératrice sur le sort de ses enfants. J'adressai ma lettre à M. de Nesselrode, qui me renvoya la réponse de l'empereur en m'écrivant un mot. Je joins ici son billet et la lettre que j'ai reçue le lendemain 27.

(1) Le corps du jeune prince mort en Hollande fut effectivement rendu à la reine, qui le fit placer dans le chœur de Saint-Leu.

LE COMTE DE NESSELRODE A MADEMOISELLE COCHELET.

« Je vous verrai demain à quatre heures. Venez donc chez ma femme ce soir à dix heures, où nous arrangerons tout cela. Je vais un peu mieux aujourd'hui.

» Mille hommages et amitiés.

» NESSELRODE. »

L'EMPEREUR ALEXANDRE A MADEMOISELLE COCHELET.

« Vous me parlez de tristesse, mademoiselle, et moi je ne puis vous parler que de plaisirs, comme dîners, bals, etc., qui m'ont ôté toute possibilité de disposer de mon temps. Mais ces prétendus plaisirs ne m'amusent pas du tout, et j'aurais bien mieux préféré de m'occuper sérieusement de nos affaires. Le fait est que, grâce à la lenteur avec laquelle on fait les choses ici, je ne pouvais absolument rien vous annoncer hier, sinon que Blacas trouve notre rédaction bonne, et croit qu'elle ne souffrira aucune difficulté. Voilà où en sont les choses. J'espère en savoir davantage ce soir, et je compte venir entre sept et huit chez vous vous en instruire, n'ayant que ce moment à ma disposition par la quantité de besogne et de paperasses dont je suis obsédé, et qu'il faut achever avant de partir.

» Recevez, je vous prie, l'assurance de mon bien sincère attachement.

» ALEXANDRE.

« Vendredi 27, année 1814. »

Il vint le soir un moment pour savoir des nouvelles de l'impératrice; on m'avait fait dire le matin qu'elle allait mieux, ce qui lui fit grand plaisir. Il me raconta qu'on se faisait beaucoup prier pour donner les lettres patentes du duché de Saint-Leu, bien qu'elles fussent demandées par toutes les puissances, mais qu'il venait de faire dire qu'il l'exigeait et de la manière dont elles étaient rédigées; car c'était la rédaction qui faisait toute la difficulté. Après avoir dit qu'on la trouvait bonne on revenait sur d'autres chicanes, ne voulant rien de ce qui pouvait avoir l'air de reconnaître un titre à la famille Bonaparte.

Les gens qui avaient le plus brigué des places à leurs cours se donnaient tous comme ayant été forcés d'y être admis. — Je dis à l'empereur qu'il était un peu cause de la malveillance que l'on commençait à montrer contre la reine. On avait d'abord dit d'elle tout le bien qu'elle mérite, puis la jalousie qu'inspirent vos soins pour elle et sa mère leur forge des ennemis. Il n'est sorte de propos qu'on ne tienne déjà sur elles deux. On dit qu'elles sont remplies d'ambition, qu'elles tiennent à tous leurs titres, qu'elles sont d'une fierté intolérable et qu'elles sont très-dangereuses pour les Bourbons. » Je suis désolée, sire, ajoutai-je, que vous ayez tenu à fixer le sort de la reine en France : elle avait des possessions en Hollande, qu'on avait échangées ici contre une inscription sur le grand-livre de France. En lui faisant conserver cette rente elle pouvait vivre tranquille partout; et vous verrez comme la malveillance va s'exercer sur elle et sur sa mère qu'on adorait, disait-on! Ne voilà-t-il pas déjà qu'on fait courir le bruit qu'elle a donné de l'argent à des ouvriers pour les faire crier.

« Ce sont des misères que tout cela, dit l'empereur. « Je sens bien que dans une pareille position il leur faut à l'une et à l'autre un appui. Mon ministre Pozzo di Borgo n'est point ami ni de l'empereur ni de sa famille, je je sais; mais cependant il faudra bien qu'il agisse comme s'il l'était, et c'est lui que je chargerai de veiller à ce que l'on ne tourmente ni la reine ni l'impératrice; en outre je voudrais laisser ici quelqu'un qui vous convînt à qui vous pussiez vous fier, pour me faire parvenir, sans autre intermédiaire, les lettres que la reine pourrait m'adresser. Vous qui connaissez beaucoup de Russes, choisissez dans le nombre celui qui vous inspirera le plus de confiance; je le laisserai attaché à la légation que j'ai à Paris, en le nommant secrétaire d'ambassade; je lui enjoindrai positivement l'ordre de ne laisser connaître à personne nos relations. Je pourrai recevoir de cette manière par, quelqu'un qui sera toujours à votre disposition, ce que la reine voudrait bien m'écrire; et vous, mademoiselle Cochelet, je serai bien aise de savoir par vous comment elle se trouve de sa nouvelle position. »

Je connaissais un jeune M. Boutikim, qui parlait assez difficilement le français. Je l'avais vu souvent chez des dames russes de ma connaissance; il paraissait doux et fort agréable de manières. Il n'était pas un des plus anciens de l'ambassade; mais comme il était à Paris depuis plusieurs années, je crus pouvoir mieux compter sur lui que sur un autre, et je me fis un plaisir de le désigner à l'empereur, puisqu'en même temps c'était lui être utile. Hé bien! me dit-il, c'est vous qui serez cause que je le fais mon premier secrétaire d'ambassade. En effet il le laissa à Paris avec l'ordre d'être l'intermédiaire entre lui et la reine, et le chargea de veiller à sa tranquillité.

Je ne puis me rappeler l'empereur Alexandre sans qu'il se joigne à son souvenir celui de sa bonté et de sa bienveillance pour moi. Chaque fois qu'il m'avait fait l'honneur de venir chez moi, ou que je l'avais rencontré à la Malmaison, la conversation s'était toujours établie entre nous sur un ton d'intimité telle que je ne l'aurais jamais espéré avec un si grand personnage. Non seulement il s'était occupé du sort de ceux que j'aimais, mais il m'avait parlé du mien; et le voyant lié à jamais à celui de la reine, par l'affection et la reconnaissance que je lui portais, il m'avait interrogée sur ma famille, comme si aucune de mes affections ne pouvait lui être indifférente. Je lui avais parlé de mes frères, de tout ce qu'ils valaient, et du souci que me donnait leur avenir. Il m'avait témoigné le désir de les connaître, et, à cette dernière visite, il me proposa d'appeler Adrien en Russie, et de lui donner un emploi près de lui.

J'avais remercié avec un sentiment de vive reconnaissance, pour une pareille marque de bonté et d'intérêt; mais mon frère, à qui je communiquai cette proposition, ne l'accepta point, quelque avantageuse qu'elle pût être. Son pays était tout pour lui ; il ne l'aurait pas volontairement quitté pour un meilleur sort, et il me dit que, quoique très-incertain de la façon dont il serait traité par le nouveau gouvernement, il préférait continuer à servir sa patrie, de quelque manière que ce fût, plutôt que d'utiliser ses moyens à l'étranger.

Le lendemain, 28, l'empereur Alexandre devait venir dîner à la Malmaison. Le prince Eugène était retenu dans sa chambre par un accès de fièvre très-violent. La reine voulait faire prier l'empereur de remettre sa visite à un autre jour, mais il vint trop vite, et l'on n'en eut pas le temps. Dès qu'il arriva, elle le conduisit chez son frère, qui était couché, et retourna chez sa mère qui n'était pas levée non plus. A l'heure du dîner, elle la quitta pour descendre, sans aucune inquiétude, car le médecin de l'impératrice disait que ce rhume n'était rien. On avait pourtant caché à l'impératrice que l'empereur était chez son fils, dans la crainte qu'elle ne se crût obligée de descendre pour lui faire les honneurs de sa maison.

Je me trouvai placée, à table, à côté d'un homme âgé que je ne connaissais pas. Son accent étranger me désignait un Anglais, et la sollicitude avec laquelle il me demanda des nouvelles de l'impératrice m'intéressa. Je le rassurai, en lui disant que ce n'était qu'un rhume, et que son indisposition n'avait rien d'inquiétant.— « En êtes-vous bien sûre? me dit-il en secouant la tête d'un air de doute et de tristesse. » Je lui répétai ce que venait de dire le médecin, que l'impératrice n'avait pas de fièvre, et qu'il n'y avait non seulement rien de dangereux dans son état, mais pas le moindre symptôme alarmant. « D'ailleurs, » ajoutai-je, « la santé de l'impératrice est parfaite et se fortifie chaque jour. Elle est grasse, fraîche et belle encore. Y a-t-il longtemps que vous ne l'avez vue?

» — Trente-neuf ans, mademoiselle, et il serait bien cruel, après avoir si longtemps désiré la retrouver, de la perdre pour toujours sans la revoir. »

Il fit un profond soupir, et ses yeux, qui

avaient brillé un moment en m'écoutant, s'étaient attendris; il me conta qu'il avait connu l'impératrice à la Martinique étant déjà un jeune homme, et elle, n'étant encore qu'un enfant, puisqu'elle n'avait que quatorze ans lorsqu'elle se rendit en France pour achever son éducation et épouser M. de Beauharnais. « J'allais souvent chez sa mère, qui me traitait avec bonté, » me dit-il, « et c'est dans l'intimité de la famille que j'avais pressenti que sa fille serait tout ce qu'elle a été, admirable pour tous ceux qui l'ont connue. Sa taille élégante était déjà développée, et son charmant visage exprimait tout ce que seraient son cœur et son esprit. Je me suis dit souvent depuis, en me rappelant cette gracieuse apparition de ma jeunesse, que si je l'eusse connue plus tard, je l'eusse certainement aimée passionément, et que cet attachement eût fait le sort de ma vie. « Je puis dire, peut-être, » ajouta-t-il avec un sourire, « qu'il l'a influencée, car en me rappelant cet idéal, que je revêtais de ses formes et de son souvenir, aucune femme ne m'a paru digne du sacrifice de ma liberté. J'ai acquis une fortune considérable, je suis devenu général, et je suis resté garçon. Je l'avais vue partir avec intérêt et regret; je continuai à voir son excellente mère, et là, ses lettres, son portrait, son souvenir étaient tous les jours le sujet de nos entretiens. J'ai suivi de loin et avec un vif intérêt ses grandes et intéressantes destinées, puis ses chagrins, ses revers. Aussi, dès que j'ai appris la possibilité de venir en France, j'ai quitté Londres, et à mon arrivée à Paris, je lui ai écrit pour lui demander la permission de lui présenter mes hommages; elle m'a fait répondre avec bonté qu'elle se rappelait de moi, mon souvenir se liant pour elle à celui de sa mère et des derniers moments qu'elle a passés à la Martinique, et qu'elle aurait grand plaisir à me voir si je voulais venir dîner avec elle. Elle m'avait désigné ce jour, je l'attendais avec impatience; mais il s'est attaché une telle fatalité à ma destinée, que je ne sais pourquoi je m'effraie de la savoir malade, et de voir la mort entre elle et moi. » Le ton avec lequel il prononça ces derniers mots me fit frémir. Comme il le pressentait, il ne la revit jamais!...

Après le dîner, la reine dit à l'empereur qu'elle agissait avec lui sans cérémonie, et qu'elle le laissait pour retourner près de sa mère.

Elle nous quitta et il resta dans le salon

avec les dames de l'impératrice et moi. Il se rapprocha de moi et nous eûmes bientôt repris notre conversation de la veille. Je le trouvai toujours parfait pour la reine. Comment, après avoir été la cause, par l'intérêt qu'il lui témoignait, de la jalousie dont elle était l'objet, après y avoir contribué par l'éloge constant qu'il faisait d'elle, comment a-t-il été si différent de lui-même en 1815, en livrant au malheur et à la calomnie celle qu'il voulait tant protéger en 1814. Mais les souverains sont souvent entourés de gens qui désirent ramener tout à eux-mêmes, et c'est presque toujours en présentant un mal à redouter qu'on se rend intéressant : c'est pourquoi la calomnie est l'arme la plus usitée à la cour.

Je dois le dire, car c'est la vérité, la calomnie n'a jamais eu de prise auprès de la reine; c'est sans doute parce qu'elle a beaucoup été calomniée elle-même, et que, mieux que personne, elle sait tout ce que la haine peut inventer de faux pour perdre un ennemi.

Elle détestait tellement d'entendre parler mal des autres que je n'aurais pas osé lui dire la plus petite chose des gens dont j'avais la plus mauvaise opinion, dans la crainte de me nuire dans son esprit. Il arriva une fois, à La Haye, qu'une de ses dames hollandaises voulut lui faire des caquets sur des personnes qu'elle recevait et que la dame gratifiait du titre d'orangistes ou de révolutionnaires ; j'entendis la reine lui répondre : « Je suis ici étrangère à » tous les partis, je reçois tout le monde éga- » lemént bien, car j'aime à penser du bien de » tout le monde, et je n'éprouve habituelle- » ment une impression défavorable que de » ceux qui me disent du mal des autres. »

La dame du palais se pinça les lèvres, et depuis jamais je n'ai entendu dire dans le salon de la reine du mal de personne.

Cette princesse, que je n'ai pas quittée pendant vingt-cinq ans, à laquelle je n'ai pas vu un seul instant le moindre sentiment d'aigreur contre qui que ce fût, celle pour qui tous les malheureux devenaient intéressants et qui ne s'est jamais occupée que de les secourir, n'importe où ils se présentaient ; hé bien, cette femme allait se trouver au milieu de toutes les haines déchaînées contre elle, de toutes les calomnies les plus absurdes, et cela sans appui, sans conseil que la droiture et la pureté de sa conduite et de ses intentions. Que de fois je me suis reproché d'avoir par mon attachement mal calculé, et pour ainsi dire, en dépit d'elle, influé pour quelque chose sur le sort qui la fixait en France : toutes les combinaisons qui en paraissaient heureuses n'ont fait qu'accroître ses infortunes. Le premier mobile de sa décision avait été de ne pas s'éloigner de sa mère, et il allait être détruit.

Ce pressentiment que la pauvre impératrice éprouvait allait être réalisé. Tout était encore brillant autour d'elle ; mais elle avait beau s'efforcer de cacher son état à ses enfants ; elle était, me disait-elle souvent, frappée au cœur. Cela n'était que trop vrai, et nous allions avoir à regretter cette femme admirable.

L'empereur Alexandre ne prolongea pas cette soirée qu'il passa avec nous ; il partit sans revoir la reine ni sa mère, et fort alarmé de l'état de cette dernière, dont pourtant personne de nous ne savait se rendre raison, puisqu'elle souffrait peu et n'avait pas de fièvre.

L'empereur de Russie seul était inquiet, parce qu'il avait, dans la journée, envoyé pour la voir son médecin, qui la trouva fort mal. D'après ses craintes, n'ayant pu dire rien de rassurant sur l'état de l'impératrice, la reine et le prince avaient fait appeler en consultation les plus fameux médecins de Paris, qui

vinrent le soir et qui ne virent pas plus que les autres qu'elle avait une inflammation à la gorge, et qu'il n'y avait plus d'espoir; ils déclarèrent au contraire que cette maladie serait longue; alors la reine décida que chacun se partagerait pour veiller une nuit sa mère, et qu'elle voulait veiller la première nuit. Les femmes de l'impératrice étaient assez délicates; celle qui était la plus forte, mademoiselle Avrillon, n'était pas alors de service; on avait trouvé inutile de la faire avertir. Madame Charles était déjà anéantie; la reine voulut l'envoyer se reposer et dit qu'elle resterait près de sa mère. Nous nous récriâmes toutes : c'était à qui voulait la remplacer; mais elle résistait et nous répétait : « Les mé-
» decins disent que ce sera long; il faut que
» chacune de nous conserve ses forces. »

« Mais, madame, vous avez passé toute la journée sur vos jambes au pied du lit de votre mère; reposez-vous au moins cette nuit, dit madame d'Arberg. » La reine n'y consentit qu'en faisant veiller sa première femme de chambre à elle, dont elle éprouvait journellement les bons soins, qui était forte, très-dévouée, et qui, mieux qu'elle, pouvait soigner une si chère malade; d'ailleurs elle devait venir la chercher au moindre symptôme alarmant. Malgré cette assurance, la reine se leva dans la nuit et vint plusieurs fois savoir si sa mère dormait. Sa femme de chambre, qui accourait au-devant d'elle, l'assurait que l'impératrice était bien, parce qu'elle ne se plaignait pas et qu'elle paraissait ne pas souffrir, et on forçait la reine à retourner dans sa chambre avec la plus grande sécurité. De bonne heure, le prince Eugène et sa sœur entrèrent dans la chambre de leur mère; l'altération de ses traits les frappa à tel point, que le prince n'eut plus d'espoir. Il emmena sa sœur pour entendre la messe : c'était le jour de la Pentecôte; ils descendirent ensemble, et pendant qu'on disait en bas cette messe, que des sanglots seuls interrompaient, en haut, dans la chambre de l'auguste malade, l'abbé Bertrand lui donnait les derniers sacrements, qu'elle recevait avec calme et résignation. On avait envoyé chercher le curé de Ruel; mais on craignait qu'il n'arrivât pas à temps. Aussitôt après la messe, les enfants de l'impératrice remontèrent auprès d'elle, convaincus qu'elle allait mourir; elle tendit les bras à ses enfants; elle voulait parler; on n'entendait plus un mot de ce qu'elle disait. A ce spectacle, la reine tomba raide par terre; on l'emporta, sans connaissance, hors de la chambre. Le prince Eugène se mit à genoux près du lit de sa mère qui, au bout de quelques moments, expira dans ses bras.

Le prince se releva au désespoir; il pensa à l'état où il avait vu sa sœur, et il s'arracha à ces restes précieux pour s'informer d'elle. Toutes les jeunes personnes de la maison de l'impératrice qui l'entouraient le suivirent pour aller porter secours à celle qui avait encore besoin de soins, et lui apprendre l'affreuse nouvelle!

Je restai avec madame d'Arberg près de celle qui n'existait plus; je pensai procurer encore une faible consolation à ses enfants, auxquels le sort ravissait tout à la fois, et j'osai approcher de cette tête, qui paraissait dormir avec calme et espérance. Je coupai ses beaux cheveux noirs, que je gardai comme un trésor à remettre à la reine. Le prince Eugène emmena sa sœur à Saint-Leu, où je les suivis bientôt après. L'impératrice expira le 29 mai, jour de la Pentecôte.

Aucune expression ne saurait peindre la douleur du prince et de la reine; ceux qui ont connu la mère adorable qu'ils pleuraient peuvent seuls se l'imaginer.

Le lundi, 30, je reçus le matin la lettre de M. de Caulaincourt, que je joins ici, et qu'il avait écrite au moment où il avait reçu, la veille au soir, la fatale nouvelle de la mort de l'impératrice.

LE DUC DE VICENCE A MADEMOISELLE COCHELET.

« Nous sommes aussi atterrés, aussi affligés que vous, mademoiselle. Je ne pense qu'à la reine, qui a tant besoin de vos soins. Demain matin j'aurai l'honneur de vous voir. Ce soir, à 9 heures, il y aura une séance pour ses affaires. Le bon chevalier (1) est aussi affligé que nous; il a sur-le-champ donné des ordres pour qu'on redouble d'attention dans la rédaction projetée; il s'est fait représenter le traité, afin de prévoir ce que les intérêts de la reine et du vice-roi peuvent exiger. Je ne puis vous dire tout ce que j'éprouve; nous pleurons de tout notre cœur celle qui n'a que des amis, et je ne retrouve du courage dans ce cruel événement que parce qu'il est

(1) L'empereur de Russie.

important de s'occuper des affaires de la reine. Le bon chevalier m'a parlé d'elle et du prince comme son fils et comme son frère. Vous diriez cela bien mieux que moi, mademoiselle; mais vous ne seriez pas plus touchée que je ne le suis de ce noble et touchant intérêt.

» On fait toujours difficulté de ratifier le traité, ou d'insérer quelque chose qui rappelle les anciennes qualités; mais cela finira, j'espère, par s'arranger.

» Que je vous remercie, mademoiselle, d'avoir pensé à moi dans ce cruel événement. Agréez avec bonté l'hommage de tous mes sentiments et de mon respect.

» C., d. de Vicence. »

L'empereur de Russie apprit la mort de l'impératrice peu d'heures après qu'elle eut eu lieu; j'ignore par qui. Il m'écrivit à l'instant quelques mots pour m'exprimer tout son chagrin de cette perte et son inquiétude pour la reine; il était inconsolable de ce malheur et s'affligeait avec cette vive sensibilité que chacun lui a connue. Je reçus aussi une lettre de la princesse Wolkonsky.

LA PRINCESSE WOLKONSKI A MADEMOISELLE COCHELET.

Paris, 31 mai 1814, mardi à quatre heures et demie de l'après-dîner.

« A peine sortie, on m'a remis votre billet, chère Louise. Dieu a mis à une cruelle épreuve votre intéressante amie ; espérons qu'il lui donnera la force de supporter la croix dont il l'afflige. Quelle consolation ce doit être pour elle d'avoir en ce moment le vice-roi près d'elle! Chère amie, ménagez-vous; votre tendre amitié, vos soins deviennent plus que jamais nécessaires à la reine. N'ayant reçu votre billet que ce matin, je pense que c'est cette nuit, à deux heures, que vous l'avez écrit. Mon projet était de me rendre ce soir près de vous, mais j'ai appris que les chevaux étaient commandés pour demain à neuf heures. Il faut que nous devancions S. M. (1) au moins de deux fois vingt-quatre heures, pour ne pas manquer sa belle arrivée à Londres.

» Plus de possibilité donc d'aller ce soir près de vous; il ne me reste plus qu'un seul moyen de vous embrasser, et je l'adopte, ne fût-ce

(1) L'empereur de Russie.

que pour vous voir quelques instants endormie, je m'en contenterai; mais partir sans vous voir, je ne le puis.

» Je partirai d'ici demain matin, assez tôt pour être à Saint-Leu à sept heures. J'y resterai jusqu'à neuf heures, où je serai obligée de vous quitter pour aller rejoindre ma sœur, qui viendra m'attendre à Saint-Denis. Je vous aisi peu vue, mon amie, et je vous laisse dans la douleur! Ah! combien cela augmente ma peine de vous quitter! Mes hommages à la reine. A demain matin, ma chère Louise, n'est-ce pas? Vous m'écrirez souvent. Adieu! adieu!.... »

Je n'étais occupée qu'à empêcher que les amies de la reine, qui arrivaient de Paris pour la voir, n'entrassent dans sa chambre. Elle était tombée dans cet état d'anéantissement complet, où je l'ai toujours vue à chaque grande douleur qui l'a frappée, et j'avais mille peines à défendre l'entrée de son appartement à toutes celles qui partageaient son chagrin. Madame Campan força la porte pour voir son élève chérie, et s'éloigna promptement après lui avoir baisé la main; je l'emmenai dans ma chambre où elle se reposa quelques instants. Nous pleurâmes ensemble celle qui n'était plus, en nous affligeant du triste sort de sa fille; qu'allait-il être sous le régime nouveau qui commençait? L'ancien attachement de madame Campan pour les Bourbons la rendait moins craintive que moi sur ce qu'on pouvait en attendre. Elle avait été la veille voir la duchesse d'Angoulême, qui l'avait fort bien reçue; aussitôt qu'on l'avait nommée, la princesse lui avait dit : « Je n'ai point oublié votre attachement pour ma mère; je sais que vous lui avez été fidèle jusqu'au dernier moment, et qu'on vous a refusé la demande que vous avez faite de la suivre au Temple; je n'ai jamais cru aucune des calomnies répandues contre vous, et je vous dois aussi des remerciements pour le soin que vous avez pris de me conserver ses diamants, et de me les faire parvenir. A l'époque où vous me les avez envoyés, ils auraient pu m'être bien utiles. » Encouragée par des paroles si positives de bienveillance et d'approbation, madame Campan avait conté à la princesse combien elle avait eu de peine à se tirer d'affaire, pendant et après la révolution; la pénurie où elle s'était trouvée, ses efforts pour en sortir, ses travaux à Saint-Germain, où elle avait élevé les jeunes princesses de la nouvelle dynastie, puis plus tard ceux d'Écouen. A ces mots, la princesse l'avait interrompue en lui disant : « Vous auriez mieux fait de rester à Saint-Germain. »

La mort de l'impératrice fut une calamité, non-seulement particulière, mais publique; chacun était en larmes; sa pauvre fille seule ne pouvait pas pleurer. Le prince Eugène, souffrant encore lui-même, oubliait sa souffrance et prenait sur lui pour ne s'occuper que de sa sœur! Et qui pourrait avoir connu l'impératrice Joséphine, sa bonté, sa douceur, ce charme de sensibilité répandu sur toute sa personne, sans la regretter vivement? On peut bien assurer que le malheur de l'empereur Napoléon l'a tuée; plus elle a voulu recevoir avec dignité tous ces étrangers, plus elle a espéré d'eux une existence pour ses enfants, et plus elle fut trompée dans ses espérances. Renfermant alors ses craintes et ses chagrins, ses souffrances ont été au-dessus de ses forces : voilà la seule cause de sa mort.

Dans les premiers moments, les visites de Paris, les compliments de condoléance pleuvaient de toutes parts. Beaucoup de personnes ne furent pas reçues dans cette circonstance, et ne reparurent plus, contentes sans doute d'avoir un prétexte pour ne plus revenir. Les princes français, le duc d'Orléans, envoyèrent un officier. La reine ne vit personne. Des douleurs de tête nerveuses, insupportables, l'absorbaient par des souffrances si vives, qu'elles lui faisaient presque oublier son propre malheur. Son frère, qui ne l'avait jamais vue dans des crises pareilles, s'en inquiétait beaucoup. Je tâchai de le rassurer de mon mieux ; mais moi-même je n'étais pas tranquille.

Parmi le grand nombre de lettres que je reçus, dans ce moment, des personnes les plus distinguées, je ne mentionnerai que celles de M. et Mme de Boufflers et du prince de Mecklenbourg-Scheyerin, que je reçus le même jour : je conserve d'eux un souvenir trop précieux pour ne pas le rappeler ici.

MONSIEUR ET MADAME DE BOUFFLERS A MADEMOISELLE COCHELET.

« La douleur de votre incomparable amie se joint à la nôtre, mademoiselle, et la rend plus cruelle. Si quelque chose pouvait adoucir les larmes que vous lui voyez répandre, c'est le regret universel dont l'expression est dans toutes les bouches, ce concert unanime d'éloges qui retentit de toutes les hauteurs et qui prouve que la grâce et la bonté trouvent, dans les circonstances les moins favorables en apparence, une récompense assurée au fond de tous les cœurs. Celle à qui vous donnez vos tendres soins est plus intéressée que personne à le penser, et c'est pour elle une moisson qu'elle est en droit de recueillir sur toute la terre. Daignez me nommer à elle, mademoiselle; je soupire après l'instant où il me sera permis de lui porter mon hommage.

» Recevez, mademoiselle, l'assurance bien sincère de mon attachement et de mon respect.

» BOUFFLERS. »

« Et moi aussi je veux être nommée à cette aimable et trop malheureuse reine : qu'elle sache, je vous en conjure, chère, bonne et belle, combien nous sommes de moitié dans toutes ses douleurs; elle a si généreusement partagé mes peines qu'elle me sera chère jusqu'à mon dernier jour! Que ne puis-je adoucir ainsi les siennes! mais quelles consolations donner à une perte irréparable et aussi inattendue? Pour moi j'en suis d'autant plus pénétrée que je ne cessais de désirer d'aller à la Malmaison tous ces temps-ci, et que l'état de M. de Boufflers ne nous permettait pas de l'entreprendre, car depuis deux mois il a été bien malade. Vous avez toujours été si aimable pour nous que vous le serez encore dans cette occasion-ci, et vous voudrez bien nous donner des nouvelles de la reine, dont la pensée ne nous quitte pas, et nous faire dire quand vous viendrez à Paris, afin que nous allions vous embrasser. Que de peines, que de malheurs, pour un cœur aussi sensible que le sien! et vous, ma belle, je vous plains aussi du fond de mon cœur.

« Ce 30 mai 1814. »

LE PRINCE DE MEKLEMBOURG A MADEMOISELLE COCHELET.

« Mademoiselle, ma douleur est trop vive pour vous l'exprimer; vous connaissez trop bien mes sentiments pour ne pas savoir ce que je souffre. Ma première pensée, après celle de l'objet de nos larmes, est notre excellente reine. Ce coup fatal va l'attérer, j'en suis sûr. Je n'ose point lui écrire, mais je vous demande en grâce de parler de moi à sa majesté, de ma plus vive, de ma plus sincère participation.

Après sa famille, je ne crois pas qu'il existe un être qui soit plus véritablement attaché à l'impératrice que moi. C'est donc bien de toute mon âme que je pleure sa perte. Veuillez parler à la reine de tout mon attachement respectueux pour elle, de toutes les prières que j'adresse au ciel pour sa consolation. Veuillez me faire donner par le porteur de celle-ci, le comte de Gapesvitz des nouvelles de sa majesté; je les attends avec anxiété. Honorez-moi, mademoiselle, de la continuation de vos bontés, et recevez les hommages de mon dévouement et de la considération distinguée, avec lesquels je suis, mademoiselle, votre très-humble et obéissant serviteur,

» Fréd.-Louis de Meklembourg.

« Paris, 30 mai. »

Les enfants de la reine allèrent à l'enterrement de leur grand'mère. L'empereur de Russie voulait y aller aussi; mais le prince Eugène étant encore souffrant, et n'ayant pas eu la force d'y paraître, il n'y fut pas, et se fit représenter par le général Saken. J'appris que la paix avait été signée dans la nuit du lundi 30, au mardi 31 mai. La conférence s'était prolongée jusqu'au mercredi matin à onze heures. L'empereur Alexandre travaillait lui-même depuis longtemps à ce traité : il passait les nuits; cette fois-ci en-encore il ne se coucha point. Sitôt qu'il fut libre, il m'écrivit pour m'annoncer son départ et prier qu'on voulût bien le recevoir sans cérémonie à Saint-Leu, où il comptait s'arrêter en partant. Il suppliait qu'on ne l'attendît pas, mais qu'on lui préparât simplement une chambre.

Je ne puis rapporter ici sa lettre ni la précédente; elles m'ont été enlevées, avec beaucoup d'autres très-intéressantes, par la police de la restauration. Je dirai en son temps, quand et comment elles m'ont été prises. Je regrette surtout les quatorze lettres que j'avais de l'empereur Alexandre, dans le nombre desquelles étaient celles dont je viens de parler. C'est un grand hasard que les premières que j'ai transcrites ne se soient pas trouvées avec les autres, elles eussent aussi été prises.

La veille au soir, j'avais reçu du duc de Vicence la lettre qu'on va lire; il m'annonçait les lettres patentes du duché de Saint-Leu et la signature du traité du 11 avril, qui assurait l'existence de l'empereur et de sa famille.

LE DUC DE VICENCE A MADEMOISELLE COCHELET.

« Les lettres patentes n'arriveront que ce soir. Nous avons de nouveau discuté et on espère que la forme sera telle que nous la désirons. L'accession au traité du 11 est signée. J'ai remis une note pour les 700 et 600 (1). Le petit homme (2) les portera lui-même à deux adresses. Il reste jusqu'à samedi et suivra le succès de cette demande. Je ne lâche pas prise et n'aurai donc l'honneur de vous voir que demain, si les tristes devoirs de Malmaison me laissent le temps d'aller jusqu'à vous.

» Agréez mademoiselle, l'hommage de mes sentiments respectueux.

» Ce 1er juin à midi. »

P. S. « Le bon ange (3) que je viens de voir pour la dernière affaire est tout cœur dans

---

(1) Les sept cents et six cents mille francs dont il est fait mention ici étaient des arriérés dus par le trésor à la reine et à l'impératrice. Sur la demande de l'ambassadeur de Bavière, la somme due à l'impératrice a été payée à ses héritiers en 1818. Ce qui était dû à la reine, malgré ses nombreuses réclamations, ne l'a jamais été.
(2) M. de Nesselrode.
(3) Nom que M. Caulincourt donnait à l'empereur de Russie en 1814.

celle-ci. Il vous arrivera cette nuit et passera demain toute la journée avec vous pour attendre là le retour du vice-roi qui doit aller à Malmaison. C'est le comte Tolstoy qui accompagnera l'empereur. »

J'appris par les lettres de mes amis que les troupes russes quittaient Paris le jeudi 2 juin. Elles se réunirent à neuf heures du matin au Champ-de-Mars d'où elle se rendirent, par les boulevards, à Pantin; là l'empereur Alexandre les passa en revue à la tête de tout son état-major et leur fit ses adieux. Puis il revint à Paris pour s'occuper de son départ, et n'arriva à Saint-Leu que fort avant dans la nuit.

Le lendemain matin, le prince Eugène le mena faire une courte visite à sa sœur; ils se promenèrent ensemble dans le parc jusqu'à l'heure du dîner. La reine, qui n'avait pas encore quitté son lit, se leva malgré son extrême faiblesse.

Son frère vint la supplier de dîner avec l'empereur et lui; elle ne pouvait s'y décider. La vue de la robe noire dont il fallait qu'elle s'habillât lui semblait la confirmation de son malheur, et elle reculait avec effroi le moment où elle s'en revêtirait. Il fallut que son frère l'y forçât en quelque sorte. « Mon chère Eu-

» gêne, » lui disait la reine, « je ne puis voir cette » robe noire : si je la mets je ne pourrai plus me » faire illusion sur notre malheur et je ne pour- » rai parler d'autre chose à l'empereur. » — « Prends sur toi, Hortense, » répondait le prince; « je sais qu'il s'accuse en partie de l'affreuse perte que nous venons de faire, par sa coopération aux événements qui l'ont préparée; en lui montrant notre douleur, il ne faut pas du moins la lui reprocher, car, il faut en convenir, il a cherché, autant qu'il était en son pouvoir, à adoucir toute l'amertume de notre pénible position. Il est triste comme nous ; habille-toi et aie le courage de dîner avec lui et moi. »

La reine fit ce que son frère désirait; mais cela lui coûta beaucoup, car elle était toujours saisie, et n'avait pas encore pu éprouver le soulagement de verser une seule larme. Après le dîner, toute la maison de la reine, qu'elle n'avait pas vue depuis son malheur, se réunit dans le petit salon où elle était avec son frère et l'empereur. Elle ne disait pas un mot, et semblait à peine entendre ce qui se disait autour d'elle.

L'empereur sortit un instant pour recevoir un courrier qui venait de lui arriver, puis il me fit appeler, et nous causâmes quelque temps. A sa tristesse s'était joint un air de mécontentement et de contrariété; il tenait à la main un papier qu'il me remit. « Tenez, » me dit-il, « voici enfin les lettres-patentes du duché de Saint-Leu (1). Je sens qu'elles sont devenues sans intérêt pour la reine dans ce moment affreux pour elle, et je n'ose pas les lui présenter moi-même. Quand elle sera mieux, vous les lui donnerez ; elle sentira que si la mort de sa mère lui ôte le puissant mobile qui la fixait en France, il reste encore au moins l'intérêt de ses enfants, qu'elle ne doit pas négliger. » Et il ajouta ensuite : « Je ne puis vous exprimer à quel point je suis mécontent de la mauvaise grâce que l'on a mise à tout cela. Il a fallu que j'arrachasse, en quelque sorte, cet acte de justice et de réparation. La reine n'en doit de reconnaissance à personne, et je la prie en grâce de n'en point faire de remerciement. Je n'ai pas

---

(1) La reine n'eut pas l'embarras du choix pour le nom qu'elle devait prendre, Saint-Leu étant sa seule propriété, et les bois qu'il s'agissait de lui conserver faisant partie de l'apanage qui environnait cette campagne. Elle ignorait alors que son mari, que l'on appelait toujours le roi de Hollande, ou le roi Louis, même depuis son abdication, avait de son côté pris le titre incognito de comte de Saint-Leu. Cette différence de titre est du au hasard, et a paru toujours une chose assez extraordinaire aux personnes qui n'ont pas su ces détails.

besoin de vous engager à la soigner, je connais votre attachement pour elle. Je vais attendre son frère à Vienne; j'ai trop promis à cette chère impératrice d'être leur ami, leur soutien, pour ne pas me croire engagé à faire toujours pour eux tout ce qui dépendra de moi. Je n'ai laissé à Pozzo di Borgo que deux ordres qui me touchent au cœur : l'un est de connaître à fond la catastrophe de la reine de Wesphalie, et de lui faire retrouver ses diamants, et l'autre, de veiller à la tranquillité de la reine Hortense et de ses enfants. Je vous répète encore que je tiens à ce que Boutiakim sache seul que je suis en relations avec elle. Je lui enverrai directement mes lettres, et vous lui remettrez les réponses. Comptez sur moi, mademoiselle Cochelet; je sais apprécier votre dévouement pour ceux que vous aimez, et vous avez toute mon estime. »

Il partit dans la nuit pour l'Angleterre. Malgré la défense expresse qu'il avait faite que personne se dérangeât pour lui, le prince Eugène et moi nous nous levâmes pour lui dire encore adieu, et ce fut avec un serrement de cœur bien pénible que je le vis s'éloigner.

Quelques jours après, je saisis un moment

favorable pour remettre à la reine ses lettres-patentes et pour lui répéter tout ce que l'empereur Alexandre m'avait chargé de lui dire.

« Je ne voulais avoir d'obligation à personne, » me répondit-elle. « L'empereur, en me forçant
» à accepter ses bons offices, m'a mis dans la
» nécessité d'en contracter avec ceux qui rè-
» gnent aujourd'hui ; puisque j'accepte la for-
» tune qu'on me laisse, je dois en remercier
» et je le ferai, quoi qu'en dise l'empereur de
» Russie. Ma mère n'existe plus, mon frère va
» me quitter, l'empereur Alexandre oubliera
» nécessairement toute cette protection tant
» promise, et me voilà seule avec deux jeunes
» enfants à lutter contre toute cette animo-
» sité, toute cette irritation que je vois écla-
» ter journellement contre le nom que je
» porte.

» Ah ! je crains bien d'avoir à regretter la ré-
» solution qu'on m'a entraînée à prendre.
» L'amour que j'ai pour mon pays compensera-
» t-il tous les tourments que je prévois ? »

La pauvre reine ne voyait que trop juste, et ses craintes ne se sont que trop réalisées.

XXIII.

Tout Paris à Saint-Leu. — Naïveté d'une femme d'esprit. — Les amis véritables et ceux qui veulent le paraître. — Exagérations sur la succession de l'impératrice Joséphine. — L'archevêque de Baral. — Générosité du prince Eugène. — Distribution de la toilette de l'impératrice Joséphine. — Tout le monde veut des pensions. — Les battus paient l'amende. — Prétention de M. de Blacas. — La duchesse d'Angoulême et le vieux Dubois. — Le comte d'Artois à La Malmaison. — M. de Bompland cicérone. — Isolement des enfants de l'impératrice. — Départ du vice-roi pour le congrès de Vienne. — Réforme de la maison de la reine. — Mademoiselle Elisa de Courtin. — Cruelle résolution. — M. Pozzo di Borgo à Saint-Leu. — Portrait de madame de Staël par M. Pozzo di Borgo. — Deux jeunes colonels en voltigeurs de Louis XIV. — MM. de Cramayel et Lecoulteux de Canteleu. — Le général Sébastiani. — Le colonel Labédoyère. — Mécontentement de la reine. — Imprudence généreuse de M. de Lawoestine.

Pendant les premiers temps qui suivirent la mort de l'impératrice Joséphine, la foule des visites ne discontinuait pas de Paris à St-Leu. La route était couverte de voitures élégantes et d'hommes à cheval. Les *coucous* même y arrivaient aussi, remplis de bons bourgeois qui voulaient, comme les grands seigneurs, apporter aux enfants de l'impératrice le tribut de leurs regrets.

Aussitôt que la santé de la reine le lui permit, elle voulut recevoir tous ces compliments de condoléance. On faisait cinq lieues pour venir la voir, et elle sentait qu'elle ne pouvait se soustraire plus longtemps à l'obligation d'en témoigner de la reconnaissance. Dans la situation de corps et d'esprit où elle était, c'était une grande fatigue pour elle que de voir du monde; aussi elle venait passer quelque temps dans les salons de réception, et, lorsque les forces lui manquaient, elle retournait dans ses appartements pour se reposer de l'effort qu'elle avait fait. Nous restions, madame de Boubers et moi, avec la société jusqu'à ce que tout le monde fût parti.

Je ne dois pas passer sous silence la naïveté d'une femme réputée très-spirituelle qui s'attendrissait tout haut, dans le salon, sur la mort de l'impératrice Joséphine. « Quelle
» femme intéressante, disait-elle, quel tact,
» quelle bonté, quelle mesure dans tout ce
» qu'elle faisait! Enfin, c'est encore du bon
» goût à elle que de mourir dans ce moment-
» ci. » En effet, cet *esprit d'à-propos* de la pau-

vre impératrice mettait beaucoup de gens à leur aise, et la dispensait de voir bien des monstruosités d'ingratitude.

Peu à peu tout ce mouvement de la capitale se calma, et il ne parut plus à St-Leu que les amis véritables, ou ceux qui voulaient le paraître.

La succession de l'impératrice fut représentée dans les journaux comme étant de douze millions. Il n'était pas difficile de deviner dans quel but ces mensonges étaient faits, et ils ajoutaient à l'embarras du prince et de la reine qui se trouvaient forcés de renvoyer tant de gens qui avaient servi leur mère, et de cesser des pensions qui n'allaient pas à moins de 300,000 fr. par an. Ils pensèrent un instant à faire rectifier ces faux bruits. J'avais déjà écrit à M. Deschamps, secrétaire des commandements de l'impératrice, pour qu'il fît l'oraison funèbre de cette princesse si digne de tous les éloges qu'on aurait pu lui donner; mais M. l'archevêque de Baral, premier aumônier de l'impératrice, avait tenu à la faire, et M. Deschamps, auquel j'avais parlé en même temps des bavardages des journaux, m'avait répondu la lettre suivante :

« Mademoiselle,

» Je suis profondément touché de la marque de confiance que S. M. la reine veut bien me donner en me chargeant d'un soin si honorable et si doux. Elle a daigné ne voir que mon dévouement, et cette justice qu'elle rend au sentiment qui m'anime en est pour moi la plus précieuse récompense. Me sera-t-il permis de lui faire observer que l'auguste princesse que nous pleurons avait l'idée d'un travail plus étendu qu'une notice historique. Elle se proposait de faire rédiger en forme de mémoires les événements de sa vie, qui pouvaient présenter un grand intérêt au public. Elle me fit l'honneur de m'en parler, il y a deux ans, à Aix en Savoie, et de tracer de vive voix un aperçu des faits qu'elle destinait à entrer dans ces mémoires. Ce tableau rapide n'était encore qu'une ébauche, et je ne crus pas même alors devoir me permettre de la confier au papier. Mais si quelque jour la reine me permettait de donner suite à cette idée, j'aurais pour aider ma mémoire mes notes de correspondance, qui presque toutes ne retracent que des actions de bienfaisance.

» Pour ce moment où je m'occupe, avec le

caissier payeur, de dresser un état de situation qui importe beaucoup aux intérêts de son altesse impériale et de sa majesté, je pense qu'il suffira d'extraire de l'oraison funèbre qui doit être prononcée, les passages les plus propres à prévenir ou à rectifier les erreurs des journaux. Ce soin remplira les intentions de sa majesté. Je vous prie de vouloir bien me mettre à ses pieds.

» Agréez, mademoiselle, mes remerciements et mes hommages respectueux,

» J. M. Deschamps.

» Malmaison, 1er juin 1814 » (1).

Néanmoins, on répétait avec intention les mêmes phrases sur les *immenses richesses* que laissait l'impératrice. Le prince Eugène, incertain s'il ferait répondre, finit par dire : « Qu'importe ? si elle n'avait pas été aussi gé-

---

(1) La reine eût certainement confié volontiers à M. Deschamps le soin d'écrire la vie de sa mère. C'était un homme d'un mérite distingué, mais excessivement modeste, et la reine en faisait grand cas. Malheureusement il a disparu sans qu'on ait pu savoir quelle a été sa fin. Quelques personnes ont prétendu qu'il avait joué, et que dans un moment de désespoir il s'était donné la mort ; mais l'on n'a jamais su rien de positif à cet égard. La pension que lui faisaient le prince et sa sœur, et qui assurait son existence, aurait dû le mettre à l'abri d'une pareille extrémité.

» néreuse, sa position pouvait bien lui permet-
» tre d'avoir de la fortune; ainsi ces propos
» ne peuvent nuire à notre mère, et cela ne
» vaut pas la peine d'être démenti. »

La reine approuvait tout ce que son frère décidait; jamais il n'y avait la plus petite discussion dans leur partage ainsi que dans le bien à faire que l'un ou l'autre proposait. « Il
» faut accorder des pensions aux serviteurs
» qui ont servi tant d'années, disait l'un; il
» faut doter les jeunes personnes qui étaient
» autour de notre mère, disait l'autre; il faut
» donner les chevaux et les voitures à ses offi-
» ciers, comme souvenirs, et des châles aux da-
» mes; il faut payer trois mois de traitement
» à tous les serviteurs qu'on renvoie. » A tout on répondait *oui*, et cela était fait.

Comme la reine ne se sentait pas le courage de revoir les objets qui avaient appartenu à sa mère, je fus chargée de faire des lots de toute la toilette de l'impératrice pour les partager entre les femmes de chambre et les jeunes demoiselles à marier. Le prince et la reine me firent l'honneur de me comprendre dans cette distribution, ainsi que la femme de chambre de la reine qui avait veillé la dernière nuit près de sa mère. Je fis donc ces partages, le prince ni la reine ne voulant pas qu'on vendît à l'encan les choses qui avaient appartenu à l'impératrice; et pourtant ainsi distribués à tout le monde, beaucoup de ces objets eurent ce sort.

Les hommes d'affaires disaient que, puisque l'impératrice laissait beaucoup de dettes, il serait très-avantageux de tout vendre à l'enchère; que les Parisiens seraient heureux d'avoir quelque chose qui eût appartenu à cette bonne princesse, et qu'ils auraient sûrement porté très-haut tout ce qui venait d'elle. Mais ses enfants, qui croyaient leur sort assuré, ne voulurent pas y consentir.

Ils se partagèrent les pensions à conserver. La reine en eut pour 20,000 fr. par an, sans compter celles qu'elle conservait parmi son monde. Pour pouvoir donner des gratifications à une maison si considérable qui se trouvait dissoute, la reine et le prince donnèrent chacun cent mille fr. qu'ils furent forcés d'emprunter, puisque, depuis plusieurs mois, ils ne recevaient plus rien du trésor. Le prince mit en gage les bijoux qui lui revenaient de sa mère (1), afin

---

(1) C'est peut-être cet emprunt que fit le prince Eugène, sur les diamants de sa mère, qui fut cause que, plus tard, on prétendit que la reine avait mis ses diamants en gage pour payer le retour de l'empereur.

de se procurer cette somme et celle qui lui était nécessaire pour se rendre à Vienne, où il devait aller au congrès savoir enfin son sort si formellement assuré par les traités, et réclamer aussi ses biens d'Italie qui avaient été mis sous le séquestre.

Toutes ces distributions faites avec tant de générosité ne satisfirent cependant personne. Les enfants de l'impératrice ne possédaient plus rien ; ils donnaient d'une main ce qu'ils recevaient de l'autre, et l'on ne s'en contentait pas. On prétendait davantage. On ne pouvait s'habituer à ne plus voir en eux ces souverains si généreux ; les chambellans eux-mêmes réclamaient des pensions.

La Malmaison était la seule propriété de l'impératrice; c'était une charge et non un revenu. Elle fut abandonnée au prince qui se chargea ainsi des dettes. Navarre était un majorat qui retournait aussi au prince ; mais l'empereur n'avait pas encore attaché les bois qui environnaient ce lieu au majorat, comme il l'avait fait pour les enfants de la reine, à St.-Leu. Ainsi l'impératrice n'avait que la jouissance de ces bois, et à sa mort ils retournèrent à l'état.

Ce qu'il y avait de plus curieux dans toutes

ces affaires d'intérêt, c'est qu'on peut bien dire que les battus payèrent l'amende : nos princes en furent la preuve. Ils mettaient de la délicatesse en tout, et on en usait avec eux, malgré les traités, comme on fait en pays ennemi, en les volant impitoyablement. On reprenait à la reine ses bois, quoique ce fût un apanage ou majorat. Je sais bien que, dans les lettres patentes du nouveau duché de St-Leu, le roi se réservait la faculté de transiger avec la duchesse et de reprendre les bois qui lui convenaient en lui rendant la même valeur en rentes sur le grand-livre, ou bien en autres propriétés qui lui conviendraient. Par le traité d'avril et la création du duché, on accordait 400,000 fr. de rente ; on n'était donc autorisé qu'à reprendre ce qui dépassait cette somme, et au lieu de cela on s'emparait et des revenus particuliers, et des rentes, et de tous les bois qui convenaient, mais sans rien rendre du tout. Il ne restait plus à la reine, pour vivre, puisqu'on s'appropriait toute sa fortune, qu'une faible partie des bois qui lui avaient appartenu. Mais, remplie de bonne foi, elle ne doutait pas qu'on ne lui rendît bientôt la compensation promise ainsi que ses arriérés.

Pour en revenir à l'espèce de mystification

dont on payait leur droiture, je ne raconterai qu'un fait. L'empereur avait, après le divorce, laissé à l'impératrice Joséphine la jouissance de l'Elysée. Depuis il avait échangé avec elle l'Elysée pour le beau château de Lacken, qu'il avait fait meubler si somptueusement.

Ces meubles, tout neufs, étaient magnifiques. Ils étaient en or et velours bleu de ciel. Ce palais n'avait été habité que huit jours par l'impératrice, lorsque cette tendre mère était venue chercher sa fille, après la perte affreuse qu'elle avait faite de son premier enfant, mort en Hollande. J'y avais habité avec ces princesses, et je me souviens encore à présent que rien n'était plus beau que ce mobilier.

Quand les alliés s'approchèrent de Bruxelles, on craignit le pillage et l'on emballa tous ces meubles à grands frais. Les tableaux, les glaces, les fauteuils, les canapés, les lits remplirent une grande quantité de caisses qui furent toutes expédiées à la Malmaison. Les événements marchèrent si vite que tous ces frais durent être payés par la succession. Mais comme l'impératrice n'avait que la jouissance du palais de Lacken ainsi que du mobilier, et que le roi de France se trouvait héritier de l'empereur, les enfants de l'impératrice crurent de leur délicatesse de ne pas conserver ce qui ne leur appartenait plus. Ils payèrent seulement les frais, et les caisses furent remises à M. de Blacas, qui les trouva sans doute de bonne prise.

Il prétendit plus tard que les tableaux de la Malmaison devaient aussi revenir au roi. C'eût été un vol par trop manifeste. Mais il semblait à tous ceux qui revenaient en France, que c'était l'empereur qui s'était emparé de ce qui leur avait appartenu, et ils oubliaient la révolution qui avait tout détruit, tout brisé ce qui venait d'eux.

La duchesse d'Angoulême, avec la meilleure foi du monde, demandait au vieux Dubois, qui était toujours resté l'accordeur des pianos des Tuileries, ce qu'était devenu son ancien piano, qu'elle désirait ravoir. Dubois, en me racontant cela, ajoutait : « C'était une » mauvaise épinette qui était bien loin de va-» loir les pianos de l'impératrice qu'elle re-» trouve à présent, et lorsqu'au 10 août tout » a été pillé, on n'aura guère pensé à épar-» gner un si mauvais instrument. »

Quand le comte d'Artois alla visiter les belles serres de la Malmaison, et qu'il vit les plantes magnifiques que l'impératrice recevait de toutes les parties du monde (et que même, malgré la guerre, le prince régent d'Angleterre trouvait le moyen de lui faire parvenir, connaissant sa passion pour la botanique), il dit à M. de Bompland, qui les lui faisait voir : « Ah ! voilà nos plantes de Trianon. » Ce célèbre botaniste, que l'impératrice avait attaché à la Malmaison et qui faisait de ces serres un second Jardin des Plantes, fut bien tenté de lui répondre : « Jamais Trianon n'a renfermé » d'aussi belles choses. » Mais le respect l'empêcha de rien dire ; et lorsqu'il raconta ce fait à la reine, elle dit en souriant : « Puisque la » terre de France leur appartient, les Bour- » bons doivent trouver que si nous étions leurs » fermiers, nous avons très-bien fait prospé- » rer leur propriété. »

Cependant, il se préparait pour la reine un moment bien pénible, c'était le départ de son frère. « Ah, mon Dieu ! disait-elle, tant qu'il » a été près de moi, je me sentais encore un » appui. Il me semble que cette heureuse bien- » veillance à laquelle j'étais si habituée dans » ma patrie va me quitter avec lui. Je m'ef- » fraie de ce départ, je m'effraie de mon iso- » lement. Je ne dois pas avoir un ennemi, car » je n'ai jamais fait de mal à qui que ce soit au

» monde, et pourtant tout ce que je vois déjà
» me donne la crainte que j'éprouvais en Hol-
» lande de me sentir étrangère à tout, et de
» ne plus inspirer cette douce sympathie que
» le pays qui nous a vus naître peut seul nous
» accorder. »

Le prince ne rassurait guère sa sœur.
« Maintenant que notre mère n'existe plus,
» lui disait-il, je comprends l'isolement de ta
» position, et je vois que malheureusement les
» Bourbons sont rentrés en France avec trop
» de haine, au lieu de la modération qu'une
» sage politique même eut dû leur enseigner.
» Pour que tu puisses vivre tranquille au mi-
» lieu de ce parti si exalté, tu seras forcée de
» voir le roi, d'en appeler à sa justice, car il
» me paraît le plus sage. Je vois déjà circuler
» sur nous des propos qui m'engagent même
» à partir promptement : je vais à Vienne pour
» réclamer la principauté qui m'est promise ;
» quand le lieu sera décidé, ce que tu auras
» de mieux à faire ce sera de venir vivre avec
» moi. Tu seras heureuse, appréciée au milieu
» de ma jolie petite famille, et une vie douce
» et tranquille remplacera pour toi tous les
» tourments d'une vie plus brillante, mais si
» agitée. Si le congrès de Vienne est retardé,

» j'irai avec ma femme te rejoindre aux eaux
» d'Aix, où ta santé t'appelle. »

Cet espoir d'avenir souriait à la reine, et, en ranimant son courage, lui fit supporter avec plus de résignation le départ de son frère.

La reine n'avait conservé près d'elle que madame de Boubers, qui était chargée de conduire toute sa maison, et qui reprenait aussi ses anciennes fonctions de surveillante des princes ; l'abbé Bertrand leur donnait des leçons, et mademoiselle Élisa (1), fille du comte de Courtin, et moi, nous étions toutes deux chargées de faire les honneurs du salon.

Cette jeune Elisa avait été abandonnée par sa mère depuis le temps de l'émigration. La maîtresse de pension à laquelle elle l'avait confiée l'avait gardée longtemps sans aucun paiement; mais se lassant enfin d'un fardeau trop au-dessus de ses forces, elle finit par témoigner à la jeune fille combien lui était à charge tout ce qu'elle lui coûtait.

Élisa, qui était très-fière, sentit avec tant d'amertume son affreuse position, qu'elle ne put la supporter; et, ne voyant que la mort

---

(1) Aujourd'hui madame Casimir Delavigne.

qui pût l'en délivrer, elle tenta de mettre un terme à sa pénible existence. Elle mit des gros sous dans un verre d'eau, et après quelques heures elle l'avala avec le vert-de-gris qui s'y était formé. On s'aperçut à temps de ce qu'elle avait fait, toute la pension fut en alarme, et l'on employa tous les moyens pour la sauver. On y parvint. Mais il fallait lui trouver une protection pour que pareille scène ne se renouvelât plus. Les jeunes pensionnaires se réunirent, tinrent conseil, et eurent l'idée d'écrire à la princesse Hortense pour la prier de se charger de cette jeune fille que l'émigration de ses parents laissait sans famille, sans appui, sans secours.

C'était avant le départ pour la Hollande; la reine s'empressa de répondre et d'accepter cet héritage du malheur. Elle plaça près de madame Campan cette jeune abandonnée, dont elle devint dès ce moment la seule protectrice. Elle était pour elle une providence bienfaisante. Elle voulait assurer son sort et s'occupait avec sollicitude de son avenir. Plusieurs fois elle avait voulu la marier, et aussitôt que les événements lui permirent de prendre des jeunes personnes près d'elle, Elisa y fut appelée. L'étiquette de la cour de l'empereur ne permettait d'avoir pour dames que des femmes mariées.

Un matin M. Boutikim me fit demander la permission d'amener à Saint-Leu M. Pozzo di Borgo, qui désirait beaucoup être présenté à la reine. C'était lui qui devait la protéger, lui qui se vantait d'avoir ramené les Bourbons en France, et qui faisait gloire de sa haine pour l'empereur... La reine n'en savait rien, pas plus que moi, et les ennemis de la dynastie impériale se montraient avec tant d'hostilité, que la protection du ministre de l'empereur de Russie lui devenait nécessaire pour conserver sa tranquillité. Elle consentit donc à recevoir M. Pozzo di Borgo : il vint à Saint-Leu, et dut être satisfait de l'accueil qu'il y reçut.

J'étais fort curieuse de le voir, une personne de mes amies m'en ayant parlé comme d'un des hommes les plus spirituels qu'on pût rencontrer : pour preuve, on m'avait montré de ses lettres, et l'on m'avait permis de copier, dans l'une des plus remarquables, un portrait de madame de Staël, que je transcris ici :

PORTRAIT DE MADAME DE STAEL, PAR M. POZZO DI BORGO.

« Je m'attendais que madame de Staël exci-
» terait une grande curiosité à Londres. Elle
» n'appartient ni au sexe qu'on aime, ni à ce-
» lui qu'on estime. Elle parle et écrit comme
» un homme, et agit toute sa vie comme une
» femme, ce qui est preuve d'égoïsme bien
» entendu. Comme elle est extrême en tout,
» ceux qui se plaisent avec elle doivent en être
» enchantés; d'autres, au contraire, la pren-
» dront en horreur, crainte d'en trouver une
» pareille à la maison. Les qualités, les dé-
» fauts, les faiblesses, l'esprit et les talents de
» madame de Staël, subdivisés et distribués
» par doses, auraient formé une population
» de femmes aimables; tout cela, réuni dans
» une seule, a produit en quelque manière
» un monstre. Si on la considère *tout entière*,
» elle confond l'imagination la plus forte, et
» en impose aux plus aguerris; mais en la sur-
» prenant dans des moments où elle ne paraît
» que du côté où elle brille, elle est vraiment
» *étonnante*.

» L'avez-vous vue? Vous a-t-elle parlé de

» moi? Elle m'a toujours traité avec amitié;
» ne m'accusez pas de la trahir, lorsque je vous
» en parle avec tant d'impartialité. C'est *qu'on*
» la juge plus *qu'on* ne l'aime, malgré qu'elle
» ait désiré le contraire toute sa vie... »

Quelques jours après la visite de M. Pozzo di Borgo, la reine crut devoir l'inviter à dîner. Il arriva de bonne heure. Il y avait encore dans le salon quelques personnes qui étaient venues de Paris rendre visite à la reine, entre autres le colonel Lawoestine qui venait tout nouvellement de faire un tour de page à Paris, en s'habillant en plein jour comme les vieux émigrés qu'on appelait alors les voltigeurs de Louis XIV. Ils étaient quatre à faire cette espièglerie: lui, le colonel Jacqueminot, M. de Cramayel et le jeune Lecoulteux de Canteleu. Ils avaient été chez Babin chercher leur costume qui consistait en un grand chapeau à trois cornes avec une énorme cocarde blanche, deux vieilles épaulettes sur un vieil habit coupé à l'ancienne mode, avec l'épée au côté. Ces messieurs étaient venus déjeuner dans cet accoutrement au café Hardy, près du boulevard, et ils y jouèrent si bien leurs rôles que, malgré leurs jeunes visages, on y fut un moment trompé. Mais lorsqu'en lisant la carte des mets qu'on leur offrait, ils s'écrièrent, à la vue des poulets à la Marengo, qu'ils ne voulaient rien de ce qui pouvait rappeler le régime de l'usurpateur, les rires éclatèrent, et, comme on l'imagine bien, le champagne, la gaieté, les bons mots ne manquèrent pas au repas. Ces messieurs allèrent encore continuer leur mystification jusqu'aux Tuileries. Ils se placèrent au bas des fenêtres du château et se mirent à faire des mines et des saluts à leurs *sosies* qui les leur rendaient d'en haut avec toute la grâce et la sensibilité possible.

Cette petite pièce, jouée pourtant au naturel, avait eu trop de spectateurs pour qu'elle ne fût pas aussitôt connue de tout Paris, et comme ces messieurs étaient aides-de-camp du général Sébastiani, ils reçurent de leur général l'ordre de rester quinze jours aux arrêts. Ce fut l'excuse du colonel Lawoestine pour venir si tard rendre ses devoirs à la reine. « Vous avez eu tort, » lui dit la reine, qui pourtant avait ri de leur espièglerie, mais qui ne voulait pas en convenir; « pourquoi vous moquer de gens » âgés et longtemps malheureux? D'ailleurs, ce » tour eût été bon tout au plus pour des pages, » mais il faut plus de gravité pour des colonels. » Vous allez faire croire que la bravoure seule

» vous a valu vos épaulettes, et que vous êtes
» encore des enfants. Avec le malheur qui nous
» frappe tous, nous voilà obligés d'être sérieux
» avant l'âge. »

Le colonel Labédoyère, qui était venu aussi à cheval et qui était présent à ce petit sermon, s'écria en riant : « Ah! voilà la reine qui gronde encore. J'en suis bien aise; il paraît qu'il n'y a pas que moi qui le mérite. »

« Quant à vous, lui répondit la reine, je
» ne vous gronde pas d'être trop enfant, au
» contraire. Vous prenez les choses trop sé-
» rieusement, et il faut savoir se résigner
» aux circonstances. Vous avez tous si sou-
» vent exposé votre vie, qu'il faut jouir main-
» tenant de la paix et de tous les avantages
» qu'elle donne. Je perds plus que personne
» à tous ces changements; eh bien, je vous
» assure que si mon pays est heureux, je se-
» rai, moi, heureuse de n'avoir plus une vie
» si agitée et constamment en crainte pour
» l'existence de tous ceux qui m'intéres-
» saient. »

— « Et l'humiliation, madame! reprit M. Labédoyère ; votre majesté ne compte donc

rien de voir des étrangers dicter des lois à Paris. »

— « Certainement, nous avons été vaincus » par le nombre, malgré votre valeur à tous, » reprit la reine, aussi devons-nous en sup- » porter toutes les conséquences; mais nous » avons été si longtemps vainqueurs, qu'une » défaite peut nous affliger et non nous hu- » milier. »

Cette discussion, que j'ai entendue si souvent se répéter, ne fut pas plus longue cette fois-ci, parce qu'il y avait des dames dans un autre salon, et que la reine alla leur parler. Je restai, moi, à rire avec ces messieurs, et cet excellent Lawoestine me raconta en détail tout l'effet de son travestissement. « Il n'y a que Lecoulteux, me dit-il, qui se repente; il est amoureux d'une dame du faubourg Saint-Germain, et il a tout fait pour obtenir l'absolution de son escapade. »

La reine était rentrée dans ses appartements, lorsqu'on annonça M. Pozzo avec M. Boutiakin. Je les reçus un instant, et, après avoir salué les dames et les messieurs qui étaient venus simplement en visite et qui attendaient leurs chevaux pour partir, je les quittai et j'allai faire ma toilette pour le dîner.

Le colonel Lawoestine n'avait pu se contenir à la vue de M. Pozzo, et avec cet air grand seigneur et impertinent, qu'il sait si bien prendre quand il veut, il se mit à parler très-haut, et à tourner en ridicule les alliés et ceux qui avaient le courage de revenir en France sur le dos des cosaques. Il n'avait pas l'air de faire la moindre attention à M. Pozzo ni à M. Boutiakin, qu'il était censé ne pas connaître, et ceux-ci se promenaient sans avoir l'air aussi de rien entendre, mais ils n'en perdirent pas un mot. Boutiakin me raconta, après le dîner, la sortie inconvenante de Lawoestine, et la fureur de M. Pozzo, qui lui avait dit qu'il s'en trouvait très-offensé. Il avait même ajouté : « Si c'est ainsi que se compose le salon de madame la duchesse de Saint-Leu, je n'ai que faire d'y revenir. »

En effet, il n'y revint pas, et, chose extraordinaire, ce brave Lawoestine, si bon, si étourdi, qui venait bien gratuitement de faire un ennemi à la reine, ne remit plus le pied de toute l'année chez elle. On disait, il est vrai, qu'une passion l'absorbait assez pour le consoler de celle de la gloire. Ce qui est un fait, c'est qu'il se retira entièrement du monde, lui qui y brillait plus que personne par ses agréments et par son esprit. Malgré cette sauvagerie dont on pénétrait la raison, personne ne doutait de son dévouement à la cause de l'empire. Avec son caractère loyal et franc, on pouvait y compter même sans recevoir de ses visites.

XXIV.

Jugement de M. Pozzo di Borgo sur le salon de la reine Hortense. — La reine veut vivre ignorée. — Visite de M. Boutiakin à Saint-Leu. — Jalousie de M. Pozzo di Borgo. — Singulière protection. — Mesdames Récamier et de Staël à Saint-Leu. — MM. de Ségur. — De Flahaut.—De Latour-Maubourg.—De Lascours.—De Canouville. — La duchesse de Frioul. — Le général Colbert. — Nouveau portrait de madame de Staël. — M. le duc de Gaëte. — Le prince Auguste de Prusse. — Madame de Staël et la constitution du Grand-Turc. — Longue conversation sur l'empereur. — Singulier propos de l'empereur Napoléon. — M. le préfet de Genève, Capelle. — Conversation de madame de Staël avec les jeunes princes. — Lettre de madame Campan. — Inquiétude de la cour sur la visite de madame de Staël à Saint-Leu.

Lorsque je racontai à la reine le propos de M. Pozzo di Borgo sur son salon, « Que puis-
» je faire à cela? me répondit-elle; qui a le
» pouvoir d'empêcher les Français de parler
» sans réflexion? Ce n'est pas moi, car je ve-
» nais justement de les gronder, et je vois que
» cela n'a pas produit grand effet. Quant à
» M. Pozzo, je ne tiens pas beaucoup à le re-

» voir, il m'a trop peu dissimulé sa haine
» pour l'empereur Napoléon, et, dans sa con-
» versation, j'ai trop vu percer l'homme qui
» attribue à ses seules menées tous nos mal-
» heurs, pour qu'il me soit agréable d'être
» protégée par lui. Je crois que ce serait
» m'appuyer sur un roseau qui me percerait
» au lieu de me soutenir. Qu'il est pénible de
» penser, dit-elle avec une émotion doulou-
» reuse, que ce soit dans ma patrie que j'aie
» besoin d'appui ! » Alors reprenant courage,
elle ajouta : « Puisque je ne fais rien que tout
» le monde ne puisse savoir, que m'importe
» toute cette diplomatie? qu'ils me laissent
» tous tranquille dans mon petit coin, je sau-
» rai bien me passer d'eux ; je ne demande
» que d'en être oubliée. »

Elle comptait sans son hôte, car il semblait que ce fût un fait exprès. Plus elle voulait être annihilée, et plus on s'occupait d'elle. D'ailleurs, ses affaires d'intérêt, que l'empereur de Russie voulait voir finir et qu'il avait chargé son ambassadeur en France de terminer incessamment, la forçaient bien, malgré qu'elle en eût, d'avoir affaire à ce M. Pozzo. Il était donc fâcheux qu'il eût pris la résolution de ne pas revenir. J'avoue que malgré mon amitié pour le colonel Lawoestine, je lui en voulais beaucoup d'en être la cause. Mais M. Pozzo eut bientôt une autre raison de suivre plus attentivement que jamais tout ce qui regardait la reine.

Il se vantait partout, disait-on, d'avoir ramené les Bourbons en France; il le croyait, du moins, et non-seulement il s'en glorifiait, mais il soignait son ouvrage et s'effarouchait de tout ce qui pouvait y porter atteinte.

M. Boutiakin vint un matin à St-Leu avec un visage tout bouleversé. « Voici une lettre de mon maître pour la reine, me dit-il, c'est un courrier de Londres qui vient de l'apporter. L'empereur m'avait donné l'ordre de ne pas parler à M. Pozzo de cette correspondance; ainsi, jugez de mon embarras! le courrier lui a remis toutes les dépêches. Il s'est bien aperçu que la lettre de l'empereur passait par mes mains et était pour la duchesse de St-Leu. J'ai vu son étonnement. Il s'est douté qu'on se cachait de lui, et il va croire qu'il est joué, et que notre empereur conserve des relations intimes avec une dynastie que lui, Pozzo, redoute toujours, car il faut que vous sachiez que c'est un ennemi particulier de l'empereur Napoléon, et qu'il avait depuis longtemps juré sa perte. — Je le vois bien, dis-je à M. Boutiakin, et ma pauvre reine en sera la victime; il ne lui pardonnera pas d'être en relations directes avec son maître sans qu'il le sache, lui qui se vante partout de le mener si bien. Je vais vous annoncer à la reine; vous lui raconterez toute cette aventure, et vous jugerez ensemble de ce qu'il faudra faire. »

La reine, qui est la personne du monde la moins attentive aux petites choses, écouta M. Boutiakin avec beaucoup d'indifférence, et lui dit : « Que m'importe tout cela?
» si l'empereur de Russie a voulu que son
» ambassadeur ignorât qu'il m'écrivait, je
» n'en puis deviner le motif; il devait alors
» y mettre plus de soin. Quant à moi, cela
» m'est égal, chacun peut lire ce qu'il m'é-
» crit, et je vais aller faire ma réponse qu'il
» m'est aussi fort indifférent que l'on con-
» naisse. »

— « La reine prend les choses bien philosophiquement, me dit M. Boutiakin, quand nous fûmes seuls; il ne lui est pourtant pas bon d'avoir Pozzo pour ennemi. Il est si facile de nuire à une femme sans appui et dans sa position! Vous ne croiriez pas combien certains salons sont déjà déchaînés contre elle. On ne lui pardonne pas d'avoir encore une fortune, une considération qui inquiète tous les nouveaux venus. Pozzo lui étant favorable pouvait seul être son défenseur; il a tout pouvoir ici. »

—« Vous êtes chargé expressément par votre empereur, lui dis-je, de veiller sur la tranquillité de la reine; ainsi vous devez me tenir au courant de tous les propos qu'on tient sur elle, de toutes les craintes qu'elle inspire. C'est votre devoir; et, puisque son désir à elle est de ne causer aucune inquiétude, sa conduite sera influencée par vos avertissements, sans qu'il soit besoin de recourir à M. Pozzo di Borgo, et tout le monde y gagnera. » Les choses ainsi convenues, il retourna néanmoins à Paris, plus inquiet que nous de l'effet que cette cachotterie allait produire sur l'esprit de son ambassadeur.

Pendant l'exil de madame de Staël, la reine s'était beaucoup intéressée pour la faire revenir à Paris. Elle avait reçu son fils à différentes reprises; et comme elle avait de l'amitié pour madame Récamier, dont elle était au moment d'obtenir le rappel (1), ces dames, qui n'i-

(1) Madame Récamier, bonne, pieuse et charitable, protégeait,

gnoraient pas ses bons offices, avaient demandé à venir la voir pour l'en remercier. La reine leur fit répondre en les engageant à venir dîner à Saint-Leu.

Elle me demanda conseil sur les personnes de sa société qu'elle pourrait inviter comme étant agréables à ces dames, et dignes, par leur esprit, de tenir tête à madame de Staël.

« Je ne me sentirais pas le courage de faire
» de grands frais, me dit-elle; quand on a du
» chagrin, on a peu de présence d'esprit, et
» ma paresse se trouvera bien d'avoir recours
» à d'autres. »

Nous passâmes en revue beaucoup de gens très-aimables, et je m'amusais à dire à chaque nom : « Il est trop bête. » La reine en riait, et finit par envoyer des billets d'invitation à MM. de Ségur, de La Valette,

elle et ses amis, ce que l'on appelait *la petite église*, organisée par l'esprit d'opposition du faubourg Saint-Germain et d'une partie du clergé catholique. J'ai entendu dire que cette petite église avait été une des choses qui avaient causé le plus d'ennui à l'empereur dans les affaires intérieures de la France. C'est pour avoir été désignée comme propagatrice de cette église occulte que madame Récamier a été éloignée de Paris, et non, comme l'ont débité quelques personnes, pour la punir de son amitié pour madame de Staël, ou, comme le dit un ancien auditeur, parce que l'empereur *était jaloux de l'effet de sa beauté et de son esprit*.

de Labédoyère, de Flahaut, etc., etc. Ces messieurs ne purent venir, mais nous eûmes MM. de Latour-Maubourg, de Lascours, de Canouville, et la duchesse de Frioul. Le général Colbert, qui vint ce jour-là pour faire une visite, fut retenu à dîner, et lui, sur qui l'on n'avait pas compté comme bel esprit, fut précisément celui qui fit le plus de frais et qui réussit le mieux, par conséquent.

L'attente fut longue et fort curieuse, car cette obligation, où la reine avait placé chacun d'avoir de l'esprit bon gré mal gré, nous causait à tous un sourire extrêmement embarrassant pour une réception. Nous avions l'air de comédiens qui vont entrer en scène et qui se regardent en attendant le lever de la toile. Les plaisanteries et les bons mots se succédèrent en feu de file jusqu'à l'arrivée de la voiture dont le bruit fit reprendre à chacun son sérieux obligé.

Madame Récamier, encore jeune, fort jolie, avec son air naïf, me fit l'effet d'une jeune première, victimée par une duègne trop sévère, tant son air doux et timide contrastait avec l'assurance trop masculine de sa compagne. On disait pourtant madame de Staël très-bonne, surtout pour son amie, et

je ne parle ici que de l'effet qu'elle produisit au premier coup d'œil sur les spectateurs auxquels elle était étrangère. La figure de mulâtre de madame de Staël, sa toilette originale, ses épaules entièrement nues, qui auraient été belles l'une ou l'autre, mais qui s'accordaient si mal entre elles ; tout cet ensemble me parut réaliser bien peu l'idée que je m'étais faite de l'auteur de *Delphine* et de *Corine*. Je m'attendais presque à retrouver une de ces héroïnes dans celle qui les avait si bien peintes, et je ne pouvais revenir de ma surprise. Le premier moment passé, je lui accordai pourtant de beaux yeux, très-expressifs ; mais il m'était impossible de placer de l'amour sur un tel visage, et pourtant on m'assurait qu'elle en avait souvent inspiré. Quand je m'en étonnai près de la reine, elle me répondit : « C'est sans doute parce qu'elle
» l'éprouve beaucoup qu'elle l'inspire un peu ;
» d'ailleurs l'amour-propre d'un homme est
» flatté d'être distingué par une telle femme.
» Au reste, avec l'esprit de madame de Staël,
» on peut bien se passer de beauté. » Elle fit beaucoup de frais. La reine s'informa de sa fille qu'elle n'avait pas amenée et qu'on disait réellement charmante. Je crois que nos jeunes

gens auraient été encore plus aimables pour les beaux yeux de la fille que pour ceux de la mère; mais un mal de dent, une fluxion l'avaient empêchée d'être de la partie.

Après les premiers compliments, la reine proposa à ces dames de voir son parc. On se plaça dans ce grand char-à-bancs, en canapé, devenu historique par tous les gens distingués qui, tour à tour, s'y étaient promenés. Dans le nombre, ne serait pourtant pas compris l'empereur Napoléon, qui n'était jamais venu à St-Leu, et qui ne connaissait même pas cette campagne; mais, excepté lui, peu d'illustrations auraient manqué.

Comme on allait au pas dans le parc et dans les bois de Montmorency, la conversation se poursuivait comme dans le salon, et dans cette circonstance les frais d'esprit allèrent leur train. Puis on admirait la belle vue de cette contrée qui ressemble un peu à la Suisse, disait-on. De là, on vint à parler de l'Italie: la, reine qui est fort distraite et qui n'avait que trop de raisons d'être tristement préoccupée, se prit à dire à madame de Staël: «Vous » avez donc été en Italie?» Madame de Staël resta pétrifiée, et tous ces messieurs s'écrièrent: « Et *Corine*, et *Corine*. » «Ah! c'est

» vrai », reprit la reine avec embarras et comme revenant à elle. « Comment, » lui dit M. de Canouville, « votre majesté n'a pas lu le ro-» man de *Corine*? » « Oui.... Non... » dit la reine avec un trouble marqué; « ah! je le re-» lirai. » Et pour cacher une émotion que moi seule je pouvais comprendre, elle changea de conversation.

Elle aurait dû dire la vérité et avouer simplement que ce livre venait de paraître au moment de la mort de son fils en Hollande. Le roi, inquiet de la voir si absorbée dans sa douleur, crut, d'après le conseil de Corvisart (1), qu'il fallait à tout prix la distraire de cette tension d'esprit qui pouvait affaiblir toutes ses facultés. On décida que je lui lirais *Corine*. Elle n'était pas en état d'y faire grande attention; mais, malgré elle, il lui restait quelque chose de ce roman.

Plusieurs fois depuis, j'avais voulu le lui relire, mais elle s'y était refusée. « Non, non, » me disait-elle, pas encore, ce roman s'est » identifié avec toute ma douleur. Son nom » seul me rappelle le moment le plus affreux

(1) Premier médecin de l'empereur.

» de ma vie. Je n'ai pas encore le courage de
» renouveler cette impression pénible. »

J'avais donc deviné ce qui donnait à la reine cet air d'incertitude et d'émotion en répondant aux questions qu'on lui adressait sur *Corinne*. Mais l'auteur dut y voir de l'indifférence pour son chef-d'œuvre, et j'en voulais à la reine, qui redoutait de faire parade d'un sentiment quelconque, de n'avoir pas cherché au moins à se vaincre dans cette occasion. Je lui en reparlai le lendemain. « Madame de Staël ne m'aura pas
» comprise, me dit-elle en souriant, me voilà
» perdue dans son esprit; elle m'aura trouvée
» un peu simple, mais ce n'était pas le mo-
» ment d'aller parler de moi et de mes im-
» pressions douloureuses. »

Ce grand char-à-bancs de la reine était préféré à toutes les plus belles voitures (quoiqu'il consistât simplement en deux bancs de bois recouverts de coutil), parce qu'il était des plus favorables à la conversation. Mais il ne garantissait nullement de l'orage, et nous en fîmes bientôt l'épreuve. La pluie arriva, et nous fûmes toutes très-mouillées.

Cela me rappela une visite du duc de Gaëte qui était un jour venu présenter ses devoirs à la reine, et auquel je fus chargée de faire voir le parc qu'il ne connaissait pas. Il s'éleva un vent si violent qu'il pensa nous enlever, et nous fûmes obligés de nous tenir aux montants qui soutenaient la toile du haut du char-à-bancs. Les ailes de pigeon du duc se déployèrent malgré tous ses efforts pour les contenir. Sa poudre se répandait partout, nous entrait dans les yeux, et je voyais arriver le moment où il allait s'envoler avec le toit du char-à-bancs; ce toit ou ses ailes lui eussent servi du moins de parachute. Je riais beaucoup de notre mésaventure; mais lui, qui était toujours tiré à quatre épingles, coiffé et pommadé, était fort embarrassé de se montrer dans un tel désordre. Aussi je crois qu'il se sera souvenu assez longtemps de cette promenade, pour ne plus désirer de visiter les parcs à l'anglaise dans un char-à-bancs quand le vent souffle trop fort.

Un appartement fut préparé dans le château et offert à ces dames pour qu'elles pussent un peu se remettre de l'orage que nous venions d'essuyer. Je restai avec elles assez longtemps, retenue par les questions dont madame de Staël ne cessait de m'accabler sur la reine et sur ses fils. On ne faisait plus d'esprit maintenant : on se nettoyait, on se refrisait, on se reposait avec un entier abandon de tous les frais d'amabilité dont je venais d'être témoin un instant auparavant. Je me disais : les voilà pourtant comme tout le monde, revenues à la simple nature, au terre-à-terre de la vie positive, ces deux femmes célèbres qu'on reçoit avec tant d'apprêts, et qu'on recherche en tous lieux. Les voilà mouillées comme moi et tout aussi peu poétiques. Nous étions réellement dans la coulisse, mais la scène allait bientôt recommencer.

Des voix se firent entendre au bas des fenêtres, un accent allemand se faisait distinguer parmi les autres, et ces deux dames s'écrièrent à la fois : « Ah! c'est le prince Auguste de » Prusse. » Personne dans la maison ne se doutait que le prince dût venir, et sa rencontre avec ces dames eut l'air d'être l'effet du hasard. Il arrivait tout simplement pour faire une visite à la reine, et c'était si près de l'heure du dîner, qu'il fut tout naturellement invité à y rester. C'était sans doute tout ce qu'il désirait.

Le prince fut placé à la droite de la reine et madame de Staël à sa gauche. Le domestique de cette dernière avait mis sur sa serviette une petite branche d'arbre qu'elle avait l'habitude de tourner dans ses doigts pendant qu'elle parlait. La conversation fut très-animée, et c'était fort drôle de lui voir toujours rouler cette petite branche en gesticulant. On aurait pu supposer qu'une fée lui avait donné ce talisman, et qu'à cette branche tenait tout son génie.

On parla de Constantinople, ue connaissaient MM. de Lascours et de Latour-Maubourg. Madame de Staël dit que ce serait un beau rôle à jouer que d'aller tourner la tête au grand-seigneur et de lui porter une constitution pour ses Turcs. La liberté de la presse fut aussi un des sujets traités après le dîner.

Madame de Staël me causait une surprise extrême, moins encore par l'éclat de son génie que par la gravité avec laquelle elle traitait de pareilles questions, qui pour les femmes n'étaient pas de mode de notre temps. Les discussions de salons roulaient toujours sur la métaphysique, la morale, le sentiment, l'héroïsme, etc.; l'empereur absorbait seul toute la politique. Son époque était celle *des actions*, et, nous pouvons le dire avec orgueil, des grandes actions, comme celle qui a suivi a été celle des paroles, des discours et des controverses politiques et littéraires.

Madame de Staël parla à la reine de sa ro-

mance *Fais ce que dois, advienne que pourra.*
« Dans mon exil, que vous avez tant cherché
» à faire cesser, je chantais cette romance en
» pensant à vous. » Alors son expression était
si remplie de sentiment que je la trouvai belle.
Ce n'était plus la femme d'esprit, c'était la
femme de cœur, et je concevais alors qu'on
fût entraîné vers elle.

Ensuite elle eut avec la reine une longue
conversation sur l'empereur. « Pourquoi donc
» m'en voulait-il tant? disait-elle à la reine. Il
» ignorait donc à quel point je l'admirais !...
» Je veux aller à l'île d'Elbe, je veux le voir.
» Croyez-vous qu'il me reçoive? J'étais née
» pour l'adorer cet homme-là, et il m'a re-
» poussée ! »—« Hélas ! madame, répondait la
» reine, j'ai entendu souvent dire à l'empe-
» reur qu'il avait un grand but, une grande
» mission à remplir, et qu'il pouvait assimiler
» ses travaux aux efforts d'un homme qui,
» apercevant la cime d'une montagne escar-
» pée, veut l'atteindre et marche avec peine,
» sans s'arrêter aux difficultés du chemin.
» *Tant pis*, disait-il, *pour ceux qui se ren-*
» *contrent sur ma route, je ne puis me détour-*
» *ner.* Vous vous êtes trouvée sur cette route,
» **madame** : peut-être que s'il fût arrivé au

» sommet de la montagne, il vous eût alors
» tendu une main secourable. »—« Je veux al-
» ler m'expliquer avec lui, reprenait madame
» de Staël, on m'a nui dans son esprit. — Je
» le crois aussi, continuait la reine; mais vous
» le jugeriez mal, si vous lui supposiez de la
» haine pour quelqu'un. Il vous croyait son
» ennemie et il vous a crainte, ce qu'il ne fai-
» sait pas d'habitude, disait-elle avec un sou-
» rire. Maintenant qu'il est malheureux, vous
» seriez son amie, il en serait convaincu, et je
» suis persuadée qu'il vous recevrait à mer-
» veille. »

La reine en, disant à madame de Staël qu'on avait cherché à lui nuire, pensait sans doute à un préfet de Genève qui se nommait M. Capelle. J'accompagnais sa majesté dans un voyage qu'elle y avait fait en 1811, et je me rappelais avoir vu cette bonne reine en colère contre cet homme qu'elle avait engagé à venir dîner à la campagne de Prégny qu'elle habitait alors. Pour se faire valoir, comme les courtisans le font ordinairement, ce préfet (qui ignorait que la reine venait de promettre au fils cadet de madame de Staël de s'intéresser à son rappel) croyait se faire bien venir en disant beaucoup de mal de cette illustre exilée.

« Je la fais surveiller, disait-il. Je sais tout ce qu'elle fait. Je l'ai fort engagée à écrire pour dire du bien de l'empereur. » Et alors il entrait dans des détails qui révoltaient la reine. Quand il fut parti, elle s'écria : « Voilà
» les hommes qu'il faudrait toujours redouter;
» ils veulent se rendre utiles au maître, et ne
» lui attirent bien gratuitement que des enne-
» mis. Il me connaît bien peu, ce préfet, de ve-
» nir se faire un mérite à mes yeux des en-
» nuis qu'il cause à cette pauvre madame de
» Staël. Si l'empereur ne la veut pas à Paris,
» je suis sûre qu'il est loin de se douter qu'on la
» tourmente ici, et que son intention est qu'on
» la laisse tranquille. Ce vilain homme, avec
» tous ses espionnages, vient de me raconter
» les compliments qu'il quête pour l'empereur;
» croyant se faire valoir près de moi, il ne fait
» au contraire que me donner très-mauvaise
» opinion de lui. Ah! que les gens qui gou-
» vernent doivent se tenir en garde contre
» ces faux rapports qui ne viennent souvent
» que de l'ambition des subalternes! On veut
» se rendre nécessaire pour parvenir, il faut
» bien qu'on invente. »

La pauvre reine, qui nous parlait ainsi à madame de Broc et à moi, en 1811, était loin de penser qu'en 1814 commenceraient pour elle bien d'autres faux rapports et bien d'autres persécutions!...

Mais revenons à notre journée de Saint-Leu. Madame de Staël s'occupa beaucoup aussi des jeunes princes, et là, elle eut moins de succès qu'auprès de nous. C'était peut-être pour connaître la portée de l'esprit de ces enfants qu'elle les accabla de questions peu mesurées. « Aimiez-vous votre oncle? — Beaucoup, ma-
» dame. — Aimeriez-vous la guerre comme
» lui? — Oui, si cela ne faisait pas tant de
» mal. — Est-il vrai qu'il vous faisait répéter
» souvent la fable qui commence par ces mots:
» *La raison du plus fort est toujours la meil-*
» *leure?* — Madame, il me faisait souvent dire
» des fables, mais pas plus celle-là qu'une
» autre. »

Le jeune prince Napoléon, dont l'esprit était étonnant et le jugement précoce, répondait à tout avec mesure, et lorsque cet interrogatoire fut fini, il se retourna vers madame de Boubers et vers moi en nous disant : « Cette dame est bien questionneuse. Est-ce que c'est cela qu'on appelle de l'esprit? »

Après le départ de toutes ces belles visites, chacun en dit son opinion, et le jeune prince

Napoléon était celui qui avait conservé la moins bonne impression de cette merveille parmi les femmes; aussi ne l'exprimait-il que bien bas. Pour moi, j'en avais été plus éblouie que charmée. Il était impossible de ne pas admirer ce génie, malgré sa fougue et ses écarts; mais combien je préférais l'esprit juste, la raison éclairée, la saine morale de madame Campan, dont je reçus le même soir la lettre que je place ici.

LETTRE DE MADAME CAMPAN A MADEMOISELLE COCHELET.

« J'envoie savoir des nouvelles de madame la duchesse de Saint-Leu, ma chère Louise; donnez-m'en avec quelques détails, et ne mettez d'abréviations que dans vos mots. Depuis huit jours je suis, non pas malade, mais souffrante. J'ai été saignée, je prends des bains; je ressens mes douleurs de foie. Les peines sont mauvaises pour tout, mais essentiellement pour ce genre de mal. Sans mes souffrances, j'aurais été moi-même savoir des nouvelles de notre chère duchesse. Elle peut penser, si elle veut bien s'occuper de moi, à tout ce que mon cœur a ressenti pour le sien, en se rappelant une tendresse qui a égalé celle qu'une fille chérie eût pu m'inspirer, et que rien ne pourra jamais diminuer. Les grandes et profondes affections, quoiqu'on mérite de les faire naître, ne germent pas toujours dans tous les cœurs. Elles sont dans le mien pour cette chère reine que j'appellerai constamment madame la duchesse, parce que sa position politique l'exige, et qu'il faut aimer les gens du fond de son âme pour bien étudier leurs véritables intérêts ; d'ailleurs cette couronne a eu tant de pointes pour cette chère tête, qu'elle peut être bien heureuse encore sans en conserver le titre dénué de ses glorieux apanages.

» Je n'écris pas à madame la duchesse, je crains de l'ennuyer de mes lettres. L'amitié bien vive a toutes les terreurs, toutes les inquiétudes du plus fort sentiment : cela est dans la nature. Elle rend susceptible, elle rend farouche : elle ne serait qu'un simulacre de sentiment si elle n'occasionnait toutes les sensations du cœur.

» Mon fils, qui aurait besoin d'être ici et que le maréchal était disposé à bien servir, est malade à Montpellier, entre les mains d'un habile médecin qui a promis de le guérir. Il est sans place comme tous ses collègues de la police politique que l'empereur avait créée. J'ignore la destinée des maisons d'Écouen et de Saint-Denis. Tout m'accable, mais j'ai une grande résignation pour ce qui m'est personnel, et j'aimerais à être consolée par le bonheur des autres.

» Mille tendres compliments, ma chère Louise.

» GENET CAMPAN.

» 9 Juin 1814. »

Peu de jours après la réunion dont j'ai parlé plus haut, M. Boutikim, fidèle à sa promesse, vint me dire que la visite de madame de Staël à Saint-Leu avait fait très-mauvais effet à la cour. « On craint, me dit-il, » que la reine ne se lie avec cet esprit re- » muant, et on s'en inquiète beaucoup. » — « Comment! dis-je, ceux que la reine a obligés » lui font une visite de remerciement, et voilà » qu'on est en l'air à la cour! Cela n'est pas » croyable. » — « Mais, mademoiselle, vous » voulez que je vous dise la vérité; la voilà. » Déjà madame de Staël s'occupe de contrôler » le gouvernement; la reine, par sa position, » doit être supposée contraire à la nouvelle

» cour, vous voyez donc que ce sont deux
» puissances qui, réunies, peuvent être à crain-
» dre. » — « Allons, je le dirai à la reine. »
En effet, je le lui dis, et elle en fut aussi
étonnée que moi.

« J'ai mon éducation politique à faire, me
» dit-elle, car jamais il ne me serait venu à
» l'idée qu'on fît attention à si peu de chose. »

LETTRES

SUR LA MORT DE MADAME LA BARONNE DE BROC.

MADAME DE LAVALETTE A MADEMOISELLE COCHELET, A AIX, EN SAVOIE.

« Paris, ce lundi.

» Ah, mon Dieu! quelle nouvelle affreuse, mademoiselle! je serais tentée de croire que c'est un mauvais rêve qu'on me raconte... Est-il possible!... affreuse destinée! Si jeune, si heureuse, si belle! Que va devenir la reine! Je tremble qu'elle ne résiste pas à ce malheur. Ramenez-la-nous, ne la laissez pas sur cet affreux théâtre, et donnez-moi des nouvelles tous les jours. Mon Dieu! qu'elle est à plaindre! c'est par trop violent! Je ne sais que faire et par où commencer. Je ne sais si la princesse est ici · son pauvre père malade est peut-être à la poste (1), à deux pas de moi. Je ne me déterminerai jamais à lui porter cet affreux coup. Le pauvre vieillard en mourra.

» J'ai envoyé votre lettre au duc de Bassano. J'écris au duc de Rovigo, en lui envoyant la sienne, et je vais l'aller voir; peut-être trouverons-nous un moyen de ne pas écraser sa sœur. Je ne puis écrire à la reine; que lui dirais-je? Hélas! ramenez-la, je vous en prie, soit à Saint-Leu, soit ailleurs; mais qu'elle ne reste pas là. Adieu, cet enfant ne me sortira jamais, ni du cœur, ni de la tête. Les siens ne la regretteront pas plus que moi. Dites, je vous prie, à M. d'Arjuzon, mille choses aimables. Je n'ai pas le courage de lui écrire. J'attends M. Devaux pour me concerter avec lui pour la Malmaison; écrivez promptement à l'impératrice, et dites-lui que vous ramenez la reine; car elle sera désolée de la savoir si loin. Adieu, mademoiselle; recevez avec bonté mes tristes compliments et mes hommages. Donnez-moi des nouvelles de la reine demain.

« LAVALETTE. »

M. DE MARMOL A LA MÊME.

« Malmaison, 16 juin 1813.

» Quel accident affreux, mademoiselle! Je ne puis en revenir, je

___
(1) M. Augié, père de madame de Broc et de la maréchale Ney, était un des administrateurs des postes.

crois encore que c'est un rêve. Pauvre jeune femme! quelle destinée, grand Dieu! Quel moment horrible vous avez eu! Que nous tenons à peu de chose dans ce monde! un instant, un seul instant suffit pour nous détruire. Dans quel état doit être la reine! qu'il doit être affreux pour elle de rester dans cette petite maison, où tout doit lui rappeler ce malheur à chaque instant! Tâchez de la faire voyager un peu. Le vice-roi est la personne qui conviendrait le mieux à la reine dans ce moment. Ne pourriez-vous pas aller aux îles Borromées? Je voudrais voir la reine hors de ce maudit Aix ; il me semble qu'elle y est entourée de mille dangers : tâchez de l'en faire partir, je vous prie.

» C'est bien l'opinion de l'impératrice. M. de Turpin, qui veut bien se charger de ma lettre, vous en parlera. Je crois qu'il est plus que nécessaire que la reine voyage dans ce moment.

» Il n'a donc pas été possible de la sauver? est-elle tombée jusque dans le dernier gouffre d'une seule chute? Ah, pauvre femme! il semble que c'est encore plus affreux quand on connaît cette masse de rochers et ces horribles tourbillons. Nous avions été les lui faire voir ensemble il y a deux ans, si vous vous le rappelez. Nous ne nous doutions pas alors qu'un jour ce serait son tombeau; qu'elle y trouverait la mort dans une promenade qu'elle croyait une partie de plaisir.

» L'abîme est toujours ouvert sous nos pas, et nous allons nous y précipiter. Je ne sais vraiment pourquoi on tient à ce monde-ci, où nous éprouvons tous les jours chagrins et malheurs nouveaux.

» M. Devcaux et l'abbé vont aujourd'hui à Saint-Leu; c'est demain qu'ils doivent recevoir les restes de cette malheureuse femme et lui donner les derniers soins terrestres, triste et dernière cérémonie des hommes civilisés. Deux pieds de terre, voilà tout et pour toujours; voilà le but, le misérable but pour lequel nous nous donnons tant de peines, tant de tracas, tant de tourments. Pardon, mademoiselle, des tristes réflexions que je vous fais; mais il m'est impossible d'avoir d'autres idées dans ce moment.

» Je frémis quand je pense que la reine a été obligée de repasser su cette même planche! Grand Dieu! quel moment pour elle! quel danger et quelle affreuse inquiétude vous avez dû avoir!

» Je vous prie, mademoiselle, de vouloir bien agréer l'hommage des sentiments les plus sincères et les plus distingués.

» Signé : Marmol. »

MADAME CAMPAN A LA MÊME.

« Le 18 juin 1813.

» Ma chère Louise, rien ne peut rendre le désespoir de toute la famille; la raison, la force, la résignation y apportent quelque soulagement; mais la plaie durera toute notre vie. J'écris à la reine pour l'inviter à la résignation envers les sévères décrets de la Providence. Qu'elle nous sauve sa santé! sa chère santé! voilà nos vœux à toutes. Cet ange, qui s'était donné à elle sur la terre, prie maintenant pour elle dans le ciel. Ah! ma chère amie, je n'ai pas la force d'en écrire davantage.

» Agréez l'expression de toute ma tendresse. »

MADAME LA DUCHESSE DE BASSANO A LA MÊME.

« Jamboi, le 31 juin.

» Rue Neuve-du-Luxembourg, n. 21.

« Quel affreux malheur, ma chère Louise! combien je vous ai plainte! combien la reine doit être malheureuse! J'espérais qu'elle ne resterait pas dans les lieux qui lui rappellent sans cesse cette scène de douleur. Quel bien les eaux peuvent-elles lui faire? c'est vraiment une barbarie du médecin que de l'exiger. Dites-lui, ma chère Louise, toute la part que j'ai prise à la perte qu'elle vient de faire. Depuis ce moment, je ne suis occupée que de sa santé; donnez-m'en des nouvelles. Mon cousin (1) me dit qu'elle est mieux qu'on ne l'espérait. Souvent on ne se ressent pas tout de suite de ces terribles secousses; ce n'est que longtemps après qu'elles se font sentir. Dites-moi aussi comment vous vous portez.

« J'ai appris que monsieur votre frère avait une intendance. Voilà au moins un peu de bonheur: on serait souvent tenté de ne plus y croire. Adieu, ma chère Louise, donnez-moi, je vous prie, de vos nouvelles; présentez mes respects à la reine. Je vous embrasse, ma chère amie, comme je vous aime.

» Signé : MARIE, DUCHESSE DE BASSANO. »

(1) M. Finot, qui était préfet à Chambéry.

M. DE LAVALETTE A LA MÊME.

« Paris, 25 juin 1813.

« Je reviens pour la dernière fois sur votre malheur, pour vous avouer ma faute et en solliciter le pardon. Vous aviez eu la précaution de m'envoyer la lettre pour la princesse, pour la lui faire passer et pour qu'elle la reçût surtout après avoir employé les ménagements convenables. Quand j'eus appris qu'elle était aux Coudreaux, n'ayant personne ici à qui faire cette triste confidence, je pris le parti d'envoyer la lettre au duc de Rovigo, en le prévenant que j'allais passer chez lui, et que nous nous concerterions. Je lui mandais qu'au reste, je devais m'en rapporter à sa prudence. Le duc, désolé, perdit, je crois, un peu la tête. Il commença par écraser la pauvre madame Lambert, et, non content de faire partir sa mère pour les Coudreaux, ce qui était très-bien, il envoya votre lettre aux Coudreaux par un homme à lui, qu'il dépêcha en courrier. Cet homme arriva à une heure du matin. La princesse fut réveillée. — Jugez du reste. — Quand je vis le duc, le mal était fait. La princesse est très-accablée. Le père soutient son malheur avec plus de fermeté, ou plutôt je crois que ses organes affaiblis et ses souffrances ont rendu la blessure plus profonde; le temps seul pourra le consoler; mais c'est une si triste consolation que le temps. Voilà la vie; c'est le rêve d'une ombre, a dit Pindare : tout est dans ce mot.

» Je voudrais donner quelques nouvelles à la reine; mais il n'y a pas moyen; on ne peut que pleurer, que s'attrister à côté du malheur; on ne sait quoi lui écrire, surtout quand il ne faut pas toucher à la plaie. Je voudrais bien que nous eussions la paix dans un mois, mais j'y compte peu; nous aurions peut-être un vilain été et un automne plus triste. Il faut se résigner; le printemps est passé, nous ne le reverrons plus.

» Adieu, mademoiselle, je verrai madame Mollien ce soir; je lui parlerai de vous.

» Mille tendres hommages.

LAVALETTE.

» Mes amitiés à M. d'Arjuzon. »

FIN DU TOME PREMIER.

www.ingramcontent.com/pod-product-compliance
Lightning Source LLC
Chambersburg PA
CBHW060930230426
43665CB00015B/1894